ACCESO GRATIS *a la Lectura en la Nube*

Para visualizar el libro electrónico en la nube de lectura envíe junto a su nombre y apellidos una fotografía del código de barras situado en la contraportada del libro y otra del ticket de compra a la dirección:

ebooktirant@tirant.com

En un máximo de 72 horas laborales le enviaremos el código de acceso con sus instrucciones.

ORATORIA FORENSE
Y DEBATE JURÍDICO

ORATORIA FORENSE Y DEBATE JURÍDICO

GERARDO RAMÍREZ VIDAL
AIDA DEL CARMEN SAN VICENTE PARADA

tirant lo blanch
Ciudad de México, 2023

En caso de erratas y actualizaciones, la Editorial Tirant lo Blanch publicará la pertinente corrección en la página web tirant.com/mx.

Este libro será publicado y distribuido internacionalmente en todos los países donde la Editorial Tirant lo Blanch esté presente.

Esta obra pertenece a la Colección Editorial Rumbo al Bicentenario. Centro de Investigaciones Judiciales de la Escuela Judicial del Estado de México. Calle Leona Vicario núm. 301, Col. Santa Clara C.P. 50090, Toluca, Estado de México Tel. (722) 167 9200, Extensiones: 16821, 16822, 16804. Página web: http://www.pjedomex.gob.mx/ejem/

Editor responsable:
Dr. Juan Carlos Abreu y Abreu
Director del Centro de Investigaciones Judiciales

Editora ejecutiva:
L. en D. María Fernanda Chávez Vilchis

Equipo editorial:
L. en D. Jessica Flores Hernández
L. en D. Orlando Aramis Aragón Sánchez

Diseño de portada:
Coordinación General de Comunicación Social
del Poder Judicial del Estado de México

La edición y el cuidado de esta obra estuvieron a cargo del Centro de Investigaciones Judiciales del Poder Judicial del Estado de México.

© TIRANT LO BLANCH
DISTRIBUYE: TIRANT LO BLANCH MÉXICO
Av. Tamaulipas 150, Oficina 502
Hipódromo, Cuauhtémoc,
CP 06100, Ciudad de México
Telf: +52 1 55 65502317
infomex@tirant.com
www.tirant.com/mex/
www.tirant.es
ISBN: 978-84-1056-278-3
MAQUETA: Innovatext

Si tiene alguna queja o sugerencia, envíenos un mail a: atencioncliente@tirant.com. En caso de no ser atendida su sugerencia, por favor, lea en www.tirant.net/index.php/empresa/politicas-de-empresa nuestro Procedimiento de quejas.

Responsabilidad Social Corporativa: http://www.tirant.net/Docs/RSCTirant.pdf

Autores

Roberto Carlos Fonseca Luján

Manuel de J. Jiménez Moreno

Carlos Martínez Loza

Diana Osmara Mejía Hernández

Miguel Eduardo Morales Lizárraga

José Manuel Ramírez Tovilla

Gerardo Ramírez Vidal

Aida del Carmen San Vicente Parada

Yvonne Georgina Tovar Silva

Índice

Capítulo 3
CONFIRMACIÓN Y REFUTACIÓN
CARLOS MARTÍNEZ LOZA

Capítulo 4
ELOCUCIÓN
DIANA OSMARA MEJÍA HERNÁNDEZ

Capítulo 5

ACCIÓN-PRONUNCIACIÓN

Roberto Carlos Fonseca Luján

Capítulo 6

DEBATE POLÍTICO, JURÍDICO Y CIENTÍFICO

Roberto Carlos Fonseca Luján

Capítulo 9
ARGUMENTOS EN UN DEBATE
MIGUEL EDUARDO MORALES LIZÁRRAGA

Capítulo 10

REDACCIÓN DE TEXTOS JURÍDICOS

MANUEL DE J. JIMÉNEZ MORENO

PRESENTACIÓN

En la vasta historia del derecho, la palabra ha sido la herramienta más poderosa con la que los juristas han construido y defendido la justicia. La oratoria forense y el debate jurídico no solo son disciplinas esenciales para los abogados, sino también pilares fundamentales de la cultura jurídica que enmarca nuestra sociedad. En este contexto, la colección editorial *"Rumbo al Bicentenario"*, se presenta como un esfuerzo monumental por conmemorar los 200 años del Poder Judicial del Estado de México, y *"Oratoria Forense y Debate Jurídico"*, se erige como un testimonio vivo de esa celebración.

Esta obra es una compilación que reúne la sabiduría y experiencia de destacados académicos y juristas. Su objetivo es claro: formar y perfeccionar a los futuros abogados en el arte de la palabra, dotándolos de las herramientas necesarias para ejercer su profesión con excelencia. La obra aborda desde los fundamentos de la retórica hasta las técnicas más avanzadas de argumentación y persuasión, ofreciendo un recorrido completo por los elementos que constituyen un discurso jurídico eficaz.

La relevancia de esta obra radica en su capacidad para transformar el conocimiento teórico en habilidades prácticas. Cada capítulo está diseñado para guiar al lector a través de un proceso de aprendizaje que incluye la planeación del discurso, la estructura de los argumentos, el uso correcto del lenguaje y la importancia del lenguaje corporal. Los autores, con sus diversos enfoques y experiencias, enriquecen el texto, proporcionando una visión integral y multidimensional del arte de hablar en público y debatir en el ámbito jurídico.

Dentro de la colección editorial *"Rumbo al Bicentenario"*, esta obra destaca no solo por su contenido, sino también por su propósito. Es un homenaje a la evolución del derecho y a los hombres y mujeres que han dedicado sus vidas a la defensa de la justicia. Al mismo tiempo, es una herramienta invaluable para las nuevas generaciones de juristas, quienes encontrarán en estas páginas la guía necesaria para enfrentar los desafíos del ejercicio profesional con competencia y ética.

El impacto de esta obra se extiende a todos los rincones del sistema de justicia. En cada sala de audiencia, en cada debate parlamentario, en cada foro de discusión, la influencia de una oratoria bien estructurada y convincente puede ser decisiva. Así, esta obra se convierte en un recurso imprescindible, no solo para los estudiantes de derecho, sino para todos aquellos que buscan mejorar su capacidad de comunicación y persuasión en el ámbito legal.

En definitiva, este título, como parte de la colección *"Rumbo al Bicentenario"*, simboliza el compromiso continuo del Poder Judicial del Estado de México con la excelencia y la justicia. Es una invitación a todos los juristas a redescubrir el poder de la palabra y a utilizarla para construir un sistema de justicia más justo, equitativo y eficaz.

Ricardo Alfredo Sodi Cuellar
Magistrado Presidente del Tribunal Superior de Justicia
y del Consejo de la Judicatura del Poder Judicial del Estado de México

INTRODUCCIÓN

El mundo que conocemos es una serie de construcciones lingüísticas, que implica o revela un proceso de trasmisión racional de la realidad a través del lenguaje. De acuerdo a Vygotsky[1], éste es pensamiento y hace posible que se lleve a cabo la capacidad de representación de las ideas que se albergan en un individuo. Articular palabras, formular pensamientos y atribuir significado son funciones que permiten conceptualizar la realidad, porque el lenguaje es la vestimenta del pensamiento, es la forma de proyectar la introspección cognitiva en el entorno social, partiendo desde la cultura como macro-entorno de significados comunes.

En esa misma línea, el lenguaje es la capacidad de expresar pensamientos a través de la palabra y una forma de representación de la realidad; se compone de un sistema de signos escritos para representar o expresar algo —referir, plasmar la imagen mental de algo o alguien. El lenguaje es también una serie de secuencias sonoras y signos gráficos; puede ser oral o escrito, de ahí que existan herramientas como: signo, icono y símbolo. Por lo tanto, la expresión de ideas a través del lenguaje ayuda a construir la realidad, puesto que el emisor y el receptor adjudican significado a las palabras y construyen una narrativa que será reproducida.

Los abogados construyen una realidad dentro de los escenarios judiciales a través del lenguaje, la principal herramienta de un abogado es la palabra tanto escrita como verbal; sin ella resulta imposible debatir, interpretar, narrar la historia de los clientes para que la autoridad judicial pueda conocer la litis. La manera en la que los abogados representan los hechos, las pruebas y el derecho, determina la resolución del caso. De ahí la importancia de la oratoria forense y el debate jurídico, pues no solamente se construyen narrativas, sino que a su vez se rebate y se pone en tela juicio el discurso de la parte contraria. La confrontación de ideas es parte del quehacer cotidiano de los abogados,

---

1 Lev Semiónovich Vygotsky pedagogo ruso, destacado teórico de la psicología del desarrollo, y estudioso de la semiótica, retomo en gran medida las ideas de Jean Piaget sobre el desarrollo cognitivo del niño; llegó a la conclusión de que el lenguaje es una construcción cultural que ayuda a interiorizar las conductas, dichas ideas, así como las críticas en torno al pensamiento de Piaget se desarrollan en: Vygotsky, Lev Semiónovich, *Pensamiento y Lenguaje.* Rotger, M. M. (trad.), Ediciones Fausto, México, 1995.

tanto en juzgados, tribunales y asambleas legislativas. Los escenarios pueden cambiar, pero la dialéctica es una constante.

El abogado no solo tiene la encomienda de conocer el marco legal aplicable a cada caso, sino también dominar el arte de hablar en público y de rebatir las ideas de la parte contraria y del órgano jurisdiccional o legislativo. Para lograr tal encomienda, los estudiantes tienen la tarea de aprender a hablar en público, con elegancia, conocimiento de causa, utilizando argumentos y sin incurrir en falacias. En este libro se presentan, entonces, una compilación de textos que abonan en lo anteriormente señalado. Lo anterior permite al lector vislumbrar la pertinencia del texto que tiene en sus manos.

Los temas abordados en este libro corresponden a los señalados en la materia Oratoria Forense y Debate Jurídico del actual Plan de Estudios de la Facultad de Derecho de la UNAM, pero han sido reordenados con el fin de adecuarlos mejor a los manuales de retórica más acreditados. De esta manera, consideramos que el estudiante no sólo cumplirá con el contenido del programa, sino que además tendrá a su disposición un manual que lo introducirá en el arte de la palabra.

En el capítulo 1 intitulado "Hablar en público", el maestro José Manuel Ramírez Tovilla, describe en qué consiste el arte de hablar en público, con el fin de persuadir y convencer al auditorio de acuerdo con los fines y tipos de discursos; cierra con la erística y la importancia del lenguaje corporal.

Una vez establecido el marco conceptual y la pertinencia de la confección de un discurso eficaz, es importante conocer cuáles son los elementos del discurso, cómo se planea, qué elementos se deben considerar de acuerdo con el tipo de causa, cómo se abordan los hechos, las pruebas y el derecho. En el capítulo 2 intitulado "Elementos del discurso forense", Gerardo Ramírez Vidal lleva de la mano al lector con ejemplos prácticos actuales y presenta el contenido de las partes del discurso: exordio, narración y epílogo, pero no la "confirmación y la refutación", que es la parte toral del discurso donde se prueban los hechos, asunto abordado por Carlos Martínez Loza en el capítulo 3. Ahí el autor expone la argumentación retórica y los esquemas argumentativos llamados raciocinio y la colección, el orden que pueden tener *(dispositio)* y sus elementos, además de exponer las formas de contrargumentar: objeción, recusación y refutación. Tanto la confirmación como la refutación se recrean en los alegatos de apertura y de clausura.

Para presentar un discurso no basta ordenar los hechos, los argumentos y los contrargumentos. También es necesario elegir las palabras y su distribución; su pronunciación, corrección y tono, de acuerdo con el estilo, que puede ser literario, artístico, coloquial, científico o técnico. Diana Osmara Mejía Hernández aborda en el capítulo 4, bajo el título de "Elocución", las virtudes del estilo: claridad, concisión, sencillez, uso correcto del lenguaje, elegancia y refinamiento, además de la selección de palabras, énfasis en términos, frases cortas, ritmo, figuras, fuerza, preguntas retóricas y preguntas al público, que deben siempre caracterizar a la presentación de un discurso.

En el capítulo 5, "Acción y pronunciación", Roberto Carlos Fonseca Luján profundiza en esos aspectos del discurso: la prosodia, la cadencia, la entonación, los ritmos, el énfasis en ideas relevantes y técnicas de elocución, brindando sugerencias como el ensayo frente al espejo, el dominio del escenario y el control de las gesticulaciones, además de evitar las malas posturas.

Cabe destacar que los primeros cinco capítulos son el preludio de la ejecución del discurso, la cual se estudia en el capítulo 6 titulado "Debate político, jurídico y científico". De nueva cuenta Roberto Carlos Fonseca Luján expone al debate como un proceso dialéctico, que debe contar con los siguientes requisitos para ser exitoso: el conocimiento profundo del tema —lo que implica la investigación sobre el tema, las fuentes bibliográficas, hemerográficas, entrevistas y el ciberespacio—, los elementos de apoyo, las evidencias, los argumentos, razonamientos, la imagen, los ensayos y entrenamientos que deben preceder a todo buen debate. Finalmente, el autor expone la estructura del discurso con base en el razonamiento que puede ser deductivo, de causa-efecto, ejemplificativo, comparativo y de problema-solución.

Una vez agotado lo anterior, Yvonne Georgina Tovar Silva abona en la preparación del debate en el capítulo 7 intitulado "Estructura, evidencias y advertencias". Estos elementos permiten presentar un debate estructurado que inicia con saludos, introducción y objetivo, pues es necesario contextualizar al público para presentar de manera ordenada los argumentos con evidencias demostrables, recientes, localizables, imparciales, relevantes y verificables. En la parte final, la autora detalla la distribución del tiempo en un debate para la exposición inicial, la refutación, la contra refutación y la conclusión.

Con el fin de poner en práctica todo lo anterior, en el capítulo 8, "Técnicas de preparación de un debate", Aida del Carmen San Vicente Parada detalla las técnicas de preparación física que implican vocalizar o calentar la voz, los ejercicios de respiración; la preparación emocional, cuyo fin es la actitud positiva; la motivación y el control de las emociones. La preparación intelectual es indispensable. Por ello, la autora sugiere recursos para la investigación y estudio del tema mediante resúmenes, mapas conceptuales y fichas con mensajes clave, sin olvidar que la concentración es fundamental para presentar un debate. En la parte final, se hacen advertencias para ejercer la libertad de expresión durante el debate, pero sin incurrir en daño moral, emplear declaraciones falsas ante la autoridad y dar información falsa, evitando desde luego la pomposidad y grandilocuencia.

Sin embargo, no podemos hablar de un buen debate sin tomar en cuenta a la lógica y el sentido común. En el capítulo 9, "Argumentos de un debate", Miguel Eduardo Morales Lizárraga expone de manera clara y con ejemplos el extenso repertorio de falacias en las que se puede incurrir durante un debate. La finalidad es que el estudiante sea claro en la redacción de sus argumentos y contrargumentos, observando un debate racional, sin incurrir en falacias de autoridad.

Finalmente, el libro no solo se aboca a la expresión oral, sino también a la expresión escrita, pues muchas veces los debates se realizan a través de textos jurídicos como demandas, contrademandas, promoción, recursos y artículos académicos, entre otros. En el capítulo 10 intitulado "Redacción de textos jurídicos", Manuel de J. Jiménez Moreno brinda los elementos que se deben considerar para desarrollar una redacción jurídica que no abuse de tecnicismos y sea accesible, tomando en cuenta los estilos de redacción, los estilos para citar de acuerdo con APA o el sistema Vancouver y las técnicas de parafraseo que ayudan a construir un discurso jurídico eficaz.

Como el lector puede apreciar, tiene en sus manos un texto que aborda de manera teórico-práctica los temas, de la mano de diversos autores expertos en un área diferente, lo que garantiza la riqueza de los contenidos. Finalmente, agradecemos al Poder Judicial del Estado de México, en especial al Magistrado Presidente Dr. Ricardo Alfredo Sodi Cuellar y al Dr. Juan Carlos Abreu y Abreu, la publicación de esta obra colectiva que puede convertirse en una herramienta fundamental para cualquier estudiante y estudioso del derecho.

Gerardo Ramírez Vidal
Aida Del Carmen San Vicente Parada

Septiembre del 2023.

Capítulo 1

HABLAR EN PÚBLICO

José Manuel Ramírez Tovilla*

Objetivo particular: descubrir la importancia de hablar bien en público, como requisito indispensable para alcanzar éxito en el ámbito jurídico, político y social.

Todos tienen el logos, pero sólo los despiertos lo saben.
Heráclito

1.1. EL ARTE DE HABLAR EN PÚBLICO: LA RETÓRICA COMO CIENCIA RESPONSABLE DEL ARTE DE HABLAR

Consideramos a la Retórica como el arte más excelso de la expresión oral y escrita, siendo la Retórica el género y la especie la Oratoria.

La palabra retórica procede del griego "*rhetorikē*", "retórica", "oratoria". Otros vocablos griegos de la misma raíz son: discurso que corresponde al orador o retórico, discurso estético; elocuencia; arte oratoria. Ser orador, pronunciar un discurso, hablar en público.[1]

Una de las más acertadas descripciones es, como afirma Marco Favio Quintiliano, "Que es el arte del bien decir",[2] si recurrimos al diccionario de la lengua española observa en su parte final la misma definición y refiere que retórica es

---

* Académico de la Facultad de Derecho de la UNAM, en las materias de Filosofía del Derecho, Oratoria Forense y Debate Jurídico, Retórica para la Interpretación, Argumentación Jurídica, así como Metodología para la Investigación e Interpretación Jurídica con Posgrados en Administración Pública y Derecho y estudios de Filosofía en la UP, fue servidor público en diversas dependencias y entidades de la administración pública federal. Orador profesional primer lugar y mención honorífica en el Instituto Cultural y de Relaciones Humanas A.C., Campeón de Oratoria. Redactor de discursos y asesor de altos Funcionarios Públicos utilizando diferentes métodos del conocimiento y desde luego entre ellos la Retórica, la Dialéctica y la Hermenéutica Filosófica.

1 *Cfr.* Chichi, Graciela Marta y Suñol, Viviana, "La Retórica y la Poética de Aristóteles: sus puntos de confluencia", *Diánoia* vol.53 no.60, México, 2008.

2 Fernández López, Jorge, *Quintiliano y la retórica,* disponible en: https://dialnet.unirioja.es/descarga/libro/131630.pdf (29de agosto 2023, 14:46 hrs.).

"el arte del bien decir", de dar al lenguaje escrito o hablado eficacia bastante para deleitar, persuadir, conmover y convencer.[3] Podemos decir también que retórica es ese arte que nos sirve para elaborar discursos gramaticalmente correctos, elegantes y sobre todo persuasivos, o el arte de extraer de manera especulativa de cualquier asunto una construcción de carácter disuasorio.

Por su parte, la oratoria etimológicamente se deriva del latín *oratoria-ae.* Su antecedente dentro de la misma lengua latina se encuentra en el verbo *orare,* derivado de *os, oris,* o *boca,* que significa hablar, decir, hablar como un orador, rogar, suplicar.[4] Es entendida como el *arte de hablar con elocuencia,* esta parte corresponde a la *elocutio,*[5] entendiendo a la misma como la parte de la retórica a la que le corresponde la expresión lingüística de los pensamientos. El arte de conferir una forma lingüística a las ideas, con todos los embellecimientos de lo que se quería comunicar y transmitir. Suele confundirse la oratoria con la elocuencia, pero ésta es la que le da vida a la oratoria.

Uno de los rasgos que caracteriza al ser pensante como ser social es su capacidad de comunicarse con sus semejantes mediante el lenguaje, a través de un complejo sistema de signos que comprende desde los idiomas, hasta códigos especiales como el de las ciencias, pero también de las artes, la música, la danza; en consecuencia, la comunicación es una actividad humana fundamental que permite la cohesión de cualquier grupo social y de la sociedad en su conjunto. Existen numerosas modalidades de comunicación y entre ellas una de las más importantes es la oratoria.

Hablar de manera correcta, fluida, coherente y congruente requiere de una sólida preparación, y sobre todo de un verdadero arte o *tekhne* como lo denominaban los antiguos griegos donde surge esta maravillosa disciplina.

El discurso oral se utilizó para alcanzar grandes y profundos logros ya desde la época arcaica, como se muestra con Homero, cuyas obras —la *Ilíada* y la Odisea, del género épico— son un verdadero portento con sus 15690 versos escritas en hexámetro dactílico. Se ha afirmado inclusive que ésta es la primera obra de Retórica que existe.[6]

---

[3] Real Academia Española, disponible en: https://dle.rae.es/ret%C3%B3rico (29 de agosto 2023, 14:41 hrs.)

[4] Real Academia Española, disponible: https://dle.rae.es/orar (29 de agosto 2023).

[5] Muñozcano Eternod, Antonio, *Apuntes y reflexiones de retórica jurisdiccional,* en Dueñas Sanz, Beatriz, Fernández Fernández, Eduardo, Vela Valdecabres, Daniel, *Retórica y oratoria: estrategias persuasivas en la realidad,* Tribunal Superior de Justicia de la Ciudad de México, México, 2017, p. 21.

[6] *Cfr.* Quintana Tejeda, "Luís, Retórica y literatura desde Homero", *La Colmena: Revista de la Universidad Autónoma del Estado de México,* núm. 81, enero-marzo, México, 2014, p. 41.

Hace casi 2500 años, la retórica surgió precisamente en Sicilia, en el seno de Grecia. Platón menciona una palabra cuyo significado encierra algo de gran trascendencia para el orador: *psicagogia,* cuyo significado etimológico es *conducción de almas.* Manejar las emociones es piedra de toque para un adecuado control del auditorio, del público, del receptor.[7] En esa misma línea, en los tiempos actuales es de suma importancia el estudio de la retórica, que el gran estagirita Aristóteles, en su obra homónima aborda en tres libros. La técnica utilizada lograba llegar al corazón del auditorio, del receptor, de los oyentes. También el gran helenista, polígrafo y máximo escritor en las letras mexicanas de la primera mitad del siglo XX, Don Alfonso Reyes, hace referencia a esa palabra en el tomo XIII de sus obras completas: "La Antigua Retórica".[8]

De acuerdo con la definición anterior, se pueden destacar los siguientes elementos:

- El discurso tiene que ser persuasivo, lo cual es uno de los fines fundamentales del discurso.
- Debe de elaborarse con una adecuada corrección gramatical, es decir, atender todas las reglas de construcción y estilo.
- Versa sobre cualquier asunto, no importa la disciplina del conocimiento o la materia.
- La construcción puede ser de carácter disuasorio.

Las técnicas adecuadas de oratoria y comunicación oral son las columnas que sostienen al *rétor.*

1.2. IMPORTANCIA DEL ORADOR Y DEL PÚBLICO: ¿EL ORADOR NACE O SE HACE?

Puesto que el acto del habla se produce la mayoría de las veces entre un emisor y un receptor y, por lo general, es individual, es decir, en una relación entre un tú y un yo, entonces la acción oratoria se realiza siempre entre un emisor individual, o sea un yo, y un receptor colectivo, es decir, ustedes; se trata entonces de un nítido acto socio-colectivo.

Para abordar este tema, me permito recordar mi primer acercamiento con la oratoria. Desde muy pequeño tuve contacto con el público en el escenario. Debido a la formación familiar recibida, fue posible que me iniciara con lo

---

7 Disponible en: https://etimologias.dechile.net/?psicagogia

8 *Ídem.*

que se conoce como 'recitación'. Recitar un poema primero en el salón de clases y después en diferentes escenarios, me permitió con el tiempo constatar que el primer secreto para estar en posibilidad de disertar, discurrir o expresar una idea de manera correcta y óptima es la lectura en voz alta, de preferencia viendo la imagen de uno mismo ante el espejo.

Es importante recalcar que el orador nace y se hace. La energía en movimiento y el autocontrol hace posible que el *rétor* tenga el pleno dominio del escenario, de la tribuna, del pódium, del atril y del estrado en el tribunal judicial. Todo orador requiere de algo que es fundamental: disciplina, constancia, perseverancia e intensa preparación de manera gradual y permanente. El lenguaje corporal es trascendental.

Se dice con certeza que la palabra construye grandes caminos para llegar a la meta deseada; une destinos, suma voluntades y también —es cierto— construye o destruye, porque como dice el hoy tan reconocido a nivel global historiador Noah Yuval Harari, en su primer obra con la que se dio a conocer, *De Animales a Dioses*, al final del capítulo 1, que aunque el tamaño del cerebro del hombre de Neanderthal era mayor, quien prevaleció fue nuestro ancestro el Homo Sapiens, hace 70,000 años, precisamente por la cognición y el lenguaje.[9]

Para que un buen orador se exprese con elocuencia y posea el don de la palabra, cabe destacar que todo lleva un proceso. Dominar el arte oratorio requiere hacer de la paciencia una ciencia y del reloj un duro e inflexible aliado. Confluyen muchos elementos. Los buenos oradores que se expresen con propiedad y elocuencia son la excepción y no la regla, se requiere el conocimiento de la retórica clásica y de los principales oradores de la historia que han logrado educar y modular su voz, poseen entonación y una tesitura plenamente conocidas, impostación cuando se requiere, ritmo, cadencia, mímica, ademanes, la utilización plena de los sentidos, las vibraciones magnéticas del auditorio, su capacidad para hacer un diagnóstico situacional antes de empezar a hacer uso de la palabra. En fin, son muchos y diversos los secretos que el verdadero orador encierra en su interior y que en el momento oportuno exterioriza.

El filólogo e historiador Werner Jaeger, en su *Paideia,* refleja la verdadera educación del orador en las grandes escuelas antiguas como la de los antiguos sofistas, los logógrafos y grandes personajes de Grecia de la talla de Demóste-

---

9 *Cfr.* Harari, Yuval Noah, *De animales a dioses: Breve historia de la humanidad (Sapiens),* Debate, México, 2020.

nes, Isócrates, Gorgias, Hipias, Lisias y Antifonte y de Roma, como Julio César, Cicerón o Quintiliano.

Shakespeare afirmaba que, de todos los talentos concedidos al hombre, ninguno es más preciado que el don de la oratoria, de la palabra, quien lo detente esgrime un poder más perdurable que el de un gran rey.[10]

Por esta razón, era una ineludible obligación e imperiosa necesidad que se contemplara en el plan de estudios de la Facultad de Derecho, la materia de Oratoria Forense y Debate para guiar, orientar, capacitar, adiestrar y transmitir a los alumnos(as) los secretos y la verdadera técnica de ese arte supremo que es la verdadera oratoria. A continuación, examinemos la persuasión y la oratoria.

1.3. PERSUADIR Y CONVENCER COMO OBJETIVO DE LA ORATORIA

La noción de persuadir y convencer a alguien para que actúe de determinada manera requiere que el mensaje cumpla dos funciones: informar y mover a la acción mediante el aporte de datos comprobables, hoy tan de moda, por cuanto se ajusta a lo que el receptor desea. De lo anterior, se desprende que la persuasión es: convencer a alguien para que actúe de determinada manera.[11]

La información que el orador proporciona está sesgada, ya que su verdadera intención es precisamente ser persuasivo frente al auditorio al que se dirige. Entonces, la persuasión es una parte muy importante de la retórica y su finalidad es convencer al auditorio. Las acciones de convencimiento son múltiples; por ejemplo, hay que recordar la utilización de falacias o las labores estilísticas o de elocución de las que puede hacer uso.

En resumidas cuentas, la persuasión conlleva una fuerza que impone, una creencia o una relativa convicción de algo, mientras que el argumento siempre lleva consigo aparejadas razones, por lo cual es más fuerte desde luego el argumento que la persuasión.

Es importante resaltar la distinción entre persuadir y convencer. La gramática permite observar, por ejemplo, que la persuasión se refleja como algo

---

10 Manual de oratoria y liderazgo democrático, disponible en: https://libros.uchile.cl/files/presses/1/monographs/17/submission/proof/files/assets/basic-html/page47.html (29de agosto 2023, 16:47 hrs.).

11 Real Academia Española, disponible en: https://dle.rae.es/persuasi%C3%B3n (29 de agosto 2023 15:24 hrs.).

impuesto, mientras que la convicción[12] tiene como algo obtenido, de manera que el carácter pasivo del sujeto de la persuasión contrasta con el carácter activo del sujeto de la convicción.

A guisa de ejemplo, según Toulmin, un modo de comportamiento lo constituye la práctica de dar razones a otros a favor de lo que hacemos, pensamos o decimos. Entre la variedad de usos de lenguaje, es procedente distinguir entre un uso instrumental y un uso argumentativo. El primero tiene lugar cuando las emisiones lingüísticas consiguen directamente sus propósitos sin necesidad de dar razones adicionales; por ejemplo, cuando se da una orden o se solicita algo.[13]

El uso argumentativo, por el contrario, supone que las emisiones lingüísticas fracasan o tienen éxito si se apoyan o no en razones, argumentos o pruebas. Por ejemplo, cuando se plantea una pretensión jurídica (X tiene derecho a recibir una herencia), cuando se comenta el ejercicio de un acto jurídico en sí, o cuando se apoya a determinado candidato a un puesto de elección popular, a un empleo, entre otros. Las situaciones y problemas respecto a los cuales se argumenta pueden ser muy distintos, de modo que el razonamiento puede cambiar. Sin embargo, es posible plantear algunas cuestiones que son comunes.

Quien argumenta manifiesta su racionalidad, o su falta de ésta, según se muestre abierto a la fuerza de las razones, o bien, el hablante es sordo al argumento, porque ignora las razones contrarias o réplicas a ellas con aversiones dogmáticas.

Entonces, la persuasión en un elemento constante y permanente en la actividad jurídica y política. La elocuencia era tan importante en la vida política en la antigua Grecia, que Platón criticó acremente a los que enseñaban retórica como arte de convencer en la asamblea. Los Sofistas, contra quienes despotricó Aristóteles, el verdadero nombre de ese gran pensador, eran nada más y nada menos que los más importantes y sobresalientes de su época, como se observa en la *Paideia* de Werner Jaeger y en *El efecto sofístico* de Barbara Cassin".[14]

En el diálogo *Gorgias o de la Retórica,* Platón refiere que el discurso matemático en Gorgias difiere de la retórica y está orientado a la persuasión, así

---

12 Real Academia Española, disponible en: https://dle.rae.es/convicci%C3%B3n (29 de agosto 2023, 15:28hrs.).

13 *Cfr.* Toulmin, Stephen, Los usos de la argumentación, Península, Barcelona, 2023, p. 51.

14 *Cfr.* Werner, Jaeger, *Paidea, 10a. reimpresión,* México, Fondo de Cultura Económica, 1998, p. 321 y v*id* Cassin, Bárbara, *El efecto Sofístico,* FCE, Argentina, 2008.

también el mayéutico y dialéctico Sócrates pregunta y obtiene respuesta positiva: hay otros discursos que también persuaden puesto que el profesor de matemáticas también lo hace. Entonces, ¿en qué se diferencia la retórica de los otros discursos que persuaden? Gorgias responde: "la retórica es autora de la persuasión que tiene lugar ante los tribunales y en las restantes reuniones de los ciudadanos. Y que tiene que ver con lo justo y lo injusto".[15]

Aristóteles, en fin, "*La Retórica es algo que sucede en los tribunales y en la asamblea y en general en la actividad política*".[16] La cita anterior se refiere a la importancia de la retórica en el derecho y en la política. La retórica continuó vigente en el mundo jurídico pre moderno como lo atestiguaban los programas de las Universidades, hasta antes de la llegada del positivismo. Asimismo, el Código de Napoleón de 1804 marcó el fin de esos estudios, porque desde entonces se empezaron estudiar métodos hermenéuticos.[17]

En la época actual posmoderna, se desconoce o se cree que la retórica es una actividad impropia y carente de ética, pues se suele asimilarla a uno de sus elementos: la persuasión. En otras ocasiones, se considera que está alejada de la práctica judicial y que sólo es propia del discurso elocuente.

Como se ha venido analizando, la retórica es propia tanto del discurso escrito como del oral, por lo cual los abogados e incluso los jurados en los sistemas jurídicos anglosajones, forzosa y necesariamente, tienen que ver con esta disciplina.

1.4. FINES DEL DISCURSO

El fin del discurso es persuadir, conmover, convencer al receptor o auditorio. El discurso, del latín *discursus,* es la facultad racional con que se infieren unas cosas de otras obteniéndolas por consecuencia de sus principios o conociéndolas por indicios o señales.[18] También es una serie de palabras y frases empleadas para manifestar lo que se piensa o siente, y razonamiento o exposición sobre algún tópico que se lee o se pronuncia en público. De una manera

---

15 Platón, Diálogos. Vol. II: Gorigas, Menexeno, Eutidemo, Menón, Crátilo. Traducciones, introducciones y notas por J. Calonge [Gorgias], E. Acosta Méndez (Menéxeno), F. J. Olivieri (Eutidemo y Menón) y J. L. Calvo (Crátilo), Gredos, Madrid, 1987, p. 87.

16 Chichi, Graciela Marta y Suñol, Viviana, "La Retórica y la Poética de Aristóteles: sus puntos de confluencia", *op. cit.*

17 *Cfr.* Pulido Lázaro, Manuel, Principios educativos de la educación occidental: la Edad Media, Revista Brasileira de Educação, no. 23, 2018.

18 Real Academia Española, disponible en: https://dle.rae.es/discurso (29 de agosto 2023, 15:47 hrs.).

más directa se puede decir que un discurso es un razonamiento, mientras que la oratoria es el arte de hablar.

Entonces, el fin esencial del discurso es transmitir y convencer plenamente a los oyentes; es lograr que la respuesta del auditorio sea positiva al aceptar el mensaje emitido.

Está conformado por tres elementos:

1. Tema,
2. Orador, y
3. Auditorio.

De acuerdo con la fuente citada, para la elaboración del discurso deberán tomarse en cuenta los siguientes aspectos formales previos:

- ✔ Averiguar en qué momento se debe hablar.
- ✔ Estudiar el camino que seguirá al podio, atril, tribuna, escenario o estrado.
- ✔ Prestar atención a todo aquello que le rodea.
- ✔ Acudir de preferencia con la vestimenta adecuada.
- ✔ Captar la atención del público con uno de los dones más preciados la palabra y no desviar la atención con otros argumentos.

Lo anterior no será posible si el lenguaje corporal demuestra lo contrario: nerviosismo, inseguridad, a veces inclusive el llamado pánico escénico.

La acción oratoria no consiste meramente en hablar, puesto que el acto del habla la mayor parte de las veces se produce entre un emisor y por lo general es individual, es decir, una relación entre un yo y un tú. Así entonces la acción oratoria se realiza siempre entre un emisor individual, o sea un yo, y un receptor colectivo, por lo general ustedes; se trata entonces de un nítido acto socio-colectivo. El orador se debe adaptar al público ante el que va a hablar, ante los oyentes, así como adecuarse a las circunstancias en las que va a disertar, pues, según máxima del filósofo español Ortega y Gasset, "Yo soy yo y mi circunstancia y si no la salvo a ella no me salvo yo".

Los componentes del acto oratorio son el orador o persona que habla en público, en el auditorio, pronuncia discursos, imparte conferencias y demás actos del habla y el oyente o público, la persona que escucha al orador.

Catón definía al orador como un hombre bueno, experto en el decir. En su actividad comunicativa, el orador persigue la *utilitas* de la causa, el interés de la posición retórica en la que está situado y que defiende con su discurso.[19]

El buen orador entonces es aquel que:

- Informa bien. Informar viene del latín *informare*, significa enterar, dar noticia de algo.[20]
- Argumenta sólidamente. Argumentar proviene del latín *argumentare*, que significa sacar en claro, descubrir, probar, aducir, alegar, poner argumentos, disputar, discutir, impugnar una opinión ajena, expresar con solidez razones verdaderas, firmes, fuertes, estableciendo con ello razones fundamentales.[21]
- Hace presente las fuentes que utiliza. La palabra fuente proviene del latín *Fons, -tis,*[22] que quiere decir manantial de agua que brota de la tierra, materia que sirve de formación a un investigador, o de inspiración a un autor.
- Transmite credibilidad, confianza y con ello logra ganarse el respeto de la audiencia.
- Domina diferentes técnicas que aprehenderá a través del tiempo y que garantizan la eficacia de la palabra oratoria.

Por el contrario, no puede considerarse orador a quién miente, manipula, elude expresar sus puntos de vista verdaderos o evita informar sus intenciones reales.

El saber, el estar seguro de lo que se va a exponer, ayuda a enfrentar el natural nerviosismo que hablar en público genera; y en ocasiones es natural las sensaciones que el orador percibe, siente o sea la emoción (energía en movimiento), y que puede ser positiva o negativa, pero esto lo podrá superar si recuerda que eso le pasa a los más grandes oradores y que está preparado para el desafío. Lo anterior, desde luego, requiere una preparación intensa, cuya técnica de manera gradual se va a perfeccionar con el tiempo.

Si la imagen que se quiere dar de sí mismo es la de una persona que sabe a dónde va, que tiene una actitud positiva hacia la vida, con ideas dinámicas

---

19 Cicerón, Marco Tulio/Pimentel Álvarez, Julio (edición, notas y traducción), Catón el Mayor: de la vejez. Lelio: de la amistad, UNAM, México, 2017, p. 33.

20 Diccionario etimológico, disponible en: https://etimologias.dechile.net/?informar (29 de agosto 2023, 16:46).

21 *Ibídem,* https://etimologias.dechile.net/?argumentar

22 *Ibídem,* https://etimologias.dechile.net/?fuente

y don de gente, entonces el lenguaje es el principal instrumento que deberá utilizar para transmitir esa imagen a quienes le rodean.

1.5. TIPOS DE ORATORIA

De acuerdo con José Muñoz Cota, maestro de muchas generaciones incluyendo a quien suscribe este capítulo, señalaba que una clase de Oratoria debería ser con hablantes, pero no con oyentes, lo que significa que, en el arte de la palabra, la práctica es fundamental respecto a la teoría. Sin embargo, no debemos soslayar lo que Kurt Lewin nos expresa en un aforismo "No hay nada más práctico que la teoría".[23] Entonces, para aprender este arte, se necesita entonces la buena teoría, pero el ejercicio de esta debe ser de manera constante y permanente.

En esta disciplina, los preceptos guían y orientan al orador, de modo que éste debe observarlos y aplicarlos. Por ello, es oportuno destacar que el Dr. José Dávalos refiere que *Las Reglas de la Oratoria son los preceptos que el orador aprende de los libros y de los Maestros y las técnicas cada orador las va aprendiendo por sí mismo, a partir de su propia experiencia.*[24] Continuando con el análisis de la oratoria, veamos en qué consiste la oratoria forense.

1.5.1. Oratoria Forense

Este tipo de oratoria se caracteriza por darse ante el foro. Ejemplos de ella son los grandes discursos de Demóstenes, como la *Olintíaca,* la *Corona* y las *Filípicas,* y los de Cicerón, como las famosas *Catilinarias,* los tres discursos ante César y las *Filípicas,* entre muchos otros.[25]

La Oratoria Forense o Judicial: Se produce en el ámbito de la administración de justicia, abarca el discurso de las partes y los fallos o sentencias que constituyen el discurso del poder institucionalizado del campo de la justicia.[26]

---

23 Moreno López, Salvador, "Un diálogo entre la práctica y la teoría", Revista Electrónica Sinéctica, núm. 25, agosto-enero, pp. 89-97 Instituto Tecnológico y de Estudios Superiores de Occidente Jalisco, México, 2004, p. 89.

24 Dávalos Morales, José, *Oratoria,* Porrúa, México, 2021.

25 Los distintos géneros oratorios, diferentes tipos de intervención según las finalidades: entretener, informar, persuadir, Características de cada género, en Dueñas Sanz, Beatriz, Fernández Fernández, Eduardo, Vela Valdecabres, Daniel, *Retórica y oratoria: estrategias persuasivas en la realidad,* Tribunal Superior de Justicia de la Ciudad de México, México, 2017, p. 91.

26 Los distintos géneros oratorios, diferentes tipos de intervención según las finalidades: entretener, informar, persuadir, *op. cit.* p., 94.

En la actualidad, a raíz de la Reforma Constitucional en materia penal del 18 de junio de 2008 y con posterioridad en materia civil, mercantil y familiar, se intensificó la capacitación para todo el gremio, en principio en el Poder Judicial Federal, las entonces procuradurías, las instituciones académicas y demás ámbitos. Es decir, se otorgó a la oratoria forense la verdadera importancia que debe tener. A mayor abundamiento, se convirtió en materia obligatoria en el nuevo plan de estudios de la Facultad a partir del año de 2019, aunque se empezó a impartir con la nueva generación en el año de 2020. Para estar en aptitud de poder impartir la materia se impartió un curso de formación de profesores.

1.5.2. Oratoria Jurisdiccional

El proceso de interacción enunciativo-interpretativo nos remite al análisis de los distintos enunciadores, a las relaciones que se establecen con los destinatarios y a las verdaderas estrategias argumentativas que se ponen en escena, que se dan dentro de un ritual comunicativo específico del campo jurídico del Tribunal.

El funcionario judicial debe establecer sus resoluciones adjetivas y sustantivas con base en una estructura analítica de argumentación, cuyos pensamientos lineales traerán como consecuencia un juicio específico. Para establecer dicho juicio el juzgador debe, como ineludible obligación, hacer uso adecuado de la retórica al plasmarlos en su sentencia.

1.5.3. Oratoria política

El discurso político tuvo una gran importancia en la Retórica clásica, como lo testimonian los manuales de esa disciplina: la *Retórica* de Aristóteles, diferentes obras de Cicerón y *Retórica a Herenio* y la Institución Oratoria de Quintiliano. Como se ha demostrado, con la palabra se iniciaron y terminaron guerras a lo largo de la historia, como sucedió con el dramático siglo XX con dos guerras mundiales donde mucho tuvo que ver la retórica de los grandes líderes, como Hitler, Churchill, Stalin, Roosevelt, Gandhi y otros. Revisemos algunos aspectos a considerar en la oratoria forense:

Género deliberativo.

Tipo de participación del auditorio: Árbitro

Tiempo aludido: futuro

Objetivo Discursivo: lo que puede suceder o no.

Finalidad: Persuadir sobre lo útil/ dañoso.

A continuación, examinemos la oratoria parlamentaria.

1.5.4. Oratoria Parlamentaria

Esta clasificación de la oratoria se da precisamente en los Parlamentos, según el sistema político del país, puede ser:

- Parlamentario
- Presidencialista
- Monarquía Parlamentaria

Es precisamente en esa alta tribuna donde los representantes populares sesionan y hacen uso de su oratoria para proponer iniciativas de ley, debatir y someter a consideración del pleno la aprobación o no de los ordenamientos jurídicos. Se requiere una verdadera formación y técnica especializada para el logro de los objetivos que son la persuasión y convencimiento. Mediante los argumentos esgrimidos, la mayoría aprueba la normatividad que ahí se ha debatido en la cámara baja y en la cámara alta, así como en el Congreso de la Unión en el caso de nuestro país.

1.5.5. Oratoria Militar

Debemos recordar que existen dos estructuras verticales, la Iglesia y el ejército. La oratoria militar tiene una característica muy especial. Al tener jerarquías muy establecidas, el principio de orden y la estricta disciplina castrense, no da lugar a desobediencias. Entonces, el don de mando se respeta y se acata de manera cabal en la milicia; las órdenes no permiten más que la obediencia jerárquica, sin contemplaciones.[27] Los ejemplos más sobresalientes de arengar a la multitud en la historia reciente se dieron en el siglo pasado con Benito Mussolini en Italia, Adolfo Hitler en Alemania y Vladimir Ilich Ulianov (Nicolás Lenin) en Rusia.

1.5.6. Oratoria Didáctica

En este tipo de oratoria únicamente mencionaremos que se refiere a la utilización de herramientas, habilidades y competencias necesarias para la adecuada enseñanza y praxis de la enseñanza, utilizando los recursos y auxiliares

---

[27] Gelvan, Silvia, *Oratoria, técnicas teatrales y liderazgo militar. Fundamentación de la experiencia pedagógica en el Colegio Militar de la Nación*, disponible en: https://www.colegiomilitar.mil.ar/rediu/pdf/ReDiU_1439_art2Oratoria_Tecnicas_Teatrales_y_Liderazgo_Militar.pdf (29 de agosto 2023, 17:09 hrs.).

que muestran de manera objetiva por parte del educador para el educando la consecución de las metas y objetivos propuestos.[28]

1.5.7. Otros: Sentimental, artística, popular

Existe una conjunción entre lo sentimental y lo artístico. La filosofía del arte, la estética, influye en ambas, y en el caso de la oratoria, cuando el mensaje se expresa con un sentimiento profundo y reflexivo, los resultados que se obtienen son sorprendentes. Una verdadera pieza oratoria donde se asocia el pensar en el ejercicio intelectual, la podemos encontrar en aquellos grandes escritores que han sido galardonados con el Premio Nobel por el contenido y la profundidad del mensaje retórico que mueve los corazones del auditorio. Ejemplos: el discurso de Albert Camus de la corriente de pensamiento de la filosofía de la existencia, Octavio Paz en 1990 o el gran José Saramago, quien al recibirlo dijo entre otras cosas: "El hombre más sabio que conocí no sabía leer, ni escribir y era campesino".[29] Se refería a su abuelo: qué mejor ejemplo de conmover y evocar emociones y sentimientos.

1.6. TIPOS DE DISCURSOS (TIPOS DE ALOCUCIONES)

Entendemos por discurso el razonamiento extenso dirigido por una persona a otra u otras generalmente con el fin de persuadir.

En cuanto a los tipos de discurso, no existe solo un tipo de discurso, sino que son demasiadas sus variantes dependiendo del público o auditorio a quien van dirigidos. Podemos clasificarlos de la siguiente manera:[30]

Discurso argumentativo. En este tipo de discurso el éxito o el fracaso de determinada decisión dependerá de las razones que se expongan. La clave, el secreto más importante en este tipo de discurso es el entendimiento lógico que se emite al receptor.

Discurso narrativo. Se refiere a la exposición de una serie de hechos a través de una trama en la que se pueden utilizar numerosas figuras retóricas como la metáfora, metonimia, hipérbaton, sinécdoque, entre otras.

---

28 *Cfr.* https://concepto.de/oratoria/ (29 de agosto 2023 17:10 hrs.).

29 *Cfr.* https://prensarural.org/spip/spip.php?article4191 (29 de agosto 2023 17:12 hrs.).

30 Para la elaboración de este apartado se consultó: https://concepto.de/discurso/ (29 de agosto de 2023, 17:18 hrs.).

Discurso expositivo. Se busca explicar de manera concisa, clara y objetiva una temática en particular. Su estructura comprende una introducción, una explicación y un resumen.

Discurso publicitario. Su principal función es promover, vender algún producto o servicio. Una de sus características es la brevedad y las imágenes llamativas.

Discurso normativo. Este desde luego es el que reviste singular importancia para los abogados en el ejercicio de la profesión en todos los ámbitos de su competencia, requiriéndose el conocimiento pleno de la normatividad para poder motivar y fundamentar las proposiciones.

Discurso informativo. El lenguaje es el instrumento para la consecución de determinados propósitos, sin necesidad de utilizar razones. También se le denomina referencial.

Discurso racional. En mi particular opinión es uno de los más importantes y trascendentales, que contiene un conjunto de razones interconectadas con las cuales se busca comprobar una verdad. Utiliza el método científico y llega inclusive a corregir determinadas premisas que forman parte del silogismo.

Queremos también referirnos al enunciado y su clasificación diciendo que uno de los rasgos que distinguen al *homo sapiens* de sus ancestros antropoides es el lenguaje y un rasgo típico del lenguaje humano es el uso de argumentos, los cuales precisamente se conforman con unidades lingüísticas que lo integran y éstos son los enunciados.

Manuel Garrido señala que el enunciado es: "Un segmento lingüístico que tiene un sentido completo y que puede ser afirmado con verdad o falsedad".[31] Se puede pensar que la importancia que tienen los enunciados en el área jurídica es nula, en palabras del autor en comento, lo cual es una falsedad, ya que las normas se expresan a través del lenguaje y este lenguaje se traduce a los enunciados normativos que contiene la propia norma, como afirma el maestro de la Universidad de Alicante, España, Manuel Atienza.[32]

La interpretación de un enunciado dependerá del contexto situacional en que se produce y de la información que en ese contexto compartan los interlocutores, así como de los elementos paralingüísticos que acompañen su producción en el discurso emitido.

---

31 Garrido, Manuel, *Lógica simbólica*, Editorial Tecnos, Madrid, 1977, p. 17.

32 Atienza, Manuel, *Las razones del derecho: Teorías de la Argumentación Jurídica*, UNAM-Instituto de Investigaciones Jurídicas, México, 2005, p. 85.

Una clasificación de los enunciados puede ser:[33]

Enunciados prácticos. Son aquellos que dirigen una conducta y por ello tiene efectos prácticos, estos a su vez se dividen en:

- ✔ Normativos: se traducen de una norma propiamente dicha.
- ✔ Valorativos: son valores que sustentan a un determinado ordenamiento jurídico.
- ✔ No prácticos: son definiciones que no tienen carácter prescriptivo, pero que informan sobre algún elemento que haya que precisar.
- ✔ Enunciados consistentes: se refiere a cuando los enunciados unidos no son contradictorios entre sí.
- ✔ Enunciados inconsistentes: cuando dos de ellos (al menos) se contradicen necesariamente.

Cabe destacar que existe una teoría importante que es la lógica de los enunciados o, lógica proposicional, que trata de enunciados mediante conectores (y, o, si) y se fundamenta en el principio de bivalencia, según el cual, todo enunciado es verdadero o falso, pero nunca ambas cosas a la vez, por lo que podemos encontrar una subclasificación de la siguiente manera:

- Simples o atómicos: no tienen conectores de ninguna clase.
- Compuestos o moleculares: utilizan conectores que unen varios segmentos lingüísticos.

1.6.1. Exposición

De acuerdo con la *Retórica* de Aristóteles[34] y la *Invención retórica* de Cicerón, esa disciplina busca que el orador convenza al auditorio de sus ideas con un manejo adecuado del lenguaje.

Según la *Retórica* de Aristóteles, en todo discurso hemos de contar con tres elementos básicos: el emisor o persona que habla, el asunto sobre el que habla el emisor y la persona a quien se habla. El fin del discurso oratorio es el receptor u oyente, quien es o espectador o árbitro. Si es árbitro es por cosas sucedidas o bien futuras. El estagirita fija su atención en el receptor y luego

---

[33] Este apartado se elaboró con la ayuda del texto: Russ, Jacqueline, *Los métodos en filosofía*, editorial Síntesis, Madrid, 2001, p. 101.

[34] *Cfr.* Artistóteles, *Retórica*, Centro de Estudios Constitucionales, Madrid, 1990.

añade el criterio del tiempo, y divide los discursos en demostrativo, deliberativo y judicial.[35]

La exposición entonces consiste en hacer del conocimiento de los oyentes el tópico de donde desarrolla sus argumentos por medio del habla y de manera convincente. A continuación, examinemos la descripción y la narración.

1.6.2. Descripción

Habrá que distinguir entre enunciados descriptivos y normativos y entre enunciados positivos o fácticos o prescriptivos, por lo que se trataría de distinguir entre aquellos que pretenden describir hechos o estados del mundo tal cual son, frente a enunciados referidos a cómo deben ser las cosas.

1.6.3. Narración

La narración es una de las partes del discurso donde se exponen los hechos. En su *Diccionario de Retórica y Poética,* Helena Beristáin dice: "Uno de los *tipos de discurso* (descripción, narración, diálogo, monólogo) que resultan del uso de distintas estrategias discursivas de presentación de conceptos, situaciones o hechos realizados en el tiempo por protagonistas relacionados entre sí mediante acciones".[36]

1.6.4. Diálogo

Este término procede del latín, *dialogus* y a su vez del griego *diálogos,* derivado de *dialegomai,* que significa conversar, discurrir.[37] Se da en la conversación entre varios hablantes a través de preguntas y respuestas por alguna investigación o tema en común. El diálogo se encuentra en todas las manifestaciones de la dialéctica.

Desde la época de Platón, el diálogo es una de las formas del pensamiento filosófico que se realiza mediante el intercambio de argumentos y como expresión literaria. En décadas recientes, desde la hermenéutica y la filosofía crítica se hace referencia constante a los diálogos platónicos. El hermeneuta Hans Georg Gadamer identifica el diálogo con un instrumento epistémico y

---

35 *Ídem.*

36 Beristáin, Helena, *Diccionario de Retórica y Poética,* Porrúa, 2006, p. 262.

37 Diccionario etimológico, disponible en: https://etimologias.dechile.net/?dia.logo (30 de agosto 2023, 16:39 hrs.).

con un modo efectivo del lenguaje, que no es solo un medio más entre otros, sino que guarda precisamente una relación especial con la comunidad potencial de la razón, que es una comunidad de diálogo, y en la que, cuando precisamente dos personas intercambian impresiones, se confrontan entonces dos visiones del mundo.[38] A continuación, revisemos en qué consiste la apología y la erística.

1.6.5. Apología

Proviene del griego *apología* y significa 'acción de hablar en defensa de alguien'.[39] Entender la trascendencia de la defensa de algo o alguien, es comprender la función social del abogado como defensor de las causas y del fin del derecho, en atención a lo anterior recomendamos la lectura obligada de la *Apología de Sócrates,* y el diálogo *Critón. Addendum*: Con la experiencia que se tiene en la elaboración de discursos y exposición oral de los mismos en los diferentes tipos de auditorio, considero muy importante los siguientes temas:

- El orador asume que en la dialéctica el auditorio puede convertirse en argumentador o contra argumentador.
- Se considera discurso convincente el que utiliza como premisas argumentos universales, ya que serán aceptables a los oyentes y maneja los valores.
- Los tópicos son enunciados ampliamente aceptados por la generalidad.

Erística

Surge en la Grecia clásica, en la escuela de Mégara y fue utilizada por los sofistas. Es un arte de la esgrima verbal de la refutación, el arte de pelear sin discutir. Vale la pena consultar la obra de Arthur Schopenhauer *Dialéctica erística. El arte de tener razón, expuesta en 38 estratagemas".*[40] Veámos las principales características de los estilos.

Los estilos

En la oratoria de todos los tiempos, pueden distinguirse tres estilos:

---

[38] *Cfr.* Balzer, Carmen, "El sentido del diálogo en Hans Georg Gadamer", Teología, tomo XXXIX, no. 80, pp. 93-111, 2002, UCA, Buenos Aires, 2002, p. 97.

[39] Disponible en: https://etimologias.dechile.net/?apologia.

[40] Schopenhauer, Arthur, *Dialéctica erística. El arte de tener razón, expuesta en 38 estratagemas,* Trotta, Madrid, 1997.

Estilo ático o humilde. Es el que se observa en un discurso que se caracteriza por una gran corrección de lenguaje y una expresión muy sobria, sin grandes lujos formales, ni imágenes poéticas, ni giros, ni ironías, ni metáforas en general. Lo que le importa al orador sobre todas las cosas es la claridad conceptual, y por eso evita el lujo y el adorno en expresión.

Estilo rodio o medio. Se caracteriza por la suavidad del tono, por una belleza armónica del discurso, aquí se atiende mucho a la claridad conceptual, como en el estilo ático, pero no se evita por completo el lucimiento de la expresión; pueden aparecer moderadamente metáforas, muestras de ingenio y otros recursos.

Estilo asiánico o *vehemens*. Es amplio, copioso, atiende a la ornamentación, a la brillantez de la expresión; puede incluso ser punzante, apasionado y ardiente, tiende a conmover al auditorio e impactarlo emocionalmente; se caracteriza por ser frondoso, imaginativo y espectacular. Revisemos cómo se configuran el lenguaje, la lengua y el habla en este proceso.

Lenguaje, lengua y habla

El lenguaje se define como un conjunto de elementos (fonemas, voz, dicción, mirada, postura, mímica, morfema) y una serie de rasgos para combinarlos (morfosintaxis).

La lengua es considerada un sistema de signos, pues sus elementos aparecen relacionados entre sí mediante reglas, de forma que, si un elemento se altera, se altera todo el sistema. Asimismo, es un sistema abstracto de unidades y reglas de conversación que los hablantes disponen para formar su mensaje; por tanto, equivale al código y es común a todos los hablantes de un idioma, tiene un carácter social.

El habla es el uso concreto e individual que cada hablante realiza de su lengua; los mensajes, una vez codificados y emitidos, pertenecen al ámbito del habla. Tiene un carácter individualista frente al componente social de la lengua.

Para cualquier hablante, el habla es una habilidad automática. Aunque pueda parecer un hecho compacto, requiere conjuntar varios procesos como son:

1. La producción de un sonido se obtiene del aire al pasar a través de las cuerdas vocales.
2. La articulación o modificación del sonido que sale de las cuerdas vocales se produce por los movimientos de los órganos articuladores por

los que pasa el aire; esta caja tiene forma de F y se forma por la faringe, la cavidad oral y la cavidad nasal. Estos movimientos se hacen desde la lengua que asciende hasta contactar con el paladar o colocarse en una posición determinada; en términos académicos y en el argot de los verdaderos oradores suele llamarse *dicción*.

3. La resonancia se produce cuando el sonido se produce en toda su plenitud. Resonar significa amplificar, lo que se consigue de forma natural aumentando la cavidad al hacer descender la lengua.

A continuación, veamos la importancia del lenguaje corporal.

El lenguaje corporal

Este lenguaje es un componente de la comunicación que proporciona información sobre el carácter, emociones y reacciones de las personas. El estado de ánimo se expresa mediante el lenguaje corporal, pues mediante él se reflejan todas nuestras expresiones a través de los movimientos, posturas o gestos que se hagan con las diferentes partes del cuerpo.

El lenguaje corporal se manifiesta con las posturas, los gestos, la mirada y la expresión facial, así como con el atuendo, ya que este tipo de lenguaje puede ser interpretado de diversas maneras, según el nivel cultural, el estrato social, los contextos, el orden de los gestos. Sin embargo, existen reacciones corporales que suelen interpretarse de manera universal. Es la herramienta más potente de la comunicación y se alimenta de sí mismo. Esto implica la forma de pensar y cómo se expresa el pensamiento.

La postura es muy importante para expresar nuestro estado de ánimo, nuestros sentimientos y hasta nuestros deseos. La mirada es determinante para la expresión. Una mirada serena y una cara sonriente serán la mejor tarjeta de presentación o entrada de cualquier orador. Lo anterior implica la presencia física, el atuendo, la vestimenta y el arreglo personal. Vestir adecuadamente es preparar el preámbulo del encuentro ante el auditorio o Tribunal.

La mímica

Otro punto a destacar es la mímica del latín *mimicus* y del griego *miutoa*.[41] Es un tipo de expresión o comunicación no verbal en la que se recurre a ges-

---

41 Diccionario de etimologías, disponible en: https://etimologias.dechile.net/?Mi.mica#:~:text=La%20palabra%20%22M%C3%ADmica%22%20viene%20del,%2C%20otras%20ra%C3%ADces%20griegas%2C%20mimo. (30 de agosto 2023 14:35hrs.).

ticulaciones y movimientos corporales para transmitir una idea. La mímica es también una expresión artística que se utiliza para enfatizar los sentimientos y emociones en diferentes disciplinas artísticas como la danza y las representaciones dramáticas.

La comunicación mímica es una habilidad expresiva propia que permite a un individuo comunicarse sin la necesidad de los signos lingüísticos. Esta forma de comunicación no verbal natural se manifiesta en diversas especies animales y permitió la evolución de la comunicación humana antes de que se desarrollara la comunicación oral y escrita. El origen de la mímica se ubica en el tiempo en que surge el drama y la danza. El hombre primitivo desarrolló la danza como un medio de comunicación; diversas culturas como las tribus nativas de Australia y de la Polinesia desarrollaron el baile como un medio de comunicación no verbal en el que se recurría a la mímica para la representación de historias. Con frecuencia nos ayuda a expresarnos con más exactitud y a veces con gestos y miradas expresamos todo lo que queremos transmitir a otra u otras personas.

Sumario final.

1. Las cinco operaciones retóricas:
   - ✔ *Inventio.*
   - ✔ *Dispositio.*
   - ✔ *Elocutio.*
   - ✔ *Memoria.*
   - ✔ *Actio o pronuntiatio.*
2. Los tres elementos fundamentales de un discurso:
   - ✔ *Exordio* o introducción.
   - ✔ Cuerpo o desarrollo.
   - ✔ Peroración o conclusión.[42]
3. Elementos que deben utilizarse para preparar un buen discurso:
   - ✔ En la técnica de la retórica no hay elemento más importante que el uso permanente de la mejor palabra posible, por ello es esencial disponer de un vocabulario variado y amplio.

---

[42] *Cfr.* García Ávalos, Rosa Icela, Como construir un discurso, año 7, no. 19, Ecos Sociales, 2019 disponible en: https://revistas.ujat.mx/index.php/ecosoc/article/download/3213/2409/16220 (29 de agosto 2023, 17:17 hrs.).

- ✔ La utilización de ritmo, este se basa en el equilibrio particular entre las frases, el cual da como resultado una cadencia más cercana al verso que a la prosa.
- ✔ Acumular argumentos que se refieran a hechos que sustenten una conclusión lógica.
- ✔ Considerar a las analogías como una de las armas más formidables de un retórico.
- ✔ Los comunicadores necesitan a veces un toque de extravagancia, por lo que su vocabulario debe ser particular y llamativo.

4. Cualidades del lenguaje

- ✔ Orden.
- ✔ Claridad.
- ✔ Entusiasmo.
- ✔ Persuasión.
- ✔ Eficacia.

5. La actitud del orador ante el público es la siguiente:

- ✔ Mirada directa ante autoridades y público.
- ✔ Cara distendida, sonriente.
- ✔ Mirar a la audiencia para captar la atención.
- ✔ Si hay sectores o grupos del auditorio hablando, mirarlos directamente; si conocemos a alguien de ellos, mencionarlo por su nombre.
- ✔ Citar a un orador anterior, a otra persona destacada o alguien del público.
- ✔ Nunca decir: “no estoy muy bien preparado”, o “yo no sé mucho de esto”. Si no se está preparado es mejor no hablar.
- ✔ Tampoco usar “esto no es importante”. Hay que tener presente que aprender a hablar se logra en dos años, pero aprender a callar demora mucho más.

6. Los recursos de la oratoria

   En los múltiples cursos de oratoria se recomiendan los siguientes tópicos:

- ✔ Bases elementales de la oratoria.
- ✔ Discurso preparado, improvisado y leído.
- ✔ La conferencia, el debate público y el arte de la negociación.
- ✔ El liderazgo.
- ✔ Las virtudes morales del orador.
- ✔ La técnica de la argumentación.
- ✔ El uso de los pensamientos y sentimientos.
- ✔ La importancia de la cultura clásica y de la cultura contemporánea en el orador.
- ✔ Estudio psicológico de las masas (psicagogia).
- ✔ El uso de las imágenes verbales.
- ✔ El control de las emociones, la carga emotiva.
- ✔ El manejo y control de un auditorio adverso.
- ✔ La voz, dicción.
- ✔ El lenguaje corporal, no verbal.

7. La comunicación corporal requiere:
   - ✔ Hablar de pie.
   - ✔ Inclinar el cuerpo hacia adelante.
   - ✔ Colocar la cabeza ligerísimamente hacia un lado.
   - ✔ Tener brazos y cuerpo abiertos.
   - ✔ Tener las manos abiertas, mostrando las palmas con movimientos dinámicos y sugerentes.
   - ✔ Los gestos de valuación (mano en la barbilla) suelen ser muy positivos para el interlocutor.
   - ✔ Mostrar una cara destensada con el gesto de la sonrisa.
   - ✔ Mostrar la mirada serena, porque se está disfrutando lo que se hace y ayuda a producir una dilatación pupilar.

Como lo examinamos en este apartado, brindamos información importante en materia de comunicación, especialmente a través del lenguaje y todos sus componentes, a continuación, revisaremos los elementos del discurso forense.

BIBLIOGRAFÍA

ANDER-EGG, Ezequiel, *Hablar en Público y Saber Comunicar*, Lumen, Buenos Aires-México, 2006.

ARISTÓTELES, *El Arte de la Retórica*, Ed. Eudeba, Buenos Aires, 2005.

ARISTÓTELES, *Retórica*, Gredos, Madrid, 1990.

ATIENZA, Manuel, *El Derecho como Argumentación*, Ariel, España, 2006.

— *Las Razones del Derecho*, Instituto de Investigaciones Jurídicas-UNAM, México, 2003.

CICERÓN, Marco Tulio, *Retórica a Herenio*, UNAM-Instituto de Investigaciones Filológicas, México, 2010.

— *De la Invención Retórica*, UNAM, Instituto de Investigaciones Filológicas, México, 2010.

— Pimentel Álvarez, Julio (edición, notas y traducción), Catón el Mayor: de la vejez. Lelio: de la amistad, UNAM, México, 2017.

BARTHES, Roland, *Investigaciones Retóricas*, Tomo I, editorial Tiempo Contemporáneo, Buenos Aires, 1974.

BERISTÁIN, Helena, *Diccionario de Retórica y Poética*, Ed. Porrúa, México, 2008.

BALZER, Carmen, "El sentido del diálogo en Hans Georg Gadamer", Teología, tomo XXXIX, no. 80, pp. 93-111, 2002, UCA, Buenos Aires, 2002.

CASSIN, Bárbara, *El Efecto Sofístico*, Fondo de Cultura Económica, México, 2008.

COPI, Irving y COHEN, Carl, *Lógica*, Ed. Limusa, México, 2004.

CHICHI, Graciela Marta y Suñol, Viviana, "La Retórica y la Poética de Aristóteles: sus puntos de confluencia".

DEHESA DÁVILA, Gerardo, *Introducción a la Retórica y la Argumentación*, edición de la Suprema Corte de Justicia de la Nación, 2° Edición, México, 2005.

DI BARTOLO, Ignacio, *Oratoria Contemporánea para Aprender a Hablar en Público*, Corregidor, Buenos Aires, 2006.

DUEÑAS SANZ, Beatriz, Fernández Fernández, Eduardo, Vela Valdecabres, Daniel, Retórica y oratoria: estrategias persuasivas en la realidad, Tribunal Superior de Justicia de la Ciudad de México, México, 2017.

FERNÁNDEZ LÓPEZ, Jorge, Quintiliano y la retórica, disponible en: https://dialnet.unirioja.es/descarga/libro/131630.pdf.

IGARETA, Juan, *Oratoria para todos, expresión verbal y no verbal*, Ensayos Prácticos, Santiago de Chile, 2006.

GELVAN, Silvia, Oratoria, técnicas teatrales y liderazgo militar. Fundamentación de la experiencia pedagógica en el Colegio Militar de la Nación, disponible en: https://www.colegiomilitar.mil.ar/rediu/pdf/ReDiU_1439_art2Oratoria_Tecnicas_Teatrales_y_Liderazgo_Militar.pdf.

GARCÍA ÁVALOS, Rosa Icela, Como construir un discurso, año 7, no. 19, Ecos Sociales, 2019, disponible en: https://revistas.ujat.mx/index.php/ecosoc/article/download/3213/2409/16220.

GARRIDO, Manuel, *Lógica simbólica*, Editorial Tecnos, Madrid, 1977.

LEÓN, Alexei, *Preceptos Formales y Fundamentales de la Oratoria*, (s/Ed), 1999, México.

MORENO LÓPEZ, Salvador, "Un diálogo entre la práctica y la teoría", Revista Electrónica Sinéctica, núm. 25, agosto-enero, pp. 89-97 Instituto Tecnológico y de Estudios Superiores de Occidente Jalisco, México, 2004.

WERNER, Jaeguer, *Paideia*, Fondo de Cultura Económica, México, 1995.

PLATÓN, *Diálogos.* Vol. II: Gorigas, Menexeno, Eutidemo, Menón, Crátilo. Traducciones, introducciones y notas por J. Calonge [Gorgias], E. Acosta Méndez (Menéxeno), F. J. Olivieri (Eutidemo y Menón) y J. L. Calvo (Crátilo), Gredos, Madrid, 1987.

PERELMAN, Chaim y OLBRECHTS-TYTECA, Lucie, *Tratado de la Argumentación*, La Nueva Retórica, Gredos, Madrid, 1999.

PULIDO LÁZARO, Manuel, *Principios educativos de la educación occidental: la Edad Media*, Revista Brasileira de Educação, no. 23, 2018.

PUJANTE, Manuel, *Manual de Retórica*, Castalia, Madrid, 2003.

QUINTILIANO, Marco Favio, *Institución Oratoria*, CONACULTA, México, 1999.

QUINTANA TEJEDA, Luís, "Retórica y literatura desde Homero", La Colmena: Revista de la Universidad Autónoma del Estado de México, núm. 81, enero-marzo, México, 2014.

RODRÍGUEZ-CONSUEGRA, Francisco, "La filosofía del lenguaje: su naturaleza y su contexto", Diánoia, vol. XLVIII, núm. 50, mayo, 2003, pp. 41-68 Universidad Nacional Autónoma de México Distrito Federal, México.

RUSS, Jacqueline, Russ, Los métodos en filosofía, editorial Síntesis, Madrid, 2001.

SCHOPENHAUER, Arthur, *Dialéctica Erística o el Arte de Tener Razón Compuesta en 38 Estratagemas,* 2° edición, Trotta, España, 1997.

TOULMIN, Stephen, *Los usos de la argumentación,* Península, Barcelona, 2023.

VEGA REÑÓN, Luis y OLMOS GÓMEZ, Paula, *Compendio de Lógica, Argumentación y Retórica,* Trotta, España, 2011.

Diccionario de etimologías, disponible en: https://etimologias.dechile.net/?Mi.mica#:~:text=La%20palabra%20%22M%C3%ADmica%22%20viene%20del,%2C%20otras%20ra%C3%ADces%20griegas%2C%20mimo.

Manual de oratoria y liderazgo democrático, disponible en: https://libros.uchile.cl/files/presses/1/monographs/17/submission/proof/files/assets/basic-html/page47.html.

Diccionario de la Real Academia de la Lengua Española, [en línea], https://dle.rae.es/improvisar?m=form.

Capítulo 2

ELEMENTOS DEL DISCURSO FORENSE

Gerardo Ramírez Vidal*

Objetivo particular: estructurar un discurso desde su preparación hasta su desarrollo y conclusión, organizando sus partes y recursos para mantener la atención del público.

OBSERVACIONES PREVIAS

Como el discurso es el instrumento de trabajo de los operadores jurídicos, en particular del abogado, además del juez y del *iusfilósofo*, lo mejor es tener conciencia de ello y procurar ser competente en el manejo eficaz de la palabra hablada y escrita. En general, las competencias se adquieren después de egresar de la licenciatura gracias a una práctica constante. Durante los estudios universitarios, debe prepararse al estudiante en la adquisición de esas competencias y permitirle alcanzar un mayor nivel de eficacia en el discurso. Ese es el propósito de la retórica forense.

Desde un punto de vista práctico, la retórica o *ars rhetorica*, en general, se divide en dos partes: preliminares o prolegómenos y preceptos. En los prolegómenos, que son una introducción al arte, se abordan los siguientes puntos:

---

* Investigador ordinario de carrera titular C de T.C., SNI nivel II. Doctor en Letras clásicas por la Universidad Nacional Autónoma de México (UNAM), investigador del Centro de Estudios Clásicos (CEC) del Instituto de Investigaciones Filológicas de la misma Universidad. Coordinador de Centro de Estudios Clásicos (2010 a 2011 y 2023-) y director de Noua Tellus, anuario del mismo CEC (2011 a 2014). Sus líneas de investigación son sofistica, retórica clásica, educación y política en la Grecia antigua y hermenéutica. Ha sido responsable de numerosos proyectos de investigación colectivos. Su proyecto individual es "Antifonte. Discursos y tratados". Desde 1995 ha dirigido proyectos sobre retórica. Ha impartido cursos en la licenciatura y el posgrado en la UNAM y en otras universidades de México y del extranjero, además de numerosas ponencias y conferencias nacionales e internacionales. Ha sido presidente fundador de la Asociación Latinoamericana de Retórica (ALR, 2010-2012), Asociación Mexicana de Retórica (AMR, 2012-2014) y de la Organización Iberoamericana de Retórica (OIR, 2014-2017). Entre sus libros de autor pueden mencionarse: *La palabra y el puño. Perfiles de la retórica nazista en el Mein Kampf de Adolfo Hitler.* México: UNAM, 2013 y 2023; *La invención de los sofistas.* México: UNAM, 2016; *El arte de la memoria en la Rhetorica Christiana de Diego Valadés.* México: UNAM, 2016.

- A qué género pertenece el arte de la palabra: al género político.
- Cuál es la función de la retórica: hablar de manera eficaz.
- Cuál es su fin: producir confianza en el juez y persuadirlo.
- Cuál es su materia: las palabras y las ideas *(res et verba).*
- En cuántas partes se divide la materia: se divide en tres géneros: forense, deliberativo y *epidíctico*).
- Cuáles son las partes de la retórica (invención, disposición, elocución, memoria y actuación).

Los preceptos, a su vez, constituyen propiamente el contenido del arte; son las enseñanzas prácticas que el maestro *(rhétor)* transmite al joven para su formación oratoria. Estas enseñanzas se dividen en dos momentos: planeación del discurso, y elaboración y circulación discursiva.

En esta obra hemos de tratar del género judicial o forense, de manera que no se abordarán los preliminares de la retórica, sino sólo las reglas del arte en relación con el género indicado, entendiendo por "reglas" los patrones discursivos estándares que en los hechos el abogado habrá de adecuar a las circunstancias particulares.

2.1. PLANEACIÓN DEL DISCURSO (DISEÑO DE UN GUION)

Suele pensarse que la retórica consiste sólo en la elaboración de un discurso bello o brillante; es una idea del todo equivocada: la oratoria jurídica empieza en el momento mismo en que se elabora una demanda y contempla como primer momento la preparación de la teoría del caso que confluye en el diseño de un guion. Esta planeación implica un arduo trabajo previo de reconocimiento del terreno y conocimiento del caso particular necesario para elaborar el discurso concreto, ya sea de acusación ya sea de defensa, lo que se conoce como "teoría del caso", y que aquí designamos simplemente como "planeación del discurso", cuya meta es la composición oral o escrita de un discurso forense.

Esta tarea del abogado litigante es larga y pesada. Cicerón acostumbraba primero a reunirse con su cliente para que éste lo informara con sinceridad sobre el hecho mismo y sus circunstancias y posteriormente hacía una revisión minuciosa del caso tanto en relación con los hechos como en el aspecto legal; recogía las pruebas, las seleccionaba y las ordenaba, teniendo siempre en mente el punto o los puntos del conflicto o controversia. En su tratado

Acerca de la invención, escrito cuando era joven, muestra la técnica retórica recomendada.

2.1.1. *Qué se va a decir o tratar*

La planeación tiene el siguiente derrotero. Una vez presentada la demanda *(nominis delatio),* el patrono o abogado debe obtener un conocimiento preciso del caso antes de delimitar la causa, con una serie de estrategias bien conocidas: primero debe definir si se trata de una *quaestio infinita* o *finita*; luego, establecer si la causa es consistente o inconsistente, con la finalidad de desechar la causa en caso de ser inconsistente; en tercer lugar, conocer a qué estado de la causa pertenece, conocimiento que permite al orador establecer la estrategia argumentativa partiendo de una serie de tópicos que utilizará al elaborar la *confirmatio* y la *confutatio*; luego, establecer a qué género discursivo pertenece el caso (habiéndose ya estudiado en los *prolegómenos* los tres géneros); en seguida, establecer punto preciso de la controversia *(iudicatio* o *to krinómenon),* que el orador tomará como guía en la elaboración del discurso, aun cuando puede recurrir a otros argumentos *extra causam,* es decir, que no tienen que ver con la *iudicatio*; por último, el orador debe considerar si debe pronunciar el discurso de manera directa o indirecta (sutil, oblicuo, mixto). Una vez conocidos estos elementos, el orador forense estará en condiciones de tomar decisiones importantes en la planeación del discurso. Ahora veamos con mayor detalle las tareas antes indicadas.

2.1.2. *Objetivos a conseguir. La doctrina de las quaestiones*

a. Las *quaestiones* o problemas

La primera parte consistía en abordar el tipo de *quaestio* o problema. Existen dos tipos de *quaestiones:* la *infinita* o general y la *finita* o particular (concreta, personal). A la primera se le denominaba *thesis,* y se refería a problemas generales; a la segunda, *hypóthesis* o *causa.* Se pueden distinguir una de la otra con el siguiente ejemplo clásico:

¿El hombre debe casarse o no? *(quaestio infinita)*

¿Catón debe casarse con Salonia o no? *(quaestio finita).*[1]

---

1 *Cfr.* Quintiliano, Marco Fabio, *Sobre la formación del orador,* Tomos I-V, Traducción y comentarios de A. Ortega Carmona. Salamanca, Publicaciones Universidad Pontificia, 1997-2000, III 5.8.

Naturalmente, el litigante debía conocer las circunstancias útiles a su causa: quién, qué cuándo, dónde, cómo, por qué, con qué medios. Detengámonos en el quién, es decir, los actores concretos: el acusador (el fiscal) y el acusado (el defensor o su cliente), ambos sujetos discursivos, quienes deben valorar sus fortalezas y debilidades en relación con el caso. Del mismo modo, el abogado debe conocer las demás circunstancias concretas del caso para poder elaborar la narrativa. Así, por ejemplo, en relación con el dónde se realizó el hecho y si se puede encontrar alguna prueba a favor: en una calle oscura, en el campo, en la habitación, en la calle, etc. Se procede a analizar este y los demás elementos indicados con el objeto de tener claridad en lo sucedido en el caso concreto.

Toda *quaestio finita* se vincula a una *quaestio infinita,* o problema general, que también es el campo compartido de la filosofía, la ética, la ciencia o la política. Todo asunto judicial se refiere a lo legal, lo justo, lo bueno, lo malo, lo noble o lo innoble y sus diferentes especies, que constituyen la materia de la cuestión general.

b. Cuestiones consistentes

Una vez entendidas las anteriores *quaestiones,* será necesario desechar aquellas cuestiones que no tienen solución o son absurdas. El derecho no puede normar las innumerables conductas de los seres humanos, sino sólo una parte, que es la materia del derecho positivo. Por ejemplo, tener encendidos los focos durante toda la noche puede desagradar al vecino quien presenta la demanda, pero no la fundamenta legalmente, o bien cuando el acusado no tiene ningún argumento para defenderse de la acusación, de modo que el proceso es innecesario en cuanto a la realización del hecho o no.

Sin considerar los casos inconsistentes, el abogado debe definir a qué tipo de delito pertenece el hecho acerca del cual se debate. Para ello hay una tipología útil conocida como "estados de la causa" *(status causae)* que pueden ser de hecho *(quaestio facti)* o de derecho *(quaestio iuris).*

En el primer caso, la controversia podía caer en o referirse a cuatro situaciones:

a) Si el acusado realizó o no el hecho.

b) La definición del hecho.

c) La cualidad del hecho, que a su vez se refiere a si se hizo con el apego a la ley, si se debe atribuir al propio acusador o a una tercera persona o si el acusado no tenía otra salida o si cometió el delito con todas las agravantes, de manera que, en este último caso, su estrategia es pedir clemencia o perdón por el acto cometido.

d) Translación o prescripción del hecho. En este caso, simplemente se busca detener el proceso o reenviarlo.

La *quaestio iuris* es útil para definir el hecho o para debatir sobre la cualidad del hecho, para lo cual el fiscal o el litigante defensor requieren de tener un conocimiento profundo de las leyes y tener técnicas para interpretarlas a su favor. Las cuestiones legales se refieren a cuatro situaciones: (a) la ambigüedad; (b) la letra y el espíritu; (c) leyes contrarias; (d) lagunas legislativas.[2]

La mecánica es como sigue: el fiscal aplica una ley específica y tasada en referencia al hecho realizado; el abogado defensor niega el delito observando que la ley es ambigua; en seguida uno y otro esgrimen argumentos para mostrar que la ley es ambigua o que no lo es. Así sucede en los demás casos: una de las partes defiende el sentido directo y el otro la intencionalidad de la ley; uno defiende el texto de una ley y el otro el de otra ley, y, en fin, uno observa que el hecho no está tipificado como delito y el otro recurre a la analogía para demostrar que sí lo es. El conocimiento profundo de las leyes, el ingenio de los abogados y sus competencias discursivas podrán lograr una sentencia condenatoria o absolutoria.

2.1.3. Conocimiento del tema. La definición del punto del conflicto (juicio o **iudicatio***)*

Además de las doctrinas de las *quaestiones,* debe especificarse con claridad cuál es el punto o los puntos de la controversia. En este caso, se aplica la doctrina de la *iudicatio,* que consiste en una serie de preguntas para especificar con precisión el acto criminoso, como podemos observar en seguida:

I. A(cusador). Golpeaste a Nigerio Numidio.

D(efensa). No lo golpeé.

Q(uaestio). ¿Aulo Agerio golpeó a Niguerio Numidio o no?

II. A. Sobornaste a los trabajadores.

D. No los soborné; les di una gratificación.

Cuestión. ¿Aulo Agerio sobornó o gratificó a los trabajadores?

---

2 *De la invención retórica,* México: UNAM, 1997, II, 116-156.

III. A. Mataste a tu madre.

B. Sí, la maté, pero justamente.

Causa: Porque ella mató a mi padre.

A. Tu madre debió haberla juzgado un tribunal, no tú.

Juicio: Orestes mató justamente a su madre o no.

IV. Pueden darse otras justificaciones, hasta el punto de apelar a la misericordia de los jueces.

Una vez definidas las anteriores cuestiones, el orador podrá presentar las pruebas del hecho (testimoniales, documentales y periciales) y tendrá elementos para interpretar las leyes y los textos de las pruebas.

2.1.4. Estudio profundo de los temas seleccionados: Temas polémicos, de actualidad, culturales y de alto impacto social

Podemos presentar el caso de los más de 90 *influencers* y artistas que presuntamente hicieron proselitismo político un día antes de las elecciones celebradas el 6 de junio de 2021 en México, pues se pronunciaron en favor del Partido Verde durante la veda electoral, un día antes de las votaciones, por lo cual recibieron un pago.

Se hicieron denuncias ante la Fiscalía Especializada en Delitos Electorales. De tal manera, la Fiscalía deberá estudiar el o los asuntos de acuerdo con la técnica de las *quaestiones*. Primero estudiará el caso de acuerdo con la *quaestio finita,* que se refiere a personas concretas con nombre y apellido en un momento y lugar determinados. No es necesario que incluyamos sus nombres, pero se debe subrayar que el juicio no será igual para todos, sino que cada uno deberá enfrentar su propio proceso. De esta manera, la *quaestio finita* es, por ejemplo, la siguiente:

¿Lambda García puede promocionar al Partido Verde durante la veda electoral de junio de 2021 o no?

Esta *quaestio* depende de o está vinculada a la cuestión general que podría expresarse así:

¿Tienen derecho los ciudadanos de promocionar a algún partido durante una veda electoral o no?

Algunos casos tal vez serán inconsistentes: “Admito mi error y asumo las consecuencias”. En este caso, el acusado no tiene defensa y el proceso sería innecesario, aunque el conflicto podría tener como materia no el hecho en sí, sino el monto de la pena.

Supongamos que la Fiscalía encuentra consistentes las acusaciones y decide aplicar las penas respectivas en los casos de acuerdo con los artículos 7 y 15 de la Ley General en Materia de Delitos Electorales que penaliza una serie de conductas consideradas delictuosas. El último artículo estatuye lo siguiente:

> *Artículo 15.* Se impondrá de mil a cinco mil días multa y de cinco a quince años de prisión al que por sí o por interpósita persona realice, destine, utilice o reciba aportaciones de dinero o en especie a favor de algún precandidato, candidato, partido político, coalición o agrupación política cuando exista una prohibición legal para ello, o cuando los fondos o bienes tengan un origen ilícito, o en montos que rebasen los permitidos por la ley.

La pena prevista en el párrafo anterior se aumentará hasta en una mitad más cuando la conducta se realice en apoyo de una precampaña o campaña electoral.

En este caso, la Fiscalía tiene elementos para confirmar, de acuerdo con las pruebas, que los acusados realizaron el hecho y definir, de acuerdo con la Ley General, si el hecho constituye un delito (hecho dudoso) y si lo hicieron en circunstancias agravantes o atenuantes. En este caso, hay dos *quaestiones*: ¿realizó proselitismo o no? ¿recibió aportación de dinero o no?

Por su lado, los abogados habrán de estudiar el caso interpretando los artículos 7 y 15 a su conveniencia y fundar la defensa ya sea mediante la negación del hecho, la redefinición del hecho o la justificación o atenuación del delito. Para ello harán una interpretación de los hechos, de los dichos y de las leyes.

Tanto el fiscal como el demandado deben establecer con rigor el punto (o los puntos) de la controversia:

Fiscalía. Te pronunciaste en favor de un partido y recibiste un pago por ello

D1. No me pronuncié ni recibí dinero.

Q1. ¿Se pronunció y recibió dinero o no?

D2. Sí, me pronuncié, pero lo hice a título personal y no recibí dinero

Q2. ¿Lo hizo a título personal y no recibió dinero?

D3. Sí, me pronuncié y recibí dinero, pero lo hice legalmente (o por otros motivos).

Juicio. ¿Lo hizo legalmente?

Al final, el juez deberá valorar los argumentos de una parte y de la otra para en seguida decidir si condena o absuelve.

Por el momento, los involucrados ya han hecho su propia defensa, que no es legal, sino social, para justificarse ante sus seguidores, pero en las diversas defensas podemos observar las tres líneas de defensa que habrán de seguir.

Algunos de los acusados han optado por el estado conjetural: se niega el hecho, argumentando el acusado que no envió ningún mensaje o que no se recibió dinero por ello, de manera que no hay delito que perseguir. Fernanda Moreno arguye en esta línea:

> Debo decirles que en mis historias yo jamás los invité a votar por cierto partido, tampoco dije que yo iba a votar por ese partido, únicamente los invité a revisar las propuestas que tenían ellos.[3]

La *influencer* anterior sigue la primera línea de defensa: negar el hecho. En general, los involucrados siguen las otras líneas de defensa: admiten haber enviado mensajes (la prueba contundente son los mensajes mismos en poder de la autoridad electoral), y no niegan haberse manifestado en favor del Partido Verde durante la veda electoral (el hecho es evidente), pero niegan haber hecho 'proselitismo', argumentando que lo hicieron a título personal, de modo que no existe delito tipificado. El fiscal puede argumentar que se trata de un delito electoral, pero el acusado lo puede negar. "Realizar proselitismo" y "recibir aportaciones de dinero" para el fiscal resultan expresiones claras; para la defensa resultan ambiguas, pues debe definirse qué es "hacer proselitismo", no se especifica que significa "aportar" y no se establece la cantidad recibida. Por ejemplo, la artista Bárbara del Regil expresó:

> Todo lo hago de corazón, yo etiqueto a todo mundo, yo hablo de lo que quiera, siempre opino de lo que sea. No es un pecado salir y opinar; todo el mundo es libre de opinar y decir. Eso no es un pecado, que la gente señale es otra cosa.

En vez del término 'delito', emplea la palabra 'pecado', y en vez de 'promocionar' emplea 'opinar'. No se trata de un estado de conjetura, sino de definición. Pero también apela indirectamente a la libertad de expresión, queriendo decir, que actuó legalmente. Esta es la tercera línea de defensa, a la que habrá de recurrir el abogado en caso de que sea sometida a proceso.

---

[3] Las declaraciones se han obtenido de famosos acusados de propaganda política en redes sociales donde hablan del tema. 08 de Junio del 2021 por @TVNotasmx.

Esta línea corresponde a una de varias especies de estado cualitativo llamado "absoluto", en el que se encuentran la mayoría de los involucrados. En este mismo sentido, el *influencer* Lambda García se defiende diciendo:

> Todos tenemos derecho a decir nuestra opinión. No soy una mala persona puede que tome decisiones equívocas. Seguiré apoyando ideologías y propuestas que vayan con mi forma de pensar.

Este estado cualitativo absoluto apela a la legalidad del hecho. Hay otras especies de estado cualitativo en los que también se acepta la comisión del ilícito, pero se atribuye la culpa al propio acusador o a una tercera persona.

Otra especie de estado cualitativo es el de la comparación, que también utiliza Fer Moreno:

> Ni siquiera fue una campaña millonaria como están diciendo por ahí, en realidad fueron nada más diez mil pesos o al menos eso fue lo que se me pagó a mí. Por lo mismo no lo vi como algo que pudiera generar un problema, porque me han pagado campañas con mucho más dinero y sin problemas.

Una *influencer*, Romina Marcos, aceptó el hecho y la recepción de dinero, pero señala que la cantidad fue mínima: diez mil pesos, y manifiesta su arrepentimiento.

> Hablo desde el fondo de mi corazón. Quienes me conocen saben quién soy y que mis palabras están llenas de verdad. Soy consciente de que hablé en un momento erróneo y lo acepto, no vi con claridad el impacto que mis palabras podrían tener, sobre todo por la situación que estamos viviendo en el país.

En todos estos casos, el fiscal podrá optar por un castigo ejemplar; la defensa por una ponderación atenuante, siguiendo una o varias líneas.

2.1.5. Ordenación de ideas para públicos diversos. Obtención de argumentos

Una vez realizada la ardua tarea anterior, será posible obtener ideas, premisas o lugares de donde obtener premisas generales. Como se trata del discurso judicial o forense, deberán utilizarse los tópicos propios de ese género, relativos a lo justo o a lo injusto y sus especies: ¿es justo imponer una pena por recibir dinero de un partido y hacer promoción durante la veda electoral o no es justo? Es justo porque según la ley es un delito tasado; no es justo porque se coarta la libertad de opinar, derecho garantizado en la Constitución. Es más justa la equidad en la contienda electoral que la inequidad. Es imposible que una simple opinión modifique las intenciones de los ciudadanos. Se podrán encontrar muchos más argumentos lógicos (es decir, relativos al hecho) propios del género forense y lugares comunes aplicables de manera universal. También había una amplia serie de rúbricas que podrían tomarse en consideración en relación ya no con el hecho, sino con las personas (argumentos éticos). Por ejemplo, en cuanto a la rúbrica de la edad: el *êthos* del joven podría servir para decidir sobre aspectos estratégicos: el joven es por naturaleza impulsivo, generoso y audaz (los influencers son en general jóvenes); el viejo lo contrario: Aulo Agerio es un joven generoso, dispuesto a ayudar a una amiga que le ha pedido un favor, etc. Además, se puede optar por utilizar argumentos de carácter emocional para producir en los jueces calma, amor, confianza, compasión, etc., o sus contrarios, como en el caso de la *influencer* que muestra su arrepentimiento, que debe parecer sincero.

Hay por lo tanto un arsenal de ideas, premisas y lugares que se pueden emplear como material argumentativo, además del material narrativo, descriptivo o expositivo.

2.1.6. Delimitación de ideas principales. **Ductus** *o estilo directo / estilo figurado*

Sin embargo, no es todavía el momento para elaborar el discurso. Se debe observar si el asunto que se va a tratar se puede expresar de manera franca y directa o bien se debe retorcer el lenguaje, hablar con franqueza aparente, decir verdades a medias, etc.

El *ductus* puede ser literal *(ductus simplex)*, cuando lo dicho y la intencionalidad del orador coinciden. A veces se puede hablar con entera franqueza. Sin embargo, puede haber casos en los cuales existe algún motivo por el que no se puede hablar directamente. Entonces es necesario hacerlo de manera indirecta.

- *Subtilis.* Cuando la intención del abogado es decir una cosa diferente o contraria *(skhêma enantíon, contrarium)* de lo que quiere decir. Es el caso típico de la ironía.
- *Figuratus.* Cuando el orador no dice las cosas directamente por pudor; esto es, no coincide lo que dice con el tema, como cuando se trata de asuntos de adulterio o incesto. Emplea un lenguaje alegórico o enfático.
- *Oblicus.* Cuando no habla claro, abierta o franca por el temor al peligro que sus palabras pueden ocasionar en el propio emisor.
- *Mixtus.* Cuando no se habla claro por pudor y por temor. Es una combinación del figurado y del oblicuo o incluso de los tres *ductus* figurados.

Podríamos suponer que los *influencers* preferirían un *ductus* figurado: sería una vergüenza hablar con franqueza sobre lo ocurrido, en caso de que estuvieran conscientes del ilícito cometido. El abogado debería ser aún más cuidadoso con sus palabras.

2.2. PARTES DEL DISCURSO

Tomemos un pasaje de Cicerón que habrá de servirnos como párrafo de transición:[4]

> Por ello, una vez encontrados los argumentos de manera cuidadosa y según las reglas del arte y estudiados con atención el punto a juzgar y los argumentos que son convenientes para el punto a juzgar, ahora finalmente se deben ordenar las demás partes del discurso. Nos parece que las partes del discurso son seis en total: exordio, narración, partición, confirmación, refutación y conclusión.

Ya cumplida la tarea de reconocimiento del terreno y conocimiento del caso particular, es momento de comenzar a elaborar el discurso judicial acusatorio, para lo cual debemos considerar las partes canónicas de que consta y que son las siguientes:

1. Exordio *(exordium, proemium)*. Predomina el *êthos*, orientada a la *captatio benevolentiae.*
2. Narración *(katástasis o diêgesis, narratio)*. Clara, breve, verosímil. Prepara a la argumentación. Contiene hechos y descripciones.
3. División *(partitio, divisio)*. Es un párrafo de transición, donde se señala el plan que se va a seguir en el desarrollo de la argumentación.
4. Argumentación *(pistis, argumentatio)*, que se divide en:
    - Confirmación *(kataskeuê, confirmatio)*. Exposición de los argumentos a favor.
    - Refutación *(lysis, confutatio)*.
5. Epílogo *(epílogos, peroratio)*. Predomina el *pathos*, con el fin de conmover *(movere)*.

La división del discurso judicial en cinco partes es la *taxonómica*. La división *económica* (de *oikeios*, 'familiar', cf. *Rh. Her.* III 16: *ad casum adcomodata)* es aquella que se adecua a los destinatarios o al asunto, mediante cambios generados sobre el esquema estándar, de manera que siempre tendremos la posibilidad de innovar. Por ello decía un antiguo maestro lo siguiente:

---

[4] Ciceron, Marco Tulio, *On Invention. The Best Kind of Orator. Topics*, Translated by H. M. Hubbell. Loeb Classical Library 386, MA: Harvard University Press, Cambridge, 1949, pp. 14, 19.

> Puesto que la disposición es aquella tarea mediante la cual ponemos en orden aquellas ideas que hemos encontrado, de manera que cada cosa se pronuncie en su lugar propio, se debe pensar en qué método seguir al disponer el discurso. Los modos de disposición son dos: uno es el que proviene de la instrucción técnica; el otro el que se acomoda a las circunstancias.[5]

Por otra parte, es necesario aclarar que el orador no va a elaborar su discurso siguiendo el orden del esquema, sino que va a empezar por dónde mejor le parezca: tal vez la narración, tal vez la argumentación; el exordio se elabora al final.

Por eso afirma Cicerón:

> Consideradas todas estas cosas, sólo después de esto, acostumbro reflexionar lo que primero debo decir, qué tipo de exordio debo decir. En efecto, si alguna vez he querido encontrar primero el exordio, no me ha llegado a la mente alguna idea que no fuera débil, sin valor, vulgar o común.[6]

Una segunda aclaración es que cada parte del discurso tiene su propia materia encontrada, su propio orden interno, su propio estilo acomodado a la parte, su propia memorización, y su propia pronunciación y actuación. Por eso se afirma que la elocución es la "*acomodación a la invención* de palabras y pensamientos apropiados",[7] de acuerdo con las partes del discurso. De la misma manera, la memoria es no sólo recolección o mantenimiento *(perceptio)* en el pensamiento de pensamientos y palabras, sino también de la disposición. Es el recuerdo de las partes del discurso. En fin, para Quintiliano, la *actio* o ejecución oral del discurso se da de acuerdo con las partes del discurso.

Así, el eje o espina dorsal de la retórica es la *dispositio,* a la que se aplicarán las operaciones discursivas, como se representa en el siguiente esquema:

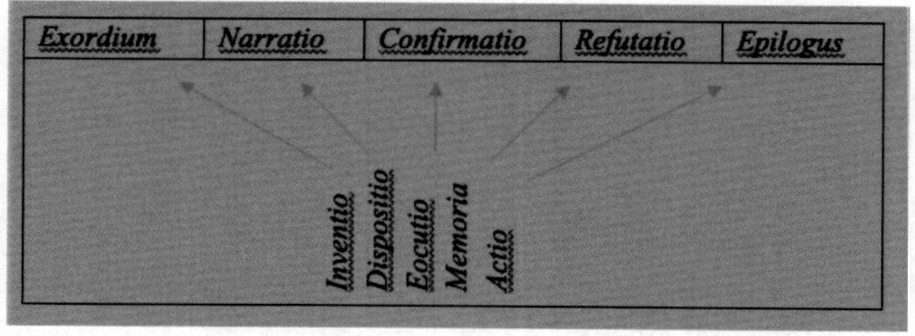

[5] *Ibídem,* p. 16.
[6] *Ibídem,* p. 315.
[7] *Ibídem,* p. 3.

Lo repetimos de otra manera, porque es muy importante: la retórica pedagógica enseña cómo se elabora un exordio mediante la invención, la disposición y la elocución, además de que enseña cómo memorizar los esquemas del exordio y cómo ejecutarlos, con la voz, el gesto del rostro, el movimiento de las manos y cuerpo, y el vestuario. De la misma manera procede con las demás partes del discurso, hasta llegar al epílogo.

2.2.1. El exordio

La importancia del exordio radica en que esa parte es la primera que escucha el juez; es la primera impresión que éste tiene del abogado, quien debe ser muy cuidadoso en prepararlo y predisponerlo a su favor.

Las funciones del exordio son tres: hacer al juez benévolo *(attentum parare)*, conocedor del asunto *(docilem parare)* y atento *(attentum parare)*. Para lograr cada uno de esos objetivos se sigue una serie de estrategias.

El abogado debe conocer al juez y saber si es favorable o no lo es. En el primer caso, el exordio es llanamente un inicio; en el segundo, se procede por insinuación, que es un modo más cuidadoso de hablar para no producir rechazo en él hacia el que habla y hacia el caso.

Un exordio judicial puede contener los elementos útiles para hacer al juez benévolo *(attentum parare)*, conocedor del asunto *(docilem parare)* y atento *(attentum parare)*. Para lograr cada uno de esos objetivos se sigue una serie de estrategias.

a) El *docilem parare* consiste en hacer que los jueces sepan el asunto que se va a tratar en el discurso, lo que se logra mediante una exposición sumaria del caso. En el exordio pueden aparecer la proposición, que anuncia aquello que se va a tratar o a debatir, y la división, que es la información sobre las partes y el orden que habrá de seguir, aunque la primera es el inicio de la argumentación y la segunda puede ser una parte en sí misma y aparecer varias veces en el discurso. Esa función se logra mediante una exposición breve del asunto.

b) Hacer que estén atentos *(attentus)*, para lo que se siguen tres procedimientos: señalar la importancia, inverosimilitud y novedad del asunto; indicar que la decisión de los jueces podría afectar a los propios jueces, al estado o a la religión, y pedir a los jueces que escuchen con atención.

c) Obtener su benevolencia *(benevolus)*. La benevolencia se capta mediante diversos recursos: uno es la presentación adecuada de sí mismo. En los tribunales de Atenas, el orador acostumbraba a presentarse como joven e inexperto. También se puede hacer la adulación de los jueces, exagerando sus rasgos positivos. Asimismo, se obtiene benevolencia del destinatario mediante las pasiones *(pathos)*, dando una imagen negativa de los adversarios o subrayando las consecuencias nefastas que originaría una decisión equivocada. Otro recurso era la alabanza de las leyes, las instituciones o la patria. Se pueden presentar las leyes como soberanas.

El abogado puede elaborar el exordio siguiendo el orden indicado antes o bien adecuar el orden al asunto; además, puede adoptar una forma expositiva o bien una argumentativa. Por ejemplo, un exordio podría contener el siguiente argumento[1]: Los refrescos producen graves males al organismo, ‖ [2]como bien podemos observar; ‖ [4]puesto que es un asunto que nos afecta a todos, [3]debemos prohibir su venta no sólo en las escuelas sino en cualquier expendio de alimentos; ‖ [5]ese producto provoca daños irreversibles a la niñez.

Luego de elegir los elementos que conforman la materia del exordio con base en los criterios estudiados antes, el orador deberá dar forma con base en el *prepon* o *decorum* a su propia obra. Se tienen ya las fichas de trabajo a disposición que contienen material expositivo o argumentativo diverso obtenido con base en los criterios de elección, que incluye tal vez sentencias o refranes, etc. Se ha ya previsto la distribución de ese material en cierta estructura, ya sea con base en los primeros esquemas o "figuras del discurso" enseñadas en los manuales de "ejercicios previos" o *progymnásmata*, o a partir de un discurso judicial (como hacía Aristóteles o Cicerón) adecuado.

Se debe pasar ahora al proceso creativo, al trabajo de elaboración discursiva de las partes del exordio, yendo de los miembros a los incisos y a los sonidos, cuidando que el estilo sea simple: breve, claro, apropiado y que parezca improvisado, esto es, disimulando el artificio. Podremos tomar como ejemplo el discurso que Sócrates pronunció en su defensa y que Platón recreó en su *Apología*:

> [1]No sé, atenienses, la sensación que habéis experimentado por las palabras de mis acusadores. Ciertamente, bajo su efecto, incluso yo mismo he estado a punto de no reconocerme; tan persuasivamente hablaban. Sin embargo, por así decirlo, no han dicho nada verdadero. De las muchas mentiras que han urdido, una me causó especial extrañeza, aquella en la que decían que teníais que precaveros de ser engañados por mí porque, dicen ellos, soy hábil para hablar. ‖ [2]En efecto, no sentir vergüenza de que inmediatamente les voy a contradecir con la realidad cuando de ningún modo me muestre hábil para hablar, eso me ha parecido en ellos lo más falto de vergüenza, si no es que acaso éstos llaman

> hábil para hablar al que dice la verdad. Pues, si es eso lo que dicen, yo estaría de acuerdo en que soy orador, pero no al modo de ellos. En efecto, como digo, éstos han dicho poco o nada verdadero. ‖ [3]En cambio, vosotros vais a oír de mí toda la verdad; ciertamente, por Zeus, atenienses, no oiréis bellas frases, como las de éstos, adornadas cuidadosamente con expresiones y vocablos, sino que vais a oír frases dichas al azar con las palabras que me vengan a la boca; ‖ [4]porque estoy seguro de que es justo lo que digo, y ninguno de vosotros espere otra cosa. Pues, por supuesto, tampoco sería adecuado, a esta edad mía, presentarme ante vosotros como un jovenzuelo que modela sus discursos. Además y muy seriamente, atenienses, os suplico y pido que si me oís hacer mi defensa con las mismas expresiones que acostumbro a usar, bien en el ágora, encima de las mesas de los cambistas, donde muchos de vosotros me habéis oído, bien en otras partes, que no os cause extrañeza, ni protestéis por ello. En efecto, la situación es ésta. Ahora, por primera vez, comparezco ante un tribunal a mis setenta años. Simplemente, soy ajeno al modo de expresarse aquí. ‖ Del mismo modo que si, en realidad, fuera extranjero me consentiríais, por supuesto, que hablara con el acento y manera en los que me hubiera educado, también ahora os pido como algo justo, según me parece a mí, que me permitáis mi manera de expresarme —quizá podría ser peor, quizá mejor— y consideréis y pongáis atención solamente a si digo cosas justas o no. Éste es el deber del juez, el del orador, decir la verdad.[8]

Notemos en el ejemplo anterior una gran diversidad de estrategias, algunas de las cuales podrían se apropiadas en los juicios orales actuales. A continuación veamos las características e importancia de la narración.

2.2.2. La narración

La narración es un objeto de estudio que hoy está en boga gracias a los enormes aportes que introdujo el formalismo y el estructuralismo (sobre todo con Vladimir Propp 1928, Gerard Génette, Tzvetan Todorov, Claude Bremond y otros muchos autores). También en la Antigüedad, la narración *(diêgêsis, narratio)* tuvo gran importancia, como se muestra, en primer lugar, en la antigüedad de esta teoría, cuyos creadores son Platón y Aristóteles y en la enseñanza y práctica que se difundió desde Homero hasta el final de la antigüedad grecolatina; y en segundo, por la enorme difusión que tuvieron la teoría, la enseñanza y la práctica del fenómeno narrativo en el mundo de Grecia y de Roma. Por ejemplo, deberá considerarse que la narración es el elemento más importante que Aristóteles aborda en su *Poética,* dividida —como todos

---

8 Pl. *Apol.* 17a-18a. Trad. Gredos.

saben— en tragedia y épica. Esta última es propiamente la *diégesis* o *narratio*. Posteriormente, tanto los rétores griegos como latinos abordaron siempre ese asunto, e incluso se dieron debates sobre esa doctrina entre corrientes educativas (apolodoreos y teodoreos, por ejemplo).

En particular, en el género judicial llegó a considerarse que la *narratio*, "el momento más literario del discurso, era también el momento crucial de la orientación y de la manipulación facciosa de los datos en función probatoria".[9] Sin embargo, ni los estudios diegéticos y narratológicos se basaron en las teorías antiguas, fuera del uso y abuso de los términos griegos y latinos, y tampoco las actualizaron o enriquecieron. En la actualidad, la *diégesis* o narración retórica ha recibido poca atención, y la descripción del legado antiguo elaborada por Lucia Calboli Montefusco en 1988, es una excepción. Es, por lo tanto, una necesidad en la enseñanza de la retórica judicial recuperar las teorías antiguas sobre la *narratio*, de la que aquí ofrecemos una breve introducción. En este tenor, la definición es muy importante, veamos en qué consiste.

Definición

Apegándose a la tradición griega, los maestros latinos definían la narración como "la exposición de los hechos realizados o tal como hubieran sido realizados ".[10] Para Quintiliano, la *narratio* es "la exposición de una cosa sucedida o supuestamente sucedida con el fin de persuadir o bien, según la definición de Apolodoro, es un discurso que enseña al oyente lo que está en controversia".[11]

Existen varias especies de narraciones (la fábula, la historia) diferentes tanto en su forma como en sus fines de la narración retórica, que es, como hemos visto, una relación o exposición *(expositio)* de los hechos como sucedieron o como pudieron o debieron haber sucedido, con el fin de informar al juez, pero sobre todo para persuadirlo. El éxito del caso depende en buena medida de cómo elaboremos la narración de los hechos.

---

9 Gazich, Roberto, 'Exemplum' ed esemplarità in Properzio. Milano: Vita e pensiero, 1995 (Pubblicazioni dell'Università Cattolica),1995, p. 99.

10 Cicerón, Marco Tulio, *On Invention. The Best Kind of Orator. Topics,* Translated by H. M. Hubbell. Loeb Classical Library 386, MA: Harvard University Press, Cambridge, 1949, p. I, 27 = *RhHer.* I, 4 y III, 23.

11 Quintiliano, Marco Fabio, *Sobre la formación del orador,* Tomos I-V, Traducción y comentarios de A. Ortega Carmona. Salamanca, Publicaciones Universidad Pontificia, 1997-2000, p. IV 2.31. *Cfr.* Cicerón, Marco Tulio, *On Invention. The Best Kind of Orator. Topics,* Translated by H. M. Hubbell. Loeb Classical Library 386, MA: Harvard University Press, Cambridge, 1949, pp. 19-27.

La narración debe presentarse de manera que sea útil a la persuasión y que sirva para introducir a la argumentación.

Materia y orden de la narración

La narración se caracteriza por una secuencia temporal de estados que se transforman y de acciones o acontecimientos que se conjugan o entran en conflicto, y que pueden llevar a un desenlace. Las relaciones de las acciones pueden darse por conjunción, antítesis y disyunción. Una narración por antítesis puede seguir el siguiente esquema: estado inicial, complicación, reacción, solución y estado final. Sin embargo, existen numerosos esquemas irreductibles a un modelo único: los discursos narrativos son infinitos. De cualquier modo, existe una serie de patrones o esquemas narrativos predominantes adecuados para las diversas clases, géneros y especies de discursos.

Las normas retóricas. Críticas de Quintiliano

En el capítulo 2 del libro IV de su *Institución oratoria,* Quintiliano presenta las diversas teorías conocidas por él en relación con la narración y presenta una serie de críticas que es interesante conocer.

En primer lugar, se refiere a la narración necesaria y la innecesaria (cuando el asunto es breve, cuando los hechos son evidentes, cuando los jueces conocen el caso, etc.). Hace notar que se debe partir primero de si es necesaria la narración y no presuponer su inclusión en el discurso. Luego, aborda varios tipos de narraciones, incluyendo las ficticias[12] y presenta una observación interesante para el abogado: "la *narratio* no ha sido concebida sólo con la finalidad de que el juez conozca los hechos *(ut cognoscat iudex),* sino para que él piense lo mismo que uno *(ut consentiat)*". Esta es propiamente la *narratio* retórica, aquella finalizada u orientada a producir determinados juicios en sus destinatarios. Debe haber *narratio* sólo cuando sea útil o ayude a lograr el propósito de hacer que el juez piense como uno quiere que piense.

En segundo lugar, aborda el lugar en que deberá ir la *narratio,* que es ya sea después del exordio o después de haberse defendido al acusado y antes de atacar al adversario.[13] Luego se verá que la *narratio* puede ocupar diversas partes del discurso. Lo anterior es muy importante porque nos indica que las reglas retóricas al respecto no son fijas, sino que todo ello depende de las circunstancias de quién habla y a quién, del asunto (si es sobre la culpabilidad

---

12 Ciceron, Marco Tulio, *On Invention. The Best Kind of Orator. Topics,* Translated by H. M. Hubbell. Loeb Classical Library 386, MA: Harvard University Press, Cambridge, 1949, p 19.

13 *Ibídem,* p. 25-30.

o la definición), de la especie (si es de acusación o defensa), del tiempo, del lugar, de la finalidad, etcétera.

En tercer lugar, introduce el modo de narrar *(narrandi ratio)*, es decir, las virtudes que debe tener una narración: claridad, brevedad y verosimilitud, cada una de las cuales tiene una función: que el juez entienda, recuerde y crea en lo dicho por el orador.[14]

Quintiliano explica con detenimiento cada virtud, comenzando por la claridad, descuidada por muchos autores. Enlista las estrategias prácticas para hacer que nuestro discurso sea claro, e indica que la brevedad no es hablar menos, sino no decir más de lo que sea oportuno decir. La narración no debe ser tan breve que sea oscura, ni tan larga que provoque aburrimiento. Asimismo, debe estar ornamentada, pues el placer engaña y hace sentir que las cosas son menos largas. Podemos observar que los criterios de Quintiliano son enteramente pragmáticos. El adorno es un auxilio para la persuasión; no se trata de ornato por el ornato en sí, sino de la función de éste.

En cuarto lugar, aborda el asunto de la estructura o esquema narrativo,[15] que consta de una parte inicial o *partitio*: "diré cuáles hechos tuvieron lugar; primero esto, luego aquello, después esto otro", etcétera. A la *partitio* podrá seguir la primera narración, y a ésta un breve párrafo de transición: "habéis escuchado las cosas que han sucedido primero; ahora escucharéis lo que sucedió después".[16] Continúa el orador con una segunda narración y su respectivo párrafo de transición. Se termina con un resumen de lo dicho.

Podemos observar lo poco teórico que es Quintiliano. Parece llevar de la mano al estudiante, indicándole lo que debe hacer en tales casos y cómo hacerlo.

En seguida aborda cómo hacer creíble o verosímil la narración, y explica una serie importante de estrategias, como no decir nada que contradiga los hechos, construir personajes *(personas)* adecuados; hacer referencia a los argumentos que serán expuestos ampliamente en las pruebas; utilizar un estilo cotidiano adaptado al destinatario.

En la sección relativa a los casos difíciles, es decir, cuando las circunstancias están en contra de la parte,[17] se pregunta: ¿de qué modo podemos evitar la narración sin perjudicar nuestra causa? El acusador ha hecho su

---

[14] *Ibídem*, p. 31.
[15] *Ibídem*, pp. 49-51.
[16] *Ídem.*
[17] *Ibídem*, pp. 75-78.

narración, pero no se ha limitado a exponer los hechos sucedidos, sino que ha agregado palabras que incitan al odio; ha agregado pruebas; la peroración ha inflamado a los jueces y los ha irritado completamente contra nosotros. Los jueces quieren escuchar nuestra versión, y si no decimos nada al respecto creerán en el relato del adversario. Si el acto cometido es evidente, debemos decir las mismas cosas, pero no de la misma manera: presentaré otros motivos del hecho, una intención diferente, una reconstrucción de los hechos diversa. Se deberán emplear palabras que maticen lo dicho por el adversario: en vez de 'lujo', se hablará de 'generosidad', a la avaricia se le llamará 'prudencia'; a la 'negligencia', 'simplicidad', luego jugar con el rostro, la voz, la postura, con la finalidad de obtener el favor o un poco de compasión; a veces la propia confesión lleva a las lágrimas. En ese momento habrá que preguntar a los adversarios si tienen la intención de continuar con sus pretensiones o no.

Quintiliano aconseja el uso de la narración en estos casos adversos. Se pregunta: ¿qué diferencia hay entre una prueba y una narración? La narración —dice— es una proposición continua de la prueba; la prueba una confirmación congruente de la narración.[18] Podrá observarse entonces ese estrecho vínculo de ambas partes del discurso judicial, íntimamente relacionadas: proposición y confirmación. Luego observa las diversas circunstancias: amplitud, empleo de argumentos, orden, introducción de varias narraciones y no sólo de una y presentar pruebas para cada narración. También hace una serie de recomendaciones de cómo engañar al juez; por ejemplo, introducir testigos falsos, como Publio Clodio, quien basándose en testigos aseguraba que se encontraba en Terni la noche en que había cometido incesto en Roma, o la forma en que se debe fingir, adecuando el fingimiento a la persona, el lugar, el tiempo, que tenga un sentido y un orden creíbles. Y explica minucias de las argucias de abogado, como mantener una versión única de los hechos, evitando que alguien más intervenga y pueda contradecir de manera involuntaria, o afirmar las cosas una y otra vez, etcétera.

Se debe notar que este maestro no es tan moralista como se cree; no se basa en las cosas verdaderas, sino en verosímiles; no rehúye la manipulación, sino que la promueve. Es, pues, un litigante de carne y hueso.

Luego pasa a refutar otras normas de los tratadistas:

1. No introducir ninguna digresión en la narración.[19]

---

[18] *Ibídem,* p. 79.

[19] *Ibídem,* p. 103.

2. No olvidar que se debe dirigir al juez.[20]
3. No dar la palabra a personas extrañas a la causa.[21]
4. No recurrir a la exposición de las pruebas.[22]
5. No apelar a los sentimientos.[23]

Para cada uno de estos puntos presenta razones para no seguir siempre esas reglas, con ejemplos que corroboran lo que él dice.

Luego insiste en la importancia del embellecimiento del discurso para seducir a los jueces, con un léxico cuidadoso, expresivo y variado.[24] Observa también que la *auctoritas*[25] del narrador confiere credibilidad a la exposición, y que esa autoridad se debe ante todo a su forma de vida, pero también al estilo discursivo: cuanto más sea serio y honesto *(gravius ac sanctius)*, más peso tendrá necesariamente aquello que afirmamos. Quintiliano está en consonancia con las teorías clásicas sobre el *êthos*, en el que intervienen como medios no sólo la palabra sino también el prestigio de la persona.

Se aconsejaba también que la narración terminara precisamente con el punto de la discusión[26] y Quintiliano aprueba este consejo, pero señala que sólo era válido para el acusador no para el acusado.

Con lo hasta aquí expuesto podrán observarse las características de la propuesta Quintilianea y podrán entenderse tal vez las características de las teorías actuales.

1. Se trata de una propuesta basada en la utilidad. Se debe narrar para persuadir a los jueces.
2. La finalidad de Quintiliano no es teorizar ni analizar textos, sino enseñar a producir narraciones ya sean orales o escritas.
3. No existen normas infalibles, sino adecuación a los casos particulares, de acuerdo con las circunstancias específicas.
4. Sus ejemplos sirven para explicar procedimientos no para ilustrar una teoría.

---

20 *Ibídem,* p. 106.
21 *Ibídem,* p. 107.
22 *Ibídem,* p. 108.
23 *Ibídem,* p. 111.
24 *Ibídem,* pp. 116-124.
25 *Ibídem,* p. 125.
26 *Ibídem,* p. 132.

Sin embargo, también debe quedar claro que Quintiliano es selectivo; elabora su método de enseñanza de acuerdo con su propia ideología y limitado por las circunstancias. En la antigüedad existían otras doctrinas exitosas a las que alude el autor, pero desgraciadamente no se conservan sino fragmentos. Pero los textos conservados de Cicerón, el autor anónimo de la *Retórica a Herenio* y Quintiliano presentan numerosas enseñanzas que el futuro abogado debe conocer, imitar y practicar de manera constante, y cumplir así con su importante tarea.

2.2.3. Confirmación y refutación

La *probatio* o *argumentatio* se dividía en *confirmatio* y *refutatio* o *confutatio.* Los autores antiguos abordaron con gran minuciosidad esta parte del discurso, al que se asigna el siguiente capítulo.

2.2.4. Conclusiones y propuestas

El epílogo o conclusión del discurso.

El epílogo es la última parte y el remate del discurso. Exordio y epílogo, son pertrechos de la argumentación. Ambos partes están en correspondencia, ya sea por sus semejanzas como por sus diferencias. Ambas tienen como función poner a los jueces del lado del orador y en contra de los adversarios y se emplean las mismas estrategias, pero el exordio mira al futuro y el epílogo al pasado (lo que se va a decir y lo que ya se ha dicho); en el exordio se anuncia el *pathos;* en el epílogo se amplifica y se remata; en el primero el estilo es medido y calmo, en el segundo apasionado y agitado.

Aristóteles aborda en el libro III de su *Retórica* las funciones del epílogo, de la siguiente manera:

El epílogo consta de cuatro partes: el disponer a favor de uno mismo al oyente y en contra al adversario, el amplificar y disminuir, el llevar al oyente a las pasiones y el hacer que recuerde.[27]

Según Aristóteles, en el epílogo se incluyen cuatro puntos:

a) Inclinar al auditorio a nuestro favor y en contra del adversario. Se trata de atraer la benevolencia o la misericordia de los oyentes y el

---

27 Aristóteles, *Retórica. Introducción,* traducción y notas de Quintín Racionero, Gredos, Madrid, 1999, p. 1319 b 10-12.

odio o la ira contra el adversario mediante la alabanza o elogio de sí mismo y el vituperio o censura del oponente. Es la parte del *êthos.* Los argumentos se obtienen de los tópicos relativos al elogio.

b) Amplificar y minimizar. Engrandecer o exagerar los puntos favorables y disminuir y atenuar los desfavorables mediante una serie de técnicas tópicas: es preferible lo que es mayor que lo que es grande (la salud al placer), o lo que los causa, lo que es preferible en sí (la fuerza a la salud, pues esta depende de otras cosas), o lo que está orientado a un fin o lo que no necesita de otra u otras cosas.

c) Excitar las pasiones en el oyente. Producir ira, odio y envidia contra los adversarios y compasión o piedad para el orador.

d) Hacer que recuerde. Se trata de la recapitulación que consiste en enumerar los argumentos esgrimidos ya sea en orden en que se habían expuesto o en orden inverso. La función consiste en hacer recordar lo expuesto en la *argumentatio* mediante una recapitulación *(anakephalaiôsis, repetitio).*

Las anteriores partes pueden reducirse a tres o dos. "La conclusión es la salida y el término de todo el discurso. Tiene tres partes: enumeración, indignación y lamentación".[28] Cicerón elabora una minuciosa explicación de los quince modos de crear indignación en los jueces y de los dieciséis modos para producir lamento o misericordia, que aquí no vamos a repetir, pero sí a invitar a la lectura de esos textos.

Quintiliano ofrece un interesante resumen de las dos partes del epílogo, que aquí nos limitamos a resumir:

> La peroración *(epílogos, peroratio, cumulus, conclusio)* es de dos tipos: la basada en los hechos *(in rebus)* y la basada en los afectos *(in adfectibus).* La repetición (en griego, *anakephalaiôsis;* para otros, enumeración) y la acumulación tienen dos funciones: recordar los hechos a los jueces y poner ante ellos toda la causa. Si los detalles no persuadieron a los jueces la acumulación sí lo logrará. La recapitulación debe ser muy breve y por puntos capitales. Los argumentos enumerados se deben pronunciar de manera seria, avivarlos con sentencias y figuras adecuadas y de manera variada. La repetición no debe ser plana. Citas de algunas de las innumerables peroraciones. Señala el impacto que tiene hacer preguntas al adversario o acerca de él: "¿Qué dirá a estas acusaciones?" O bien, son importantes las observaciones sobre las acusaciones o las palabras del

---

[28] Ciceron, Marco Tulio, *On Invention, op. cit.* p. I 52.98 y II 30.47.

adversario. Las oportunidades se encuentran en los hechos, las palabras del adversario o las circunstancias.[29]

La recapitulación puede aparecer mediante una reflexión "no sé cuál será su peor acción; haber robado, haberse burlado o haber matado", un recuento "he demostrado que robó, que se burló y que mató", una toma de posición "se debe considerar el mal que provoca quien", de manera fingida "no es necesario insistir en que robó", o mediante un contraste "Él, un hombre honesto, robó, se burló, asesinó".

Además de la recapitulación, el epílogo puede contener estrategias para producir conmiseración o indignación en los destinatarios. Existía una serie de "lugares comunes" para lograr lo anterior, que se verán en la parte de la argumentación.

La amplificación o disminución eran importantes en esta parte para producir emociones en el destinatario, aunque la técnica se aplicaba a todas las partes del discurso. El arte de alargar y de acortar el discurso era el núcleo central de la técnica retórica en la escuela de los sofistas, aunque no debe entenderse como una ampliación injustificada, sino para dar mayores elementos de juicio.

El epílogo puede ser simple o compuesto. Es simple cuando contiene solo la recapitulación; compuesto, cuando además incluye elementos éticos y patéticos. La recapitulación es un esquema que se presenta no sólo al final del discurso, sino también de los bloques discursivos,[30] donde se repite lo ya dicho en el orden expuesto o en sentido inverso, o por lo más o menos importante.

En este capítulo examinamos las principales características del discurso forense como: planeación, ordenación de ideas, obtención de argumentos, partes del discurso, entre otras. En el siguiente capítulo examinaremos la confirmación y la refutación.

BIBLIOGRAFÍA

ARISTÓTELES, *Retórica.* Introducción, traducción y notas de Quintín Racionero, Gredos, Madrid, 1999.

---

29 Quintiliano, Marco Fabio, *Sobre la formación del orador, op. cit.*, p. VI 1-6.

30 Aristóteles, *Retórica. Introducción, op. cit.*, p. 1433b29-31.

BARTHES, Roland. “L’ancienne réthorique, aide-mémoire”, en *Communications,* n° 16, 1970, (existe versión española, en *Investigaciones retóricas I. La antigua retórica.* tr. Beatriz Dorrots, Ed. Buenos Aires, Barcelona, 1982.

___. “La retórica antigua. Prontuario”, en *La aventura semiológica,* tr. Ramón Alcalde, pp. 85-161, Paidós, Barcelona, 1993.

CALBOLI MONTEFUSCO, Lucia. *Exordium narratio epilogus. Studi sulla teoria retorica greca e romana delle parti del discorso,* Herder, Roma, 1988.

CICERÓN, *On Invention. The Best Kind of Orator. Topics,* Translated by H. M. Hubbell, Loeb Classical Library 386, MA: Harvard University Press, Cambridge, 1949.

DELAUNOIS, Marie Charlotte, *La originalidad del plan retórico en la elocuencia griega (siglos V y IV),* traducción y edición de Madrid, Ediciones Clásicas, Madrid, 2011.

GAZICH, Roberto, *‘Exemplum’ ed esemplarità in Properzio,* Vita e pensiero, (Pubblicazioni dell’Università Cattolica), Milano, 1995.

KENNEDY, George, *A new history of classical rhetoric,* Princeton University Press, Princeton, 1994.

LAUSBERG, Heinrich, *Elementos de retórica literaria. Introducción al estudio de la Filología clásica, románica, inglesa y alemana.* Tr. de J. Pérez Riesco, Gredos, Madrid, 1975.

___. *Handbuch der literarischen Rhetorik. Eine Grundlegung der Literaturwissenschaft.* Munich, M. Hueber, 1960, (versión española, en *Manual de retórica literaria. Fundamentos de una ciencia de la literatura.* Tr. de J. Pérez Riesco. 3 vols., Gredos, Madrid, 1983.

LÓPEZ EIRE, Antonio, *Esencia y objeto de la retórica,* UNAM, México, 1996.

O’BANION, John, “Narration and Argumentation: Quintilian on *Narratio* as the Heart of Rhetorical Thinking”, *Rhetorica: A Journal of the History of Rhetoric,* 5-4, Autumn, 1987.

PERNOT, Laurent, *La retórica en Grecia y Roma,* UNAM, 2016 México, (*La rhétorique dans l’Antiquité,* Le Libre de Poche, Paris, 2000.

QUINTILIANO, Marco Fabio. *Sobre la formación del orador.* Tomos I-V. Traducción y comentarios de A. Ortega Carmona. Salamanca, Publicaciones Universidad Pontificia, 1997-2000.

REYES, Alfonso, “La antigua retórica”, en *Obras completas,* vol. 13, Fondo de Cultura Económica, México, 1961.

Capítulo 3

CONFIRMACIÓN Y REFUTACIÓN

Carlos Martínez Loza*

Objetivo particular: elaborar argumentaciones retóricas.

3.1. LA ARGUMENTACIÓN RETÓRICA

A los espíritus lógicos y ergotistas les desagrada que se hable de «argumentación retórica». Parten de aquella premisa de que argumentación y retórica se contraponen. Mientras que la primera denotaría la idea de "racionalidad"; la segunda se despeña en el valle de lo falaz, la palabrería, la manipulación y el chantaje. Este ampuloso desagrado por la retórica es una aleación de "chovinismo deductivista"[1] y desprecio por los fundamentos del milenario arte retórico.

La retórica, en la cultura grecorromana, no se limitaba a un "superficial" arte de convencer a través de los discursos o a una simple ornamentación de la palabra, sino que se estructuraba en un complejo sistema de fases para la producción del discurso auxiliado por sobresalientes esquemas argumentativos. La retórica clásica se dividía en cinco etapas o fases:

1) invención, o etapa cognitiva de búsqueda metódica de argumentos,

2) disposición, etapa en la que se organizan la sucesión de los argumentos y las partes del discurso,

3) elocución, fase en la que se dota a los argumentos de un especial y adecuado ropaje lingüístico,

4) memorización, es la apropiación de los argumentos e ideas en un reservorio cognitivo, de tal suerte que puedan pronunciarse o escribirse con exactitud y precisión.

---

* Licenciado y maestro en Derecho por la UNAM. Actualmente es profesor de la Facultad de Derecho de la UNAM, en donde ha impartido las asignaturas: Argumentación Jurídica, Retórica para la Interpretación y Argumentación Jurídica, y Oratoria Forense y Debate Jurídico.

1 La expresión hace referencia a la postura que sostiene la superioridad del razonamiento lógico formal, deductivo, frente a aquellos que se apartan de él.

5) acción, o también denominada pronunciación, es la puesta en escena del discurso frente a un auditorio. La técnica oratoria es aquí del cuerpo, del gesto, de la voz.[2]

La *inventio*[3] o invención, derivada del griego *héuresis*, es la primera gran etapa en el proceso de producción del discurso persuasivo. Su significado no es, como pudiera sugerir a primera vista, el de "inventar", el sentido es otro y va dirigido más bien a la búsqueda y hallazgo de los argumentos que sean confiables y plausibles para soportar una tesis. Aquí encontramos la esencia de la «argumentación retórica», perfilada a construir técnicas que nos permitan hallar argumentos con las virtudes de probabilidad, verosimilitud y razonabilidad respecto a un tema que requiera una solución o decisión.

Hacia mediados del siglo XX, Chaïm Perelman, felizmente el gran recuperador de la argumentación retórica de la Antigüedad, construye su teoría oponiendo las demostraciones de la lógica formal, en donde no existe en un estricto sentido «argumentación», pues solo son medios de prueba demostrativos, y el *verdadero* campo de la argumentación, que "es el de lo verosímil, lo plausible, lo probable, en la medida en que este último escapa de la certeza del cálculo".[4] El razonamiento jurídico es el ejemplo por excelencia del campo de la argumentación perelmaniano; en la resolución de los llamados casos difíciles se precisa de un conjunto de argumentos no matemáticos o formales, sino creíbles, convincentes, razonables y competentes en términos cognitivos.

Bajo esta perspectiva, puede decirse que la retórica pone su énfasis en los procesos comunicativos para "provocar o aumentar la adhesión de las perso-

---

2 *Cfr.* Charaudeau, Patrick y Dominique Maingueneau, *Diccionario de análisis del discurso*, Buenos Aires, Amorrortu editores, 2005, p. 507.

3 No hay que ignorar a la *intellectio* o intelección. Para algunos autores como Tomás Albaladejo y Gerardo Dehesa Dávila, se instituye como la actividad intelectual anterior a la *inventio* y como el primer elemento del discurso. Su relevancia se fundamenta en que por medio de ella el argumentador examina en primera instancia y profundamente la naturaleza del caso o cuestión que va a defender. Conocer la causa legal y si puede ser defendible o procedente: "La función fundamental de la *intellectio* es hacer posible que el orador sepa si la materia de la causa tiene consistencia, es decir, si tiene status, si su estado es suficientemente firme para proceder en la elaboración del discurso retórico. El status es la cuestión principal, es la constitución y la caracterización de la causa, el status es, por tanto el elemento sobre el que se establece la causa y del que depende el tratamiento de ésta." Albaladejo, Tomás, *Retórica*, Madrid, Síntesis, 1991, p. 66. Véase además, Dehesa Dávila, Gerardo, *Introducción a la retórica y la argumentación*, 7a. ed., México, Suprema Corte de Justicia de la Nación, 2015, pp. 113 y ss.

4 Perelman, Chaïm y Lucie Olbrechts-Tyteca, *Tratado de la argumentación. La nueva retórica*, Madrid, Gredos, 1994, p. 30.

nas a las tesis presentadas para su asentimiento";[5] más contundente, se presenta "como una pragmática o arte de la argumentación eficaz".[6]

La relevancia de la argumentación para la retórica hizo que Cicerón, quizá el más grande abogado de su tiempo,[7] considerara a la *inventio* como la máxima parte de la retórica, *prima ac máxima parte rhetoricae,*[8] y dedicara todo un libro (*De inuentione o De inuentione rhetorica*) a su desarrollo. Sin una búsqueda de los argumentos se incurre en el desvarío de crear un discurso mutilado, y por defecto, únicamente se obtendrá un texto haragán de razones y ornamentado en el mejor de los casos, que para describirlo podemos acudir a una famosa analogía bíblica: discursos que son como sepulcros blanqueados, que por fuera dan la impresión de hermosura y justicia, pero por dentro están llenos de huesos de muerto e inmundicia. Un discurso forense sin argumentación es un discurso muerto.

En la segunda fase del sistema retórico, la *dispositio* o disposición, se planifica el orden y sucesión de los argumentos y las partes del discurso. La partición del discurso tradicionalmente se estudiaba en la *inventio,* sobre todo por los principales tratadistas latinos; sin embargo, las partes del discurso son un fenómeno de la disposición,[9] y estas son:

1. Exordio
2. Narración
3. Argumentación
4. Epílogo o peroración

La argumentación, en tanto parte del discurso, a su vez, se fortaleció con diversos esquemas argumentativos como la *collectio* y la *ratiocinatio.* Es impor-

---

5 *Ídem.*

6 Marraud, Hubert, *¿Es lógica? Análisis y evaluación de argumentos,* Madrid, Cátedra, 2013, p. 17.

7 Para un desagravio de la figura de Cicerón véase el texto de Ramírez Vidal, Gerardo, "Cicerón y la retórica judicial" en *Ensayos sobre retórica jurídica,* México, UNAM, Instituto de Investigaciones Filológicas, 2019, pp. 19 - 37.

8 Cicerón, *La invención retórica,* Madrid, Gredos, p. 97.

9 Algunos estudiosos de la retórica describen las partes del discurso persuasivo dentro de la *inventio,* siguiendo la tradición de los rétores latinos (*cfr.* Mortara Garavelli, *Manual de retórica,* 5a. ed., Madrid, Cátedra, 2015 pp. 70 y ss). Helena Beristaín, en el *Diccionario de retórica y poética,* desarrolla las partes del discurso dentro de la *dispositio* (*cfr.* Beristaín, Helena, *Diccionario de retórica y poética,* 7a. ed., México, Porrúa, 1995, pp. 156 y ss.), este hecho representa las dos tendencias en cuanto al desarrollo de las partes del discurso persuasivo; personalmente, he optado por adscribirlas a la *dispositio,* pues considero que es su lugar natural y que se sigue de una coherencia interna en el proceso de producción de la pieza discursiva.

tante señalar que el discurso judicial o forense, el primero entre los tipos de discurso, fue la base de la que se nutrió tanto el género deliberativo como el epidíctico. Siguiendo a Bice Mortara Garavelli, a continuación, reproducimos el esquema sinóptico que contrasta las partes del discurso desde sus denominaciones griegas, latinas y castellanas,[10] esto permitirá ubicar el lugar de la argumentación en el sistema retórico y a su vez a la confirmación y refutación:

Partes del discurso

Griego	**Latín**	**Español**
1. *proóimion*	1. *exordium/ prooemium/ principium*	1. exordio/ proemio
2. *diégesis*	2. *Narratio*	2. narración/ exposición de los hechos
3. *pístis* 3a. *kataskeué* 3b. *anaskeué*	3. *argumentatio* 3a. *Confirmatio/probatio* 3b. *refutatio/ confutatio/ reprehensio*	3. argumentación 3a. confirmación/ demostración/ prueba 3b. confutación
4. *epílogos*	4. *epilogus/ peroratio/ conclusio*	4. epílogo/ peroración/ conclusión

La división del discurso en estas cuatro partes es atribuida por algunos estudiosos al célebre orador Isócrates (436 a. C. - 388 a. C.), quien a su vez pudo haberla tomado del autor de la *Retórica a Alejandro,*[11] obra anónima escrita en Grecia en el siglo IV a. C. Para Aristóteles, únicamente eran esenciales la narración y argumentación, aunque no descartaba el uso máximo del "exordio, exposición, persuasión y epílogo."[12] La oratoria forense hoy día es inconcebible sin el exordio y el epílogo, considerándose como elementos imprescindibles del discurso que lo dotan de una estructura sólida para el desbroce de los medios de persuasión aristotélicos: el *ethos*, el *pathos* y el *logos.* A continuación, examinemos los esquemas de argumentos, raciocinio entre otros elementos.

---

10 Mortara Garavelli, Bice, *Manual de retórica, op. cit.*, p. 69.

11 Véase al respecto el comentario de Quintín Racionero sobre la división del discurso en Aristóteles, *Retórica*, trad. de Quintín Racionero, Madrid, Gredos, 1990, Biblioteca Clásica Gredos, nota 282, p. 557.

12 *Ídem.*

3.2. ESQUEMAS DE ARGUMENTOS

Hemos dicho que la argumentación es la tercera parte del discurso retórico. En ella se desarrollan la *confirmación* y la *refutación*. La *confirmación* (*probatio* o *confirmatio*) consiste en enunciar las razones, pruebas y argumentos que favorecen y respaldan las tesis y hechos que se defienden; la *refutación* (*confutatio* o *reprehensio*) se refiere a la actividad argumentativa de "atenuar, rebajar o debilitar las pruebas del adversario".[13]

En el discurso judicial de la antigüedad grecolatina la argumentación era considerada como la parte esencial de la actividad discursiva, en la que el agente argumentador (orador) actuaba con un determinado fin: la de dar razones a alguien (un juez o tribunal), a fin de inducirlo a asumir lo propuesto como verdadero y demostrado por las pruebas y, por lo tanto, dictar una sentencia en el sentido reclamado. Cicerón partió de esta idea para definir a la argumentación como "cualquier tipo de medio concebido que demuestra que algo es probable o que prueba que es necesario",[14] de ahí la concepción del argumento como aquello que produce confianza en el auditorio.

En las siguientes páginas se analizarán dos de los principales esquemas de argumentación retórica que pueden utilizarse para desarrollar la confirmación; posteriormente se estudiarán las formas de refutación.

3.2.1. Raciocinio

Dentro de los esquemas argumentativos sobresale el raciocinio o *ratiocinatio*, desarrollado por Cicerón en *La invención retórica*. Si la argumentación es un medio para demostrar que algo es probable o que prueba que es necesario, esta puede realizarse a su vez por vía inductiva o deductiva. La primera es un razonamiento que mediante proposiciones no dudosas se logra la aprobación de la persona con quien se discute. Un ejemplo puede ser encontrado en el siguiente diálogo de Esquines de Esfeto, discípulo de Sócrates, donde el interlocutor se convence a sí por lo que ha admitido en las sucesivas preguntas:

> Dime, por favor, mujer de Jenofonte, si tu vecina tuviera una joya de oro más valiosa que la tuya, ¿preferirías la suya o la tuya? «La suya», respondió. «Y si tuviera vestidos y ornamentos femeninos más caros que los tuyos, ¿preferirías los tuyos o los suyos?». «Los suyos, por supuesto», respondió. «De acuerdo. Y si

---

13 Cicerón, *La invención retórica*, *op. cit.*, pp. 163–164.

14 *Ibídem*, pp. 138–139.

tuviera ella un marido mejor que el tuyo, ¿preferirías el tuyo o el suyo?» Ante esta última pregunta la mujer de Jenofonte se ruborizó.[15]

En lo que compete a la deducción (*ratiocinatio* es el término original utilizado por Cicerón), esta se refiere al *epiquerema,* una forma más compleja que el entimema o silogismo deductivo retórico y que en su estructura más completa se compone de cinco partes: *propositio* (proposición), *propositionis adprobatio* (prueba), *adsumptio* (asunción), *adsumptionis adprobatio* (prueba de la asunción), *complexio* (complexión). Este esquema de argumentación puede ilustrarse con mayor precisión en los siguientes términos:

Argumentación mediante el raciocinio o ratiocinatio

1.Proposición	Enunciado que expone brevemente el lugar del que conviene que emane toda la fuerza del raciocinio.
2.Prueba	Razones que hacen probable a la proposición.
3.Asunción	Aquello que se asume como pertinente para la proposición.
4. Prueba de la asunción	Razones que sostienen a la asunción.
5. Complexión	Se concluye toda la argumentación de manera breve.

Ahora desarrollemos un ejemplo de argumentación retórica con los cinco elementos de la *ratiocinatio,*[16] propuesto por el mismo Cicerón:

	Cic. *De inv.* I 34.58
1. Proposición	Se hacen con más cuidado las cosas que se realizan con reflexión, que las que se ejecutan sin reflexión.
2. Prueba	La casa regida con la razón es la mejor establecida en todos los sentidos y la mejor provista que la casa que se administra al azar y sin inteligencia. Un ejército bajo el mando de un general prudente y hábil está mejor dirigido en todos los sentidos que un ejército bajo algún general ignorante y temerario. La misma *ratio* se aplica a un navío, pues realiza su travesía de modo más seguro aquel navío dirigido por el piloto más experto.

[15] *Ibídem,* p. 147.

[16] Para este ejemplo seguimos la traducción y esquematización propuesta por Ramírez Vidal, Gerardo, "La argumentación retórica y las teorías de la argumentación", *texto inédito,* p. 19.

3. Asunción	De todas las cosas nada hay mejor administrado que el mundo todo.
4. Prueba de la asunción	En efecto, la salida y puesta de los astros conservan un orden preciso y los cambios anuales no sólo se suceden del mismo modo necesariamente sino que se han acomodado a la utilidad de todas las cosas y la sucesión de los días y las noches nunca se ha modificado ni ha provocado daño alguno.
5. Complexión	Por consiguiente, el mundo está administrado con inteligencia.

Apreciar la *ratiocinatio* nos predispone al contraste entre los esquemas argumentativos de la tradición latina y lo que podemos encontrar —con asombrosa similitud— en las teorías contemporáneas de la argumentación, pensemos en lo que la academia universal ha denominado el modelo argumentativo de Toulmin, compuesto por elementos como la conclusión, las razones, la garantía, el respaldo, y las condiciones de refutación. De esto se sigue que no es un desvarío afirmar que el modelo de Toulmin encuentra un antecedente muy remoto en la retórica latina. A su vez, esto demuestra que la argumentación retórica no es ni mucho menos manipulación, mera palabrería o ausencia de argumentos, como podría pretender afirmar alguna visión reduccionista, sino un proceso comunicativo que integra razones y medios probatorios para sostener una proposición (confirmación) y en su reverso, atenuar o debilitar las pruebas del adversario (refutación).

3.2.2. Colección

En la obra anónima *Rhetorica ad Herennium* se considera la manera de encontrar argumentos como el arte fundamental del orador. Esto motiva sus amplias páginas sobre la argumentación, la cual es considerada como completa y perfecta si comprende las siguientes cinco partes: proposición (*propositio*), demostración (*ratio*), confirmación de la demostración (*rationis confirmatio*), ornato (*exornatio*) y resumen (*complexio*):

> En la proposición indicamos sumariamente lo que queremos probar. La demostración es la que establece, por medio de una breve explicación, la verdad de la causa que sostenemos. La confirmación de la demostración corrobora con nuevos argumentos la prueba presentada. Una vez establecida la argumentación, usamos el ornato para adornar y embellecer la causa. El resumen es un breve resumen que recoge las diferentes partes de la argumentación.[17]

[17] *Retórica a Herenio, op. cit.*, p. 140.

Este modelo ha recibido el nombre de colección o *collectio,* y su uso puede mostrarse en el siguiente ejemplo cuyo contenido es una porción famosa de la epístola de Santiago:[18]

	La lengua Epístola de Santiago 3, 1-10.
Proposición (*propositio*)	1 Hermanos míos, no os hagáis maestros muchos de vosotros, sabiendo que recibiremos mayor condenación.
Demostración (*ratio*)	2 Porque todos ofendemos muchas veces. Si alguno no ofende en palabra, éste es varón perfecto, capaz también de refrenar todo el cuerpo.
Confirmación de la demostración (*rationis confirmatio*)	3 He aquí nosotros ponemos freno en la boca de los caballos para que nos obedezcan, y dirigimos así todo su cuerpo. 4 Mirad también las naves; aunque tan grandes, y llevadas de impetuosos vientos, son gobernadas con un muy pequeño timón por donde el que las gobierna quiere. 5 Así también la lengua es un miembro pequeño, pero se jacta de grandes cosas.
Ornato (*exornatio*)	He aquí, ¡cuán grande bosque enciende un pequeño fuego! 6 Y la lengua es un fuego, un mundo de maldad. La lengua está puesta entre nuestros miembros, y contamina todo el cuerpo, e inflama la rueda de la creación, y ella misma es inflamada por el infierno. 7 Porque toda naturaleza de bestias, y de aves, y de serpientes, y de seres del mar, se doma y ha sido domada por la naturaleza humana; 8 pero ningún hombre puede domar la lengua, que es un mal que no puede ser refrenado, llena de veneno mortal. 9 Con ella bendecimos al Dios y Padre, y con ella maldecimos a los hombres, que están hechos a la semejanza de Dios. 10 De una misma boca proceden bendición y maldición. Hermanos míos, esto no debe ser así.

[18] *Santa Biblia,* versión RVR-1960, Editorial Vida, Estados Unidos de América, 1983, p. 1246.

Resumen (*complexio*)	11 ¿Acaso alguna fuente echa por una misma abertura agua dulce y amarga? 12 Hermanos míos, ¿puede acaso la higuera producir aceitunas, o la vid higos? Así también ninguna fuente puede dar agua salada y dulce.

Véase ahora el siguiente ejemplo de argumentación retórica aplicada a un hipotético juicio penal:

Proposición (*propositio*)	A Rómulo no se le debe enjuiciar por ese robo.
Demostración (*ratio*)	Ya se le enjuició en el pasado por ese hecho delictivo.
Confirmación de la demostración (*rationis confirmatio*)	La sentencia condenatoria es pública y se puede consultar en el Tribunal de Justicia. Por lo tanto, se invoca a su favor el principio constitucional de que "Nadie puede ser juzgado dos veces por el mismo delito".
Ornato (*exornatio*)	Señor Juez y distinguidos miembros del Tribunal: ¿Cometeremos una infamia vergonzosa al condenar nuevamente a un ser humano que ya ha pagado por su falta? ¿Hemos de violar flagrantemente y a plena luz del día uno de los principios más gloriosos de nuestra Constitución? ¿Qué Dios nos podrá perdonar de semejante desvarío? ¿A qué Tribunal de Justicia Universal acudiremos para que nos libre de semejante barbarie? Yo se os diré. No es necesario acudir a ningún tribunal, pues sé que vosotros sois hombres y mujeres que aman la justicia, que tenéis en la Constitución a la balanza de la sabiduría y que hoy la honrareis con vuestra sentencia para absolver a este inocente hombre.
Resumen (*complexio*)	Quien ha sido enjuiciado no puede volver a serlo por el mismo hecho delito. Rómulo no debe ir a la cárcel.

3.3. ORDEN DE LOS ARGUMENTOS

Cuando se habló de las partes del sistema retórico se hizo referencia a la *dispositio* o disposición, que es aquella etapa en la que se planifica el orden y sucesión de los argumentos. El vocablo *dispositio* tiene su origen en la palabra griega "*oikonomía,* «administración, ordenación», como la distribución eficaz de los argumentos";[19] del griego pasó al verbo latino *disponere,* que significa "poner por separado, poner en orden, ordenar, disponer; la partícula latina *dis-* indica separación, distinción".[20] En la *Retórica a Herenio* se dice de la disposición que "sirve para ordenar adecuadamente los argumentos hallados",[21] y comprende a su vez las operaciones siguientes:

1) la partición de todo el discurso y de cada una de sus secciones;
2) la ordenación de los contenidos dentro de cada parte;
3) el orden de las palabras en la formulación de las ideas.[22]

En lo concerniente a la ordenación de los contenidos, esta tiene que ver con la disposición de los argumentos, para lo cual se han establecido tres modelos clásicos: el modelo de fuerza creciente, el modelo de fuerza decreciente y el modelo homérico o nestoriano.

El de fuerza creciente consiste en colocar los argumentos más débiles al comienzo y al final los más fuertes. La razón que se ha dado a lo anterior es que las expresiones finales son las que perdurarán en la memoria de los oyentes.

El modelo de fuerza decreciente actúa a la inversa, primero se colocan los argumentos más fuertes al frente de batalla, lo cual permite atraer de inmediato la atención del oyente, y al final se dejan las pruebas menos convincentes. El problema que podría presentar este modelo es que, si es verdad el principio que afirma "las últimas palabras son las que perduran en la memoria del oyente", entonces la última impresión será la de una argumentación floja y tambaleante.

El modelo homérico o nestoriano consiste en colocar las argumentaciones más sólidas al principio y al final, y colocar en el medio a las más débiles. Esta estrategia recibe su nombre de Néstor, personaje de la *Ilíada* de Homero, que en cierta batalla dispuso a sus tropas menos seguras en el centro.[23] En la antigüedad el modelo más recomendado fue el de fuerza creciente —los argumentos "más contundentes al principio—, para causar impacto en el público; los teñidos de humor, en medio, para su solaz, y los que conmueven al final, para desbancar a los recalcitrantes".[24]

---

19 Mortara Garavelli, Bice, *Manual de retórica, op. cit.*, p. 118.

20 Dehesa Dávila, Gerardo, *Introducción a la retórica y la argumentación,* 7a. ed., México, Suprema Corte de Justicia de la Nación, 2015, p. 117.

21 *Retórica a Herenio, op. cit.*, p. 97.

22 Mortara Garavelli, *Manual de retórica, op. cit.*, p. 118.

23 *Cfr.* Mortara Garavelli, Bice, *Manual de retórica, op. cit.*, p. 119.

24 Beristaín, Helena, *Diccionario de retórica y poética, op. cit.*, p. 158.

3.4. FORMAS DE CONTRAARGUMENTAR

Los argumentos son las unidades básicas de la argumentación. En su versión elemental se componen de una o más premisas y una conclusión. Un ejemplo es el siguiente: "Caín debe ir a prisión. Cometió un homicidio". El primer enunciado es la conclusión; el segundo, la premisa. Los argumentos, por decirlo de alguna manera, tienen a su reverso: los *contraargumentos,* que a su vez pueden dividirse en tres categorías: objeción, recusación y refutación. La función de las formas de contraargumentar "no es simplemente cuestionar alguno de los componentes de un argumento, sino dar razones para rechazar su pretendida validez".[25] Esto se logra si se dan razones para mostrar: a) la falsedad de las premisas; b) la invalidez de la garantía o que no es aplicable al caso; o bien c) la conclusión es falsa. A continuación, examinemos la objeción.

3.4.1. Objeción

Puede entenderse por objeción la presentación de un argumento "que concluye que las premisas de otro argumento son falsas o dudosas [...] su efecto es dejar en suspenso la conclusión del argumento criticado".[26] El ejemplo de *Caín debe ir a prisión. Cometió un homicidio,* se podría objetar con el argumento: "El homicidio cometido por Caín fue involuntario. El peatón al que atropelló, y que desafortunadamente murió, cruzó la avenida en estado de ebriedad y sin las precauciones elementales. Por lo tanto, Caín no debe ir a prisión."

La premisa de que Caín ha cometido el delito de homicidio (en sentido doloso), se "falsea" al mostrar que la conducta que originó la muerte fue involuntaria; en consecuencia, el ordenamiento jurídico prevé una sanción distinta a la privativa de la libertad. A continuación, examinemos la recusación.

3.4.2. Recusación

La recusación consiste en señalar que entre la premisa y la conclusión de un argumento no hay una garantía que justifique el paso de una a otra. En la terminología de Toulmin, la garantía se caracteriza como "enunciados hipotéticos generales que pueden servir como puentes y autorizar el tipo de paso con

25 Marraud, Hubert, "De las siete maneras de contraargumentar", en *Quadripartita ratio: Revista de Retórica y Argumentación,* año 2, número 4, julio-diciembre 2017, Universidad de Guadalajara, p. 53.

26 *Ibídem,* p. 54.

el que nos compromete el argumento ofrecido".[27] Considérese el siguiente ejemplo esquematizado en el modelo estándar de Toulmin:

1. Pretensión. A Marco le han vulnerado su derecho a la información.
2. Razones. Le negaron información pública que solicitó en la oficina de la Presidencia de la República.
3. Garantía. Toda la información en posesión de cualquier autoridad, entidad, órgano y organismo de los poderes Ejecutivo, Legislativo y Judicial, órganos autónomos, partidos políticos, fideicomisos y fondos públicos, así como de cualquier persona física, moral o sindicato que reciba y ejerza recursos públicos o realice actos de autoridad en el ámbito federal, estatal y municipal, es pública.
4. Respaldo. Artículo 6, fracción A, párrafo I, de la Constitución Política de los Estados Unidos Mexicanos.

Para contrarrestar este argumento se puede acudir a la recusación en su versión de *excepción*: "se arguye que, aunque la garantía aducida es una regla válida, no se aplica en ese caso porque concurre alguna circunstancia excepcional".[28] La circunstancia excepcional podría ser que Marco ha solicitado información reservada por razones de seguridad nacional; por lo tanto, se le ha negado su petición bajo el amparo del mismo artículo 6 constitucional que considera circunstancias de excepción a la información reservada.

Existen otros dos tipos de recusación como la de *principio* y de *reserva*. La *recusación de principio* "alega que la garantía aducida no es una regla válida, y por lo tanto el paso de las premisas a la conclusión no está justificada".[29] Un ejemplo está en el siguiente parágrafo:

(1) Dado que eres libre para hacer lo que quieras con tu cuerpo, y además es tuyo, puedes comerciar con alguno de tus órganos vitales.

RP. No es verdad que eres libre para hacer lo que quieras con tu cuerpo. Eso es ofrecer una garantía inválida, pues el artículo 327 de la Ley General de Salud prohíbe el comercio de órganos.

En la *recusación de reserva* se identifican circunstancias en las que la inferencia es cuestionable"[30] y por consecuencia hay razones para dudar de su oportunidad:

---

[27] *Ibídem*, p. 53.
[28] *Ibídem*, p. 54.
[29] *Ídem*.
[30] *Ídem*.

(1) Zacarías tiene derecho a la herencia de su padre.

RR. A menos que incurra en causa de desheredación.

En el modelo argumentativo de Toulmin la recusación de reserva se corresponde con las condiciones de refutación (*rebuttals*), que en palabras de Atienza son "aquellas circunstancias extraordinarias o excepcionales que puedan socavar la fuerza de los argumentos".[31] Siguiendo la propuesta teórica de Marraud, reproducimos el siguiente cuadro[32] que caracteriza a la tipología de la recusación:

Recusación	Contenido	Efecto
De principio	La garantía es inválida.	No se puede inferir C de A
Excepción	La garantía no es aplicable.	No se puede inferir C de A
Reserva	La garantía podría no ser aplicable al caso.	Se puede inferir C de A con reservas

3.4.3. Refutación

El verbo refutar significa "contradecir o impugnar con argumentos o razones lo que otros dicen".[33] Se distinguen tres formas de refutación: *contradicente, invalidante* y *atenuante*. La *refutación contradicente* se puede resumir en la formula *A pero B*, un ejemplo sería el que se escribe en seguida:

(1) Anastasia debe ir a prisión. Cometió el delito de robo.

RC. Pero Anastasia es inimputable.

La *refutación invalidante* funciona con la formula *A* pero también *B*, con ello "se da a entender que las razones opuestas aducidas tienen el mismo o parecido peso".[34] Considérese el siguiente ejemplo:

(1) En el aborto, la mujer tiene derecho a elegir sobre su propio cuerpo.

RI. Pero también es verdad que hay dos derechos más: el derecho del padre y el derecho a la vida del producto de la concepción.

---

[31] Atienza, Manuel, *Las razones del derecho. Teorías de la argumentación jurídica*, UNAM-Instituto de Investigaciones Jurídicas, México, 2017, pp. 87 y ss.

[32] *Ídem.*

[33] Real Academia Española, *Diccionario de la lengua española*, voz: refutar, [en línea], <https://dle.rae.es/ret%C3%B3rico>, [consulta: 31 de mayo, 2021].

[34] Marraud, Hubert, "De las siete maneras de contraargumentar", *op. cit.*, p. 54.

La *refutación atenuante* se vale de la formula *A aunque B*; en un estricto sentido no busca negar la conclusión de un determinado argumento, sino justamente "atenuarlo" o debilitarlo. Léase el siguiente texto:

(1) El sistema sanitario mexicano es socialmente injusto. A principios del siglo XXI, con una economía dominada por el sector informal, el gasto público en salud para la población asegurada era más del doble del gasto para la población no asegurada.

RA. Aunque hay que reconocer que ese desequilibrio se ha atenuado con la implantación en 2004 del Sistema de Protección Social de Salud.[35]

Este es el sentido genérico de refutación en Cicerón, atenuar, rebajar o debilitar los argumentos del adversario. Conocer a detalle las diversas formas de contraargumentar es esencial para una eficaz defensa forense.

3.5. ARGUMENTOS DE APERTURA Y ARGUMENTOS DE CLAUSURA SOBRE LA ACUSACIÓN Y DEFENSA DE UN CASO EN CUALQUIER MATERIA JURÍDICA

El juicio oral se desarrolla en tres etapas: de apertura, de pruebas y de clausura. En la primera etapa suceden los alegatos de apertura, estos tienen como fin exponer la teoría del caso (lo fáctico, lo jurídico y lo probatorio) al juez de control o tribunal. Los alegatos de apertura para su exposición pueden valerse de la metodología que ofrece la estructura cuatripartita del discurso judicial:

Exordio o inicio del discurso, los abogados latinos lo caracterizaban por su fin: "hacer que el juez o el público fuera benévolo, atento, dócil (*benevolum, attentum, docilem*)",[36] Cicerón opinaba que el exordio "dispone favorablemente el ánimo del oyente para escuchar el resto de la exposición".[37] Iniciar con un saludo de respeto a la autoridad judicial, con naturalidad y temple, mostrando un *ethos* digno de confianza, es lo más recomendable para preparar el camino que desarrollará los alegatos de apertura.

Narración o *narratio* es la exposición de los hechos. En esta parte del discurso se relatan al juez los hechos sobre los que se tiene que pronunciarse mediante una sentencia. En la *Institutio Oratoria* de Quintiliano la *narratio* es definida como el "relato persuasivo de una acción tal como ha sucedido o se

---

35 *Ídem*, p. 55.

36 Mortara Garavelli, Bice, *Manual de retórica, op. cit.*, p. 71.

37 Cicerón, *La invención retórica, op. cit.*, p. 111.

supone que ha sucedido [...]; discurso que informa al oyente acerca de la controversia".[38] La calidad persuasiva del relato presupone las características de verosimilitud, brevedad y claridad, virtudes que hacen de la narración un acto lingüístico eficaz. Ser breve (*brevis*), ser claro (*dilucida*) y ser verosímil (*verisimilis*) son los tres ideales de una buena narración de los hechos.

Por otra parte, la narración para que sea completa debe responder a seis preguntas que desde los autores medievales hasta los modernos comunicólogos han tenido presente como condiciones para una buena práctica de la exposición de los hechos: quién (*persona*); qué (*factum*); causa (*por qué*); dónde (*locus*); cuándo (*quando*); cómo (*modus*); con qué medios o instrumentos (*facultas*).

En la *argumentación* se concentran los elementos probatorios y jurídicos. Aquí se enuncian las pruebas que favorecen y respaldan las tesis y hechos que se defienden e invocan (*probatio* o *confirmatio*). Para la exposición de las pruebas (elemento fáctico) y el fundamento legal (elemento jurídico) puede utilizarse la *collectio*, la *ratiocinatio* o el modelo argumentativo de Toulmin.

El *epílogo* o *peroración* fue tratado por Quintiliano como la repetición (a manera de resumen) de todo lo que antes se ha dicho y "que los griegos llaman *anacephaleosis*, y algunos de los latinos enumeración, no solamente refresca la memoria del juez[39] poniéndole bajo un golpe de vista todo el discurso, sino que, si antes no se movieron los oyentes con cada cosa de por sí, se moverán con todas ellas juntas".[40] Aquí aparecen los argumentos al *pathos*, la exaltación de los ánimos del auditorio y tribunal en favor de la causa defendida.

En lo que respecta a los alegatos de clausura, que suceden en la última etapa del juicio oral, lo que se busca es orientar en el juez la resolución conforme a la argumentación presentada en la teoría del caso. Aquí es recomendable hacer uso del llamado *lema*, un enunciado breve que consagra el hecho y la pretensión. Por ejemplo, homicidio sí (hecho), pero no doloso (pretensión); el lema abre y cierra el alegato de clausura. El núcleo de los alegatos de clausura lo conforma el resumen de los puntos que sostienen el elemento fáctico, probatorio y jurídico de la pretensión, ya bien para declarar inocente al defendido o culpable a la contraparte.

---

38 Traducción de Mortara Garavelli, Bice, *Manual de retórica*, *op. cit.*, p. 76.

39 Este es el sentido de la palabra griega *anámnēsis*, que el *Diccionario de la lengua española* lo define en su segunda acepción como "la acción de representarse en la memoria un recuerdo". *Diccionario de la lengua española*, [en línea], <https://dle.rae.es/anamnesis>, [consulta: 2 de abril, 2021].

40 Quintiliano, Marco Fabio, *Instituciones oratorias*, t. VI, *op. cit.*, p. 307.

Autoevaluación

1. ¿Qué se puede entender por «argumentación retórica»?
2. ¿Cuáles son las partes del discurso forense?
3. Enliste los elementos de la *collectio* y describa brevemente en qué consiste cada uno de ellos.
4. Describa la confirmación.
5. Describa la refutación.
6. Elabore un ejemplo de contraargumento en su versión de objeción.
7. Dé un ejemplo de recusación de principio.
8. Dé un ejemplo de recusación de excepción.
9. Proporcione un ejemplo de refutación contradicente.
10. Elabore un ejemplo de refutación invalidante.

Hasta este momento hemos examinado los elementos principales de la confirmación y la refutación a través de los esquemas de argumentos, raciocinio, colección, orden de argumentos, formas de contraargumentación, recusación y refutación, entre otras. A continuación analicemos, las principales características de la elocución.

BIBLIOGRAFÍA

ALBALADEJO MAYORDOMO, Tomás, *La retórica,* España, Síntesis, 1988.

ATIENZA, Manuel, *Las razones del derecho. Teorías de la argumentación jurídica,* UNAM-Instituto de Investigaciones Jurídicas, México, 2017.

BERISTAÍN, Helena, *Diccionario de retórica y poética,* 7a. ed., México, Porrúa, 1995.

CHARAUDEAU, Patrick y Dominique Maingueneau, *Diccionario de análisis del discurso,* Buenos Aires, Amorrortu editores, 2005.

CICERÓN, *La invención retórica,* Madrid, Gredos, 1997.

DEHESA DÁVILA, Gerardo, *Introducción a la retórica y la argumentación,* 7a. ed., México, Suprema Corte de Justicia de la Nación, 2015.

MARRAUD, Hubert, *¿Es lógica? Análisis y evaluación de argumentos,* Madrid, Cátedra, 2013.

MORTARA GARAVELLI, Bice, *Manual de retórica*, 5a. ed., Madrid, Cátedra, 2015.

PERELMAN, Chaïm y Lucie Olbrechts-Tyteca, *Tratado de la argumentación. La nueva retórica*, Madrid, Gredos, 1994.

QUINTILIANO, Marco Fabio, *Instituciones oratorias*, t. I, Madrid, Librería de la Viuda de Hernando, 1887, [en línea], <http://www.cervantesvirtual.com/obra-visor/instituciones-oratorias–0/html/fffbc2d6-82b1-11df-acc7-002185ce6064_41.html>.

RAMÍREZ VIDAL, Gerardo, "Cicerón y la retórica judicial" en *Ensayos sobre retórica jurídica*, México, UNAM, Instituto de Investigaciones Filológicas, 2019.

— "La argumentación retórica y las teorías de la argumentación", *texto inédito.*

— *Retórica a Herenio*, trad. de Salvador Núñez, Madrid, Gredos, 1997.

Capítulo 4

ELOCUCIÓN

Diana Osmara Mejía Hernández*

Objetivo particular: distinguir los tipos de lenguajes utilizados en cada contexto, y los límites que se le presentan al orador atento a las diferentes audiencias o población objetivo, con el fin de utilizar los términos, palabras y sintaxis más apropiadas.

En este capítulo se realiza una aproximación a la idea de la *elocutio* como una de las partes fundamentales en el proceso retórico que inciden en la construcción y articulación de un discurso. Como se verá más adelante, además de tratarse de una técnica vinculada a la oralidad que perfecciona la manera en la que se expresan los conceptos, la elocución es un auténtico arte retórico que busca movilizar las palabras del lugar en el que han sido establecidas y ordenadas, a fin de externarlas para que sean manifestadas de forma verbal con elegancia y lindeza (*ornatus*). Por ello, en las páginas que aquí se presentan, se detallarán algunas categorías gramaticales, tipologías estilísticas, así como aspectos del lenguaje que son de utilidad para comprender la trascendencia del estudio del estilo en la disciplina retórica moderna para las y los estudiantes.

4.1. TEORÍA DE LOS ESTILOS

La elocución (de la raíz latina *elocutio,* que significa modo de expresar la palabra), asociada también con el término griego *lexis* (de la palabra, relacionado con la expresión y/o dicción),[1] es una dimensión retórica que da cuenta de la importancia de la verbalización de las ideas y los pensamientos que han sido ordenados previamente por la *dispositio* en el proceso de elaboración del discurso. En ese sentido, la elocución se asocia con el estudio del estilo por cuan-

---

* Licenciada en Derecho por la UNAM y maestranda en la División de Estudios de Posgrado de la Facultad de Derecho de la misma universidad. Es autora de diversos artículos en revistas académicas y científicas nacionales e internacionales. Sus líneas de investigación son Derecho y Literatura y feminismos jurídicos.

1 Hermógenes, *Sobre las formas de estilo,* Gredos, España, 1993, p. 8.

to hace a la habilidad expresiva y se encuentra relacionada con la "corrección y dominio del instrumental lingüístico"[2] en el campo de la oratoria, es decir, con los recursos lingüísticos que se relacionan con la expresión verbal y que se hacen presentes en los actos del habla del *rhétor* u orador. Por ello, en la actualidad, hablar de la *elocutio* equivale a hablar de «estilo».

En la Grecia clásica el interés por los estudios estilísticos no escapó a la atención de los grandes oradores; sin embargo, su aparición en manuales y tratados de retórica se configuró de manera paralela a la aparición de la labor de los sofistas en Atenas, cuando se afianzó el interés por impartir enseñanzas retóricas sobre aspectos relacionados con la pronunciación eficaz de los discursos. Ese fue el contexto en el que se configuraron las teorías del estilo en Grecia y más adelante en Roma, mismas que tuvieron como objetivo desarrollar los principios y postulados en torno a las cualidades estilísticas generales que debían comprender los discursos para ser pronunciados adecuadamente.

Los primeros esbozos acerca del estilo fueron elaborados por importantes sofistas griegos, entre ellos: Protágoras de Abdera, Pródico de Ceos, Hipias de Élide, así como Gorgias de Leontinos.[3] Más tarde se hicieron presentes las reflexiones estilísticas de Teofrasto en su manuscrito *Sobre el estilo,* el cual, en palabras del filósofo, debía conservar como cualidades indispensables la claridad, corrección, *ornatus,* así como propiedad y conveniencia. Al autor se le atribuye la primera clasificación de las cuatro virtudes del estilo.[4]

Son notables los criterios aristotélicos de la *elocutio* contenidos en el libro tercero de su *Retórica,* escrito en el que el filósofo dedica un análisis acerca de la elocución y afirma que "no basta saber lo que hay que decir, antes también es necesario decirlo como conviene, ya que importa mucho que el discurso adopte cierta modalidad apropiada".[5] En el mismo sentido, Aristóteles reflexiona sobre las virtudes de la *lexis* (dicción o elocución), entre las que destaca cuatro: corrección, carácter, claridad y *ornatus*, y señala la importancia de la intensidad de la voz, el ritmo y la entonación en la expresión retórica.[6] Por otro lado, destaca el estudio elocutivo de Demetrio, quien en su obra *Sobre el estilo* proporciona un punto de partida para el desarrollo de las figuras

---

2 Fernández Retamar, Roberto, *Idea de la estilística,* La Habana, Universidad de la Habana, Comisión de Publicaciones, 1963, p. 28.

3 Hermógenes, *op.cit.*, p. 8

4 *Ibídem,* p. 10.

5 Aristóteles, *Retórica. Introducción, traducción y notas de Quintín Racionero,* Gredos, Madrid, 1999, p. 1319b10-12.III, 1403a, p. 188.

6 *Ídem.*

estilísticas e incorpora una tipología nueva del estilo, clasificándolo en: llano, elevado, elegante y vigoroso.[7]

Sobre los estudios romanos del estilo, Cicerón y Quintiliano ofrecen aportaciones sustanciales. En su *Invención retórica,* Cicerón revela las habilidades elocutivas que debe poseer todo buen orador para expresarse debidamente. A las tres virtudes del estilo *(virtutes elocutionis)* agrega una cuarta: lo *aptum.* El discurso debe ser apto, es decir, idóneo para el auditorio al que va dirigido.[8]

Por su parte, en los libros octavo y noveno de las *Instituciones oratorias,* Quintiliano aborda lo relativo a esta tercera etapa del proceso retórico considerándola la más hermosa, pero, al mismo tiempo, la más difícil. Los atributos estilísticos que aduce son tres: claridad, ornato y corrección terminológica. Por otro lado, su división del estilo se compone de cuatro propiedades: llano, grandioso, elegante y vigoroso.[9]

A pesar de las contribuciones anteriores, las teorías del estilo se consolidaron con las aportaciones de Hermógenes, quien dedicó buena parte de su vida a trabajar en un estudio del estilo más minucioso y exhaustivo en contraste con el que se habían planteado sus precursores. La teoría del estilo de Hermógenes comprende una clasificación tripartita del estilo (alto, llano y medio), así como una clasificación más extensa de los atributos estilísticos de la retórica griega, que él llama formas de estilo, número que aumenta a siete: claridad, grandeza, ornato, viveza, carácter, sinceridad y habilidad.[10]

Con todo, se observa que simultáneamente al nacimiento de la disciplina retórica en la antigüedad, surgieron diversas preocupaciones en torno a las cualidades que debían comprender los discursos pronunciados por los grandes oradores griegos y romanos, situación que contribuyó de forma significativa a la creación de un compendio de teorías sobre el estilo para referirse a la *elocutio* de los antiguos.

Por otra parte, el *corpus* retórico sobre el estilo en la antigüedad grecolatina se orientó a establecer con rigurosidad los criterios a partir de los cuales se debía practicar el arte de la expresión verbal en favor de la tradición oratoria

---

7 Demetrio, *De la elocución,* p. 36 y 41, disponible en: https://bivaldi.gva.es/va/corpus/unidad.do?posicion=1&idCorpus=20000&idUnidad=47665 (31 de agosto 2023).

8 Bulmaro Reyes, Coria (edición, notas y traducción), *Cicerón. De la invención retórica,* UNAM, México, 1997, p. 33.

9 *Cfr.* Quintiliano, Marco Fabio, *Sobre la formación del orador,* Tomos I-V, Traducción y comentarios de A. Ortega Carmona. Salamanca, Publicaciones Universidad Pontificia, 1997-2000, p. *or.* III 5.8. VIII, 10, 58.

10 Hermógenes, *Sobre las formas de estilo,* Gredos, España, 1993, pp. 65 y ss.

de la época. Estas teorías del estilo desarrollaron tres elementos con los que existió un criterio análogo por parte de los autores clásicos: i) clasificación tripartita de los tipos de estilo (elevado, medio y llano); ii) cualidades del estilo (corrección o *puritas*, claridad o *perspicuitas* y ornato u *ornatus*) y, finalmente, iii) figuras retóricas de dicción y pensamiento (aquellas formas de expresión del pensamiento cuya intención consiste en alterar el sentido común de las palabras a fin de dotarlas de un significado distinto). A continuación veremos las principales características del lenguaje literario o artístico.

4.1.1. Lenguaje literario o artístico

Este tipo de lenguaje se emplea en la escritura literaria con la intención de manifestar, por medio de la palabra escrita, ideas y/o sentimientos con un sentido estético o artístico. Su finalidad consiste en alterar las expresiones de las que se vale el lenguaje ordinario por medio del empleo de diversos recursos literarios, entre ellos: "ritmo, sintaxis, metro, rima, técnicas narrativas; en resumen, el arsenal entero de elementos literarios formales"[11] de tal suerte que dichas expresiones se orienten a dotar de sensibilidad desde el punto de vista artístico.

El lenguaje literario es útil si lo que se desea expresar, además de comunicar eficazmente, consigue suscitar efectos estéticos en el lector y renovar el lenguaje común de manera vívida y elocuente. En ese sentido, mediante el empleo de figuras retóricas (metáfora, símil, ironía, sinécdoque, entre otras), así como de recursos propios de la literatura (usos gramaticales, sintaxis, entre otras), este tipo de lenguaje ofrece la posibilidad de modificar nuestra percepción, evocar sensaciones y desarrollar habilidades para proyectar realidades a partir de la imaginación, la creatividad, la ensoñación y la crítica.

A diferencia del lenguaje común o técnico, el lenguaje literario presenta como rasgo característico que es *polisémico*, es decir, ofrece al lector una diversidad de interpretaciones; es *connotativo*, debido a que a menudo emplea expresiones o palabras de forma simbólica o figurada para sugerir elementos que se hallan más allá de una realidad visible; posee una *función poética* en virtud de que busca evocar un efecto estético con el objetivo de embelesar y sensibilizar al lector y, finalmente, se apoya de *figuras literarias o retóricas*, esto es, maneras inusuales de expresar el lenguaje cuya finalidad es embellecer la palabra y atraer al receptor del mensaje.

---

11 Eagleton, Terry, *Una introducción a la teoría literaria,* trad. de José Esteban Calderón, México, Fondo de Cultura Económica, 1998, p. 6.

Finalmente, este lenguaje es expresado en forma de verso o prosa. El primero emplea para su escritura diversos recursos como la métrica, el ritmo y/o la cadencia, de manera que pueda provocar un efecto rítmico y es común encontrarlo en la poesía. La prosa, por su parte, se constituye en un tipo de escritura que emplea habitualmente el lenguaje literario y que, a diferencia del verso, no está sujeta a las reglas de medida o cadencia.

4.1.2. Lenguaje coloquial (utilización de términos cotidianos, íntimos y de confianza)

Se le llama lenguaje coloquial o informal a la modalidad lingüística que se emplea en entornos de comunicación habituales, es decir, dentro de relaciones informales y cotidianas en las que se hace uso de códigos o esquemas de significado cuya comprensión atiende a un grupo específico de hablantes, mismos que comparten rasgos en común (estrato social, edad, códigos culturales, entre otros).

Los hablantes que se valen del uso coloquial emplean a menudo un lenguaje sencillo y directo, de fácil entendimiento; un vocabulario indeterminado, es decir, que prescinde de las palabras técnicas o rebuscadas; atienden a una sintaxis poco ordenada y apelan a términos cotidianos (aquellos que expresan en el entorno ordinario), íntimos o de confianza (es decir, los que se hacen presentes en situaciones familiares o en presencia de parientes, conocidos o amigos), con la intención de generar mayor expresividad en la interacción.

Veamos el siguiente ejemplo en el que se ilustra el empleo del lenguaje coloquial o informal: *¡Ya chole, chango chilango!* ¡Ya es suficiente, policía mexicano! / ¡*Qué chafa chamba te chutas!* (frase que denuncia inconformidad al trabajo que realizan los policías en México) / *No checa andar de tacuche* (vestimenta de policía absurda o insignificante) / *Y chale con la charola* desprestigio a la placa que portan los mismos elementos de seguridad.[12] Este fragmento, tomado de una creación musical del compositor mexicano Jaime López se muestra como una representación sociocultural de las arbitrariedades e injusticias en el poder. A partir del empleo del lenguaje popular o argot característico de delincuentes o pandilleros, se realiza una crítica mordaz a la corrupción de agentes de la policía en México, al mismo tiempo que pone de relieve las desigualdades entre autoridades que actúan “conforme a la ley” frente a individuos que están fuera de su protección.

---

12 Fragmento de la canción “Chilanga banda” del compositor y cantante Jaime López que años más tarde sería popularizada por el grupo de rock mexicano ‘Café Tacuba’.

4.1.3. Lenguaje científico y técnico

Se puede comprender al lenguaje técnico o científico como el conjunto de saberes técnicos y especializados de una determinada área del conocimiento cuya finalidad estriba en facilitar entornos de comunicación entre hablantes que comparten una profesión, como el personal médico, jurídico, académico, etcétera. Se trata de una modalidad lingüística que "alude al lenguaje específico que utilizan algunos profesionales y expertos para transmitir información y para refinar los términos, los conceptos y los saberes de una determinada área de conocimiento, confirmando los ya existentes, matizando el ámbito de su aplicación y modificándolos total o parcialmente".[13]

Una característica de este tipo de lenguaje es el empleo de «tecnolectos», (también conocidos como tecnicismos), locuciones propias del lenguaje profesional que posibilitan una comunicación exclusiva entre los sujetos hablantes que comparten saberes técnicos o especializados en torno a un área del conocimiento. Los tecnolectos son vocablos que se identifican con jergas de una profesión o ciencia y son útiles para referenciar con mayor claridad y precisión conceptos o expresiones en las que se sustenta un saber específico.

Por lo que se refiere al lenguaje técnico-jurídico, que tiene como objetivo decir el derecho, se pueden identificar una variedad de tecnolectos legales, entre los que encontramos vocablos como los siguientes: "fideicomiso", "usufructo", "legitimidad", "jurisdicción", "querella", etc., expresiones que se emplean con naturalidad en la jerga de las y los abogados.

Por otro lado, el lenguaje especializado observa algunos rasgos comunes: *univocidad,* esto quiere decir que el significado de sus términos es único, a diferencia de lo que ocurre con el lenguaje literario que está sujeto a interpretación; *exactitud,* debido a que no se somete a ambigüedades; *precisión léxica,* es decir, se busca el empleo correcto del significado de las palabras de conformidad con los conocimientos técnicos; el *empleo de neologismos y adjetivos,* es decir, la incorporación de términos recientes e innovadores en el campo de una ciencia que abonan a la expresividad y precisión del saber especializado.

En el ámbito jurídico las y los estudiantes, así como los profesionales del derecho requieren tener conocimiento y dominio del lenguaje técnico-jurídico ya que en este, a diferencia del lenguaje técnico o científico, observamos que: "el derecho tropieza constantemente con imprecisión y relatividad en los conceptos jurídicos. Por ello, se debe estar atento a la *ambigüedad, la homoni-*

---

[13] Alcaráz Varó, Enrique y Hughes, Brian, *El español jurídico,* Barcelona, Ariel, 2014, p. 15.

mia y la vaguedad, las cuales atentan contra la precisión técnica y científica del lenguaje jurídico.[14]

4.2. VIRTUDES DEL ESTILO. RECOMENDACIONES

Contrario a la tradición retórica grecorromana en la que no parecía existir consenso sobre cuáles eran las principales cualidades estilísticas que todo buen orador debía observar cuidadosamente en la pronunciación correcta de un discurso, en este trabajo se ha decidido optar por una clasificación tripartita de las virtudes del estilo,[15] a saber: *puritas* o corrección, *perspicuitas,* también conocida como claridad y *ornatus,* que traduce ornato o adorno.

La primera de estas virtudes estilísticas es la *puritas,* misma que hace referencia a la "pureza del léxico"[16] o, lo que es lo mismo, a la corrección gramatical que se realiza del lenguaje. Dicho de otro modo, lo que se persigue es que el lenguaje se ajuste a ciertas reglas gramaticales y de sintaxis, de manera que la expresión de las ideas y palabras observe un orden correcto que permita que el mensaje que se desea transmitir sea entregado al destinatario en forma clara y eficaz.

Con el término *perspicuitas,* por su parte, se designa a una de las cualidades más importantes del estilo, junto con la *puritas* y el *ornatus.* Esta virtud elocutiva se asocia con el grado de claridad y comprensión del material discursivo, esto es, qué tanto se comprenden las expresiones del orador. Por ello, además de conservar un empleo del lenguaje inteligible, es decir, que se eviten ambigüedades y vaguedades (*obscuritas*), se requiere de la sujeción a determinadas propiedades que permitan que el discurso sea claro.

Por último, se encuentra el *ornatus,* término latino que equivale a hablar de adorno u ornamento. Esta es una de las virtudes del estilo a la que se le ha prestado mayor atención, debido que ha sido asociada con la lindeza elocutiva y considerada como "un lujo del discurso [que] pretende la belleza de la expresión lingüística".[17] El ornato se identifica como aquella parte más fina del discurso por medio del cual se busca embellecer el lenguaje desde el punto de vista estético. Sin embargo, a pesar de compartir elementos importantes con las demás cualidades del estilo que caracterizan a la elocución, tradicionalmente se considera al *ornatus* como aquel

---

14 Muñoz Rocha, Carlos I., *Lexicología jurídica,* México, Oxford University Press, 2008, p. 53.

15 Azaustre, Antonio y Casas, Juan, *Manual de retórica española,* Barcelona, Ariel, 2001, p. 80.

16 Beristáin, Helena, *Diccionario de retórica y poética,* 7a. ed., México, Porrúa, 1995, p. 212.

17 Lausberg, Heinrich, *Elementos de retórica literaria,* Madrid, Gredos, 1975, p. 162.

elemento imprescindible sin el cual la elocución no podría ser considerada un arte retórico. Una idea desacertada, claro está, pues si bien es cierto que el ornato se concibe como una virtud elocutiva ineludible, también lo es que la *puritas* y *perspicuitas*, en tanto atributos del estilo, no pueden pasar desapercibidas ya que confieren de misma fuerza a la *elocutio* en la pronunciación adecuada de los discursos. A continuación, examinemos la claridad, concisión y sencillez.

4.2.1. Claridad, concisión y sencillez

En la enseñanza retórica actual, para comprender las cualidades del estilo hay que volver la mirada a las *virtutes elocutionis* de la retórica clásica: *puritas*, que se refiere a la pureza gramatical del lenguaje; *perspicuitas*, que expresa la claridad de las palabras y *ornatus*, que se corresponde con el adorno, la parte viva y bella del discurso. Dentro del contexto técnico-jurídico de nuestra profesión, para que un discurso sea pronunciado correctamente debe observar, además de las cualidades tradicionales, características como la *claridad*, *concisión* y *sencillez*, mismas que se identifican con la *perspicuitas* clásica.

En principio, todo discurso ha de ser claro, esto es, debe conservar una sintaxis adecuada, emplear un vocabulario inteligible para los oyentes, contar con expresiones sobrias y no conceptos abstrusos u oscuros. La «claridad» implica, por tanto, mantener usos lingüísticos que permitan la comprensión en el auditorio. Además, debe cumplir con la propiedad de «concisión o brevedad». Los oradores deben cuidar en todo momento que su discurso esté guiado por la sobriedad y exactitud, de manera que se evite caer en el empleo excesivo de palabras carentes de significado.

Así lo expresa el profesor José Dávalos, quien considera que:

> El discurso ha de ser breve y directo; sin rodeos; al término del discurso no debe quedar sin decirse algo de lo que iba a abordarse. El discurso es semejante a una conversación. Ha de poseer la estructura y la sencillez de una llamada telefónica: "Hola, ¿cómo te ha ido? Te hablo para esto (la razón del telefonema). Me dio mucho gusto saludarte. Hasta luego". "Si breve y bueno, dos veces bueno". Recordemos que esta enorme lección la dictó dentro de una sorprendente brevedad Baltazar Gracián. El discurso ha de ser directo.[18]

En efecto, todo aquel que pretenda pronunciar un discurso y transmitir un mensaje en forma segura, debe ser cuidadoso de la terminología que

---

[18] Dávalos, José, *Oratoria*, 2a. ed., México, Porrúa, 2011, p. 9.

decida emplear para expresar sus ideas. Dichas palabras y frases deben ser precisas y necesarias para la correcta comprensión. Se observa, pues, que además de estar estrechamente vinculadas la concisión con la claridad, es importante que el lenguaje expresado atienda a la «sencillez», es decir, que sea de fácil entendimiento, de tal suerte que se comprenda sin esfuerzo aquello que se desea expresar. En suma: "cuando tengamos algo importante que decir, pongámonos de pie; digámoslo enseguida, con valor, con precisión y con sencillez".[19]

4.2.2. Uso correcto del lenguaje

El lenguaje es la más esencial e insoslayable herramienta de comunicación. Por ello, requiere ceñirse a una serie de reglas estilísticas mediante las cuales se posibilite abrir los canales de comunicación. Para llevarlo a cabo, al igual que en la retórica clásica, hay que acudir a la *puritas,* que supone realizar una corrección gramatical del lenguaje. En ese sentido, es importante observar los diversos rasgos del estilo que se han precisado a lo largo de este capítulo y que dotan de especial importancia al lenguaje en tanto artilugio comunicativo, desde la identificación de las reglas léxicas y gramaticales, el grado de comprensión y receptividad del mensaje de los interlocutores, así como la intencionalidad en la expresividad de lo que desea ser transmitido.

Por su parte, es preciso destacar que, como cualquier otro tipo, el lenguaje técnico-jurídico (que es el que nos interesa a los juristas y estudiantes de la carrera), conserva una función comunicativa, por lo que su uso está destinado fundamentalmente a expresar debidamente el derecho, por lo que cualquiera que esté interesado en ponerlo en práctica, deberá cultivar hábitos de lectura y redacción para ampliar sus conocimientos léxico-jurídicos, tener un dominio amplio de los rasgos del estilo que se han precisado en este capítulo (tipologías, atributos estilísticos, figuras, entre otras), así como acudir continuamente a diccionarios especializados y manuales de estilo para perfeccionar sus habilidades expresivas, tanto verbales como escritas.

4.2.3. Elegancia y refinamiento. **Ornatus**

Como se estudió en el apartado de las *virtutes elocutionis,* la pronunciación de un discurso apropiado requiere observar, además de cierta claridad y corrección léxica, virtudes como la sutileza y finura. La elegancia y refinamiento son

---

19 *Ibídem,* p. 4.

precisamente las cualidades del lenguaje a las que se les debe prestar atención en el proceso de preparación de un discurso y son aquellas que se identifican plenamente con la virtud estilística del ornato (*ornatus*).

Ambos atributos del estilo tienen que ver con aquello armonioso y particularmente bello, lo que destaca por su sencillez y encanto. Vinculadas con la palabra y la expresión verbal, el discurso que cumpla con estas dos condiciones será considerado un discurso bien elaborado, delicado y armonioso. Por ello, es importante emplear las palabras de manera tal que se confiera vida a aquello que se quiere expresar. De ahí que el ornamento elocutivo se encuentre vinculado con aquello que embellece la palabra, con la manera en la que se disponen las palabras para alcanzar la expresividad y viveza en el discurso.

4.3. SELECCIÓN DE PALABRAS

Comúnmente se dice que, si dominas un determinado asunto, las palabras fluirán. No obstante, no se trata de pronunciar un discurso de manera improvisada, antes bien, se requiere ceñirse a diversas fases que permitan su correcta articulación. Para ello, es necesario determinar cuáles son las palabras apropiadas que han de emplearse en el proceso de creación de los discursos. Asimismo, es de suma importancia que las expresiones, vocablos y conceptos por los que se opte sean oportunos para la tesis que se desea exponer, esto es, requieren compartir un sentido que dote de solidez y precisión aquello de lo que se está hablando.

Además, deben ser palabras comprensibles, de fácil entendimiento, vocablos que no excedan el lenguaje técnico-formal pero que tampoco rocen el lenguaje vulgar, es decir, que no se abuse del lenguaje ordinario. Deben ser palabras que atiendan a un contexto y auditorio específicos, bien definidos. En suma, como se verá en lo que sigue a este apartado, hay que cuidar el uso de las palabras, permitirlas suceder con elegancia y expresividad.

4.3.1. Uso correcto de las palabras

En cualquier modalidad del lenguaje es importante emplear las palabras debidamente. Esto supone el correcto y ceñido cumplimiento a las reglas de *semántica* (estudio del sentido y significado de las palabras), *gramática* (reglas que se aplican a la estructura y orden de las palabras), así como *morfosintaxis* (construcción adecuada de oraciones a partir de la relación entre las palabras), por mencionar algunos rasgos lingüísticos.

Los estudiantes que se interesen en mejorar sus habilidades de expresión verbal y escrita deben tener presente que un uso indebido o incorrecto de las palabras puede afectar el grado de comprensión y comunicación del lenguaje. Por otro lado, la debida observancia a las reglas estilísticas y morfosintácticas a las que se ha hecho alusión no solamente abonará al conocimiento y dominio de nuestra lengua, sino al cuidado y respeto de las palabras en contextos técnicos, académicos y científicos que demandan claridad y comprensión en el discurso.

4.3.2. Recalcar conceptos y frases extranjeras

En el lenguaje técnico-jurídico hay una clara presencia de voces extranjeras que se conocen como extranjerismos. Como su nombre lo indica, son vocablos procedentes de la lengua extranjera "adaptados a la fonética, la ortografía y la morfología del español".[20] Dentro de esta agrupación se comprenden los galicismos (calcos de la lengua francesa) como parlamento (que deviene de *parlement*) o gabinete (*cabinet*) y los anglicismos, es decir, expresiones del inglés incorporadas al español, como *software, hardware* o *marketing*.[21]

Por su parte, encontramos también las fuentes clásicas en las que se sustenta el español jurídico,[22] entre las que destacan los latinismos, helenismos y arabismos. Estas modalidades, a diferencia de los extranjerismos, no están consideradas dentro de esa categoría en virtud de que se trata de locuciones de carácter histórico que contribuyeron a la formación del idioma,[23] sin embargo, es preciso describirlos y ejemplificarlos.

Los latinismos son expresiones procedentes del latín: *a priori, a posteriori, sui géneris, ab initio,* etc. Los helenismos, por su parte, son aquellos vocablos de origen griego incorporados al lenguaje común. En el caso jurídico encontramos, entre otros: *amnistía* (perdón de algunos delitos), *democracia* (gobierno del pueblo) o *hipoteca* (gravamen que se aplica a una propiedad real). Por su parte, los arabismos son términos procedentes del árabe que se emplean en nuestra lengua. En el léxico jurídico se pueden mencionar, por ejemplo: *albacea* o *alevosía*.[24]

---

20 García Negroni, María Marta, "Acerca del sustantivo", en García Negroni, María Marta *et al.* (Coords.), *El arte de escribir bien el español. Manual de corrección de estilo,* Buenos Aires, Santiago Arcos, 2004, p. 146.

21 Alcaráz Varó, Enrique y Hughes, Brian, *El español jurídico, op. cit.,* p. 93.

22 *Cfr. Ibídem,* pp. 32-42.

23 Muñoz Rocha, Carlos I., *Lexicología jurídica,* México, *op. cit.,* p. 92.

24 Alcaráz Varó, Enrique y Hughes, Brian, *El español jurídico, op. cit.,* pp. 32-42.

Finalmente, los conceptos y frases extranjeras tienen la intención de enriquecer el léxico (si esa es su finalidad se les denomina neologismos, que son aquellas expresiones de nueva creación cuya incorporación obedece a necesidades nuevas en su uso); sin embargo, hay que ser cuidadosos en su empleo ya que, de conformidad con Carlos Muñoz Rocha: "los extranjerismos o palabras que llegan al español de otros idiomas se consideran peligrosos (...) porque desplazan palabras de nuestro idioma que son más exactas"[25] en cuyo caso se debe optar por evitarlos. Por ello, es importante que su empleo e incorporación a nuestro léxico atienda a necesidades expresivas y su empleo se realice en forma moderada para evitar caer en la *obscuritas* del lenguaje.

4.3.3. Evitar tecnicismos

Dijimos ya que los tecnicismos (también llamados tecnolectos) son recursos del lenguaje que tienen como intención facilitar los procesos de comunicación entre hablantes que comparten saberes especializados en torno a una profesión. En áreas de conocimiento como la medicina, la psicología o el derecho, por mencionar solo algunos, dichos tecnicismos se emplean para dotar de precisión y claridad al lenguaje especializado.

En ese sentido, no hay que perder de vista que en el caso del lenguaje técnico-jurídico la terminología legal debe ser útil para sintetizar los conceptos y saberes de dicha disciplina, así como para otorgar claridad y exactitud al lenguaje, de modo que su uso desmedido tendría como consecuencia un grado de oscuridad (*oscuritas*) e ininteligibilidad en el intercambio comunicativo, incluso para el propio hablante especializado. Sobre este punto Muñoz Rocha aduce que:

> Para lograr un uso de un lenguaje inteligible —lo que a todos interesa— es preciso desacralizarlo, evitar al máximo los tecnicismos legales innecesarios y recuperar la naturalidad, así como evitar el formulismo excesivo, el léxico rebuscado, el uso exagerado de oraciones subordinadas, las repeticiones y el abuso de futuros, sin olvidar las faltas de ortografía y los problemas en la construcción gramatical.[26]

Por consiguiente, la relevancia del empleo de los tecnolectos o tecnicismos en el lenguaje jurídico radica en su uso discreto, moderado y prudente en aras de una comunicación efectiva que abone al refinamiento de los conocimientos del derecho.

---

25 Muñoz Rocha, Carlos I., *Lexicología jurídica,* México, *op. cit.,* pp. 92 y 93.

26 *Ibídem,* p. 62.

4.3.4. Restricción del lenguaje vulgar o argot

En el apartado anterior se establecieron las razones por las cuales el empleo excesivo de tecnicismos legales supone la *oscuritas* en el discurso jurídico. Pues bien, el hecho de que se pretenda apelar a conceptos sencillos y de fácil comprensión no significa que se deba acudir exclusivamente al lenguaje vulgar o argot en contraposición a las expresiones técnicas. Por este motivo se considera indispensable prestar atención a las diferentes modalidades lingüísticas que se emplean en el contexto de nuestra profesión y que en muchas ocasiones se presentan como vicios del lenguaje jurídico que entorpecen el intercambio comunicativo.

El argot jurídico se constituye en una de estas modalidades y hace referencia al lenguaje específico "no jurídico" usado comúnmente entre abogados y/o juristas que alude a situaciones propias de la profesión, pero cuya terminología no expresa un sentido técnico-jurídico, por ejemplo: *chicana* (engaño judicial), *chicanear* (dilatar un asunto o proceso por medio de conductas desleales y artimañas, *abogado chicanero* (aquel que entorpece un juicio por medio de conductas desleales y corruptas), *chivatazo* (soplón, delator).

Este tipo de lenguaje se emplea como una estrategia exclusiva de comunicación que busca dotar de identidad a grupos que comparten un entorno profesional en común, así como generar mayor expresividad en la comunicación, sin embargo, hay que tener cuidado en su empleo, sobre todo en contextos solemnes que demandan un empleo correcto del léxico jurídico, pues su abuso podría suscitar incomprensión por parte de aquellos profesionales que desconocen la terminología.

4.3.5. Uso de sinónimos y antónimos para un relato

A la manera de relacionar semánticamente las palabras que expresan un significado equivalente o muy similar se le conoce como sinonimia. Dichas palabras (sinónimos) son empleadas a menudo en diferentes ámbitos del habla formal y pueden ser comprendidas como recursos lingüísticos que tienen como objetivo prevenir la reiteración de palabras, hacer un uso adecuado del vocabulario, así como evidenciar el dominio de nuestra lengua.

De acuerdo con Muñoz Rocha, destacan dos tipos de sinonimia: total y parcial. La sinonimia total se configura cuando nos encontramos en presencia de dos vocablos que significan lo mismo, a saber: esposa, cónyuge, consorte o bien, actor y demandante.[27] Por el contrario, la sinonimia parcial se presenta

---

[27] *Ibídem*, p. 106.

cuando dos expresiones tienen significados parecidos en un contexto específico, por ejemplo: acordar, pactar, contratar, convenir, arreglar.[28]

Ahora bien, estaremos ante la presencia de la antonimia cuando exista una clara oposición semántica de las palabras, debido a que su significado se opone. A estas palabras se les conoce como antónimos y en el lenguaje jurídico sobresalen los siguientes: legítimo/ilegítimo, legal/ilegal, justo/injusto, jurídico/antijurídico, entre otros. Todos estos elementos estilísticos del lenguaje posibilitan el empleo correcto del léxico jurídico y la debida pronunciación del discurso legal, al mismo tiempo que enriquecen nuestro idioma. A continuación, revisemos la frase y su uso.

4.4. LA FRASE

El uso de la frase en contextos retóricos y argumentativos reviste gran importancia en virtud de que, al momento de exponer una tesis, es común expresar los juicios por medio de palabras, conceptos e ideas que se estructuran a partir de frases o enunciados. Así, la forma adecuada y más sencilla para verbalizar el pensamiento y transmitir un mensaje de manera concreta y eficaz consiste en disponer de enunciados por medio de los cuales se logre comunicar las ideas al receptor del mensaje. Asimismo, es preciso prestar atención al ritmo y empleo de frases cortas como se indica a continuación.

4.4.1. El uso de frases cortas

Un error común en la pronunciación de los discursos consiste en emplear oraciones largas y demasiado adornadas que muchas veces impiden que se comprendan las ideas presentadas por el orador. Por esa razón es importante que el hablante identifique la extensión de las frases que va a emplear en su discurso, es decir, debe observar en todo momento que dichos enunciados sean cortos, claros y concisos. No hay que olvidar que, frente a la palabrería vacua y ornamentada, el uso de frases cortas consolida el conocimiento que se desea transmitir y presenta las ideas en forma mucho más determinante.

4.4.2. El ritmo de la frase

Una correcta pronunciación de las ideas que se presentan en el proceso retórico supone también prestar atención a la entonación, las pausas, así como el énfasis

---

[28] *Ídem.*

que se aplican a las frases o palabras que estructuran un discurso. El empleo de estas particularidades gramaticales y fonéticas en la expresión verbal influye de manera importante en la intención comunicativa del orador en virtud de que permite transmitir un mensaje de manera efectiva, congruente y accesible. Por ello, es fundamental que el hablante permita a las palabras suceder con naturalidad y expresividad por medio de la formulación de enunciados claros y ordenados.

4.5. FIGURAS

En la concepción clásica del arte del buen hablar destacan las figuras retóricas o literarias, que son aquellas construcciones verbales no habituales que emplean a la palabra para transmitir ideas, pero alejándose de las formas de hablar convencionales ya que comprenden una función expresiva y significativa distinta. Comúnmente aparecen en contextos argumentativos, cotidianos y en algunos géneros literarios como la poesía o prosa.

Las figuras retóricas se dividen en dos: figuras de dicción y de construcción. Las primeras son aquellas figuras que modifican la estructura de las palabras con el fin de alterar el significado de las expresiones elocutivas. Dentro de las *figuras retóricas de dicción* cabe distinguir las siguientes:

A) *Aliteración.* Consiste en la reiteración de uno o más sonidos (fonemas) en las distintas palabras cuya finalidad consiste en suscitar un efecto rítmico o musical en la estructura gramatical. Un ejemplo se observa en el siguiente verso de Rubén Darío: "Se oyen los claros clarines".[29]

B) *Calambur.* Es una figura que consiste en alterar el orden de las palabras para modificar el significado de una idea. Dicho de otro modo, el calambur "constituye tanto un tipo de juego de palabras como un tipo de paronomasia, pues consiste en que dos frases se asemejen por el sonido y difieran por el sentido".[30] Ejemplo: Y mi voz que madura / y mi voz quemadura / y mi bosque madura / y mi voz quema dura del poeta mexicano Xavier Villaurrutia.[31]

C) *Paronomasia.* Consiste en la semejanza fonética que se deriva de dos o más palabras, pero cuyo significado se contrapone. Ejemplo: El erizo se irisa, se eriza, se riza de risa (Octavio Paz).[32]

---

29 Beristáin, Helena, *Diccionario de Retórica y Poética,* Porrúa, 2006, p. 37.

30 *Ibídem,* p. 86.

31 *Ídem.*

32 *Ibídem,* p. 385.

Por otro lado, se encuentran las *figuras retóricas de construcción y pensamiento*, que son aquellas figuras "cuyo valor expresivo se fundamenta primariamente en los significados de las palabras"[33] y que, a diferencia de las figuras de dicción, éstas no desaparecen si son sometidas a un ejercicio de traducción. Son figuras, además, que alteran elementos sintácticos de las oraciones o palabras. A continuación, se enumeran algunas de las más habituales:

A) *Anáfora.* De acuerdo con Helena Beristáin, esta figura tiene que ver con "la repetición intermitente de una idea, ya sea con las mismas o con otras palabras".[34] Véase el siguiente ejemplo de Luis de Góngora:

Mientras por competir con tu cabello
oro bruñido al sol relumbra en vano;
mientras con menosprecio en medio el llano
mira tu blanca frente el lilio bello;
mientras a cada labio, por cogello,
siguen más ojos que al clavel temprano,
y mientras triunfa con desdén lozano
del luciente cristal tu gentil cuello.[35]

B) *Enumeración.* Se trata de una figura retórica de construcción que "permite el desarrollo del discurso mediante el procedimiento que consiste en acumular expresiones que significan una serie de todos o conjuntos o bien, una serie de partes (...) de un todo".[36] Un ejemplo de esta figura en el discurso jurídico se encuentra en el artículo 76 de nuestra CPEUM, que enumera las facultades exclusivas del Senado.

C) *Metáfora.* Se trata de una figura retórica empleada habitualmente en los géneros literarios y ampliamente conocida por su intención de usar el lenguaje en sentido figurado al alterar el significado de las palabras. Helena Beristáin la define como una figura "importantísima (...) que afecta al nivel léxico-semántico de la lengua (...) y que se ha visto como fundada en una relación de semejanza entre los significados de las palabras que en ella participan".[37]

---

33 Azaustre, Antonio y Casas, Juan, *Manual de retórica española, op. cit.*, p. 110.
34 Beristáin, Helena, *Diccionario de Retórica y Poética, op. cit.*, p. 50.
35 Azaustre, Antonio y Casas, Juan, *Manual de retórica española, op. cit.*, p. 97.
36 Beristáin, Helena, *Diccionario de Retórica y Poética, op. cit.*, p. 174.
37 *Ibídem*, p. 308.

En suma, existen muchas otras figuras retóricas cuya intención es modificar el sentido del lenguaje ya que procura evocar efectos estéticos en el interlocutor, entre las que destacan también la prosopopeya, el oxímoron, la sinécdoque, entre otras.

4.5.1. Fuerza y energía

Además de los elementos descritos líneas arriba, existen otras cualidades discursivas que debe procurar el orador en sus expresiones. Al respecto, cabe señalar aquellas virtudes que dotan de elocuencia y vigor al mensaje.

4.5.2. Preguntas retóricas

En entornos argumentativos y discursivos, es habitual encontrarnos con preguntas cuya finalidad no es interpelar al auditorio para obtener de éste determinada información por medio de su respuesta, como ocurre con las preguntas realizadas al público. Por el contrario, en estos contextos comúnmente se emplean preguntas que pretenden enfatizar sobre ciertos contenidos temáticos que han sido abordados puntualmente en el discurso, de tal suerte que no se espera que el interlocutor enuncie una réplica inmediata, antes bien, sugieren afirmaciones que se encuentra implícita en la pregunta misma.

A este tipo de cuestionamientos se les conoce como preguntas retóricas, interrogaciones retóricas o erotemas y tienen como intención acentuar o reafirmar un determinado punto de vista, es decir, buscan persuadir al oyente para que su criterio se ajuste al sentido de las afirmaciones del hablante. Del mismo modo, tienden a provocar reflexiones en el auditorio para dudar o modificar su postura en favor del que está haciendo uso de la palabra.

4.5.3. Preguntas al público

Para cultivar debidamente el arte de hablar en público y obtener una adecuada pronunciación de los discursos en los diferentes contextos de la argumentación, es indispensable atraer la atención del auditorio, esto es, conectar con las y los interlocutores. Una forma eficaz de realizarlo consiste en efectuar de manera estratégica y ordenada diversas preguntas acerca del asunto sobre el que versa el discurso con la finalidad de orientar a los oyentes a obtener una respuesta que ayude a identificar ideas concretas sobre la tesis que se está abordando.

De esta manera se facilita la obtención de nuevos saberes, se fomenta el aprendizaje y la reflexión, el pensamiento crítico, así como la problematización de las cuestiones planteadas por los oradores. Con este ejercicio mayéutico realizado a través del binomio orador-auditorio se posibilita la interacción comunicativa y se permite llegar a deducciones concretas en el escenario dialógico.

En este capítulo analizamos la elocución y sus características, tales como: elegancia y refinamiento, selección y uso correcto de las palabras, evitar tecnicismos, la frase y sus características, entre otras. A continuación, revisemos los elementos de la acción y la pronunciación.

BIBLIOGRAFÍA

ALCARÁZ VARÓ, Enrique y HUGHES, Brian, *El español jurídico,* Barcelona, Ariel, 2014.

Aristóteles, *Retórica,* trad. de Quintín Racionero, Madrid, Gredos, 1999.

AZAUSTRE, Antonio y CASAS, Juan, *Manual de retórica española,* Barcelona, Ariel, 2001.

BERISTÁIN, Helena, *Diccionario de retórica y poética,* 7a. ed., México, Porrúa, 1995.

CICERÓN, Marco Tulio, *La invención retórica,* trad. de Salvador Núñez, Madrid, Gredos, 1997.

DÁVALOS, José, *Oratoria,* 2a. ed., México, Porrúa, 2011.

Demetrio, *Sobre el estilo,* trad. de Carlos García Gual, Madrid, Gredos, 1996.

EAGLETON, Terry, *Una introducción a la teoría literaria,* trad. de José Esteban Calderón, México, FCE, 1998.

FERNÁNDEZ RETAMAR, Roberto, *Idea de la estilística,* La Habana, Universidad de la Habana, Comisión de Publicaciones, 1963.

GARCÍA NEGRONI, María Marta, "Acerca del sustantivo", en García Negroni, María Marta *et al.* (Coords.), *El arte de escribir bien el español. Manual de corrección de estilo,* Buenos Aires, Santiago Arcos, 2004.

HERMÓGENES, *Sobre las formas de estilo,* trad. de Consuelo Ruiz Montero, Madrid, Gredos, 1993.

LAUSBERG, Heinrich, *Elementos de retórica literaria,* Madrid, Gredos, 1975.

MUÑOZ ROCHA, Carlos I., *Lexicología jurídica*, México, Oxford University Press, 2008.

QUINTILIANO, Marco Fabio, *Instituciones Oratorias*, trad. de Ignacio Rodríguez y Pedro Sandler, Madrid, Imprenta de Perlado Páez y Compañía, 1916.

Capítulo 5

ACCIÓN-PRONUNCIACIÓN

Roberto Carlos Fonseca Luján*

Objetivo particular: diferenciar la Elocución de la Alocución a fin de organizar de la mejor manera, los puntos esenciales del discurso y los fundamentos y evidencias que correspondan para alcanzar una comunicación efectiva utilizando citas y paráfrasis.

5.1. PROSODIA. PREPARACIÓN DE LA VOZ Y CAMBIOS DE TONO

La prosodia se define como el conjunto de elementos relativos al sonido de la voz (entonación, acentuación, ritmo, velocidad de habla) que los expertos denominan "fenómenos suprasegmentales", porque comprenden más de un fonema o segmento del habla. Estos elementos son fundamentales para la comunicación; se afirma que "la prosodia cumple una función clave en la organización e interpretación del discurso y, además, transmite información emotiva, sociolingüística y dialectal".[1]

La adecuada prosodia exige el dominio del proceso complejo del habla. Según explican Pazo Quintana y otros, la emisión verbovocal es el resultado de la interacción entre cuatro procesos realizados por distintos órganos en el cuerpo:

---

* Licenciado, Maestro y Doctor en Derecho por la Facultad de Derecho de la Universidad Nacional Autónoma de México. Máster en Justicia Criminal por la Universidad Carlos III de Madrid, España. Diplomado en Justicia y Pluralismo por la Facultad de Ciencias Políticas y Sociales de la UNAM. Profesor de tiempo completo en la Facultad de Derecho de la UNAM en las áreas de Derecho Constitucional y Derecho Penal. Miembro del Sistema Nacional de Investigadores del Consejo Nacional de Ciencia y Tecnología (CONACYT) como Investigador Nacional Nivel I. Autor de cuatro libros sobre temas jurídicos. Ha publicado 20 artículos de investigación en revistas jurídicas. Participa constantemente como ponente en la UNAM y otras instituciones nacionales, sobre temas de derecho penal, derecho constitucional, derecho procesal penal y derechos humanos.

1 *Diccionario de términos clave de ELE,* Centro Virtual Cervantes, Instituto Cervantes, 2001 [en línea], < https://cvc.cervantes.es/ensenanza/biblioteca_ele/diccio_ele/indice.htm>, [consulta: 12 de mayo, 2021].

respiración, fonación, resonancia y articulación.[2] El conocimiento de estos procesos es fundamental para cualquier persona que busque hacer un uso profesional de la palabra, como son locutores, actores, oradores y maestros.

La preparación de la voz implica un entrenamiento que no se limita a ciertos cuidados unas horas antes de presentar un discurso o una clase; exige prácticas constantes de higiene del habla necesarias incluso para prevenir daños en el aparato fonador. Este entrenamiento requiere poner atención en los siguientes cinco aspectos fundamentales descritos por Pazo Quintana.[3]

a. Relajación. —La relajación del cuerpo es el primer requisito para el habla óptima. La rigidez y tensión muscular en el cuello, los hombros, la boca, la mandíbula y en los músculos faciales en general son enemigos de la voz. Para evitarlos, la persona debe incorporar en su rutina ejercicios diarios de relajación que incluyan tanto la relajación total del cuerpo en diferentes posturas, como la relajación del aparato fonoarticulatorio mediante masaje suave de los músculos de la cara y cuello, movimientos de mandíbula, bostezos, suspiros y fonaciones de vocales ligadas al suspiro.

b. Respiración. —La mejor inspiración es por la nariz, promoviendo una respiración costodiafragmática, en la cual desciende el diafragma, los pulmones aumentan de volumen y se expande el abdomen. Luego, durante la espiración, el habla requiere una dosificación y alargamiento consciente de la salida de aire mediante la contracción abdominal. Los ejercicios de respiración fortalecen estas funciones: se inspira, se contiene y se espira el aire, contando tiempos en cada fase que han de incrementarse progresivamente. Cuando se domina el movimiento respiratorio, se puede vincular el ejercicio a la emisión de sonido.

c. Fonación. —La voz se produce en la laringe, con la vibración de las cuerdas vocales. De las características físicas de estos órganos dependen las cualidades de la voz como tono o timbre. La persona ha de tomar conciencia de estas cualidades, las impostaciones de voz que no coinciden con el timbre natural repercuten negativamente en el rendimiento vocal. Asimismo, la persona ha de cuidar estos órganos, evitando factores autoagresivos como gritar, hablar mucho, fuerte y rápido, o no descansar luego de un habla prolongada (más de una

---

[2] Pazo Quintana, Telma *et al.*, *El arte de educar el habla y la voz*, México, Paso de Gato, Centro de Estudios para el Uso de la Voz, Instituto Cultural de León, Universidad de Guadalajara, UNAM, 2014, p. 73.

[3] *Ibídem,* pp. 74-151.

hora). Igualmente se han de evitar los hábitos de toser y aclarar la garganta en exceso.

d. Resonancia. —Las estructuras resonanciales se dividen en infraglóticas y supraglóticas. Los ejercicios resonanciales y de colocación del sonido buscan la identificación de los distintos resonadores para lograr su máxima utilización. Para el ejercicio es útil la musitación, con base en la onomatopeya de la letra M prolongada. El sonido se coloca en la máscara ósea facial mediante la vibración, tomando conciencia de la sensación. Tras la musitación se hacen ejercicios de vocalización, tomando igualmente conciencia del impacto vibratorio en los resonadores de cada uno de los fonemas vocales.

e. Dicción y articulación. —Se requiere trabajar para lograr la pronunciación exacta de las vocales, la articulación neta de las consonantes de modo acentuado, la distinción de cada sílaba y la elocución correcta de cada palabra. Para esto pueden realizarse ejercicios de gimnasia bucal, que incluyen movimientos de la lengua en cuatro direcciones; giros de la lengua en torno de los labios; labios en posición de sonrisa forzada y labios fruncidos. Igualmente, es útil practicar los funcionalismos de los distintos fonemas, junto con la práctica de trabalenguas, lecturas fraseológicas, y la individualización de sonidos. Hay que evitar defectos de la dicción como el transporte inadecuado de la lengua, la apertura bucal insuficiente y la superficialidad articulatoria.

La preparación de la voz para un profesional de la palabra, como es el docente, requiere tomar consciencia de este proceso orgánico de emisión de la voz para optimizar su uso. En un segundo momento, ya durante el ejercicio del habla, es conveniente tener en cuenta las múltiples recomendaciones higiénicas y preventivas que aparecen en la literatura sobre el tema.

Entre estas recomendaciones están, por ejemplo: evitar la resequedad de garganta, bebiendo agua constantemente; no subir el volumen de la voz excesivamente cuando haya ruido ambiental (tráfico de carros, música), más bien esperar a que cese el ruido; dirigir la voz siempre directamente hacia el escucha; no apretar los dientes durante el habla; utilizar el tono óptimo, sin forzar la escala hacia lo muy agudo o lo muy grave; hacer pausas frecuentes entre las frases; dejar descansar la voz luego de un uso prolongado y, particularmente, si se presentan síntomas de fatiga vocal como dolor de garganta, sequedad, carraspera, ronquera o ardor.[4]

---

[4] *Cfr.* Rivas Reyes, Maricela *et al.*, "El cuidado de la voz en la actividad docente", *op. cit.*

5.1.1. Proyección de la voz

La proyección de la voz es el uso intencionado del habla con la finalidad de llegar a los escuchas. La voz proyectada es una voz enérgica que, sin gritar, alcanza a los otros como lo hace la mirada. Como establece Pazo Quintana, la proyección "es lanzar la voz a la distancia, hacer llegar al público una imagen por medio del sonido". Para esto, la cavidad oral funciona auténticamente como "una bocina direccional" que lleva la voz hacia afuera, para "dirigirla a puntos de mediana y larga distancia teniendo en cuenta el apoyo respiratorio".[5]

Una adecuada proyección requiere el dominio de los procesos de la emisión verbovocal comentados en el punto anterior. Es fundamental una buena respiración, respaldada en los músculos abdominales, que forme una columna de aire estable para la necesaria intensidad de la voz. Emitido el sonido, la vibración debe colocarse correctamente en los resonadores del paladar duro, la frente, nariz y boca. Además, se requiere una articulación y dicción correctas.[6]

5.1.2. Entonación y ritmos, velocidad

Los elementos prosódicos más importantes en el idioma español son la acentuación y la entonación. Un tercer elemento es el ritmo, que consiste en la agrupación de "los sonidos del discurso en bloques, llamados palabras fónicas o grupos rítmicos, con el fin de facilitar la descodificación y comprensión del mensaje".[7]

El tono es el sonido de la voz, dado por su posición en una gama musical. Puede ir de lo grave a lo agudo, dependiendo de la vibración de las cuerdas vocales. Los cambios de tono dirigidos se conocen como entonación, y pueden ocurrir durante fonaciones específicas, en palabras u oraciones. Los cambios tonales e inflexiones tienen un componente emotivo, así como cultural. La suma de estos cambios tonales crea la melodía del habla.[8]

El control consciente de la entonación es una herramienta fundamental para la expresión de un discurso. Con los cambios tonales se proporciona información al escucha sobre la carga emotiva del discurso, así como se da

---

5 Pazo Quintana, Telma *et al.*, Pazo Quintana, Telma *et al.*, *op. cit.*, pp. 152-153.

6 *Ibídem*, p. 153.

7 *Diccionario de términos clave de ELE*, *op. cit.*

8 Pazo Quintana, Telma *et al.*, *op. cit.*, pp. 106 y 113.

énfasis a ciertas partes del mismo. Un discurso monótono resulta poco natural y difícilmente logra captar el interés de un escucha. Un habla profesional requiere tener en cuenta que el uso de la voz es auténticamente una actividad musical; la melodía es fundamental para que la voz resulte agradable a quien la escucha.

En la comunicación cotidiana los cambios de melodía son muchas veces inconscientes; los descensos de tono para cerrar un período se conocen como cadencias, y las elevaciones de tono en sílabas finales se conocen como anticadencias. Cuando no hay elevación ni descenso se presenta una suspensión, lo que se da durante una frase continua. Cuando no se alterna entre anticadencias y cadencias se presenta un discurso sin matices, plano y monótono.[9]

La velocidad puede entenderse simplemente como rapidez en el habla o número de palabras dichas por unidad de tiempo. Según el Instituto Cervantes, en el idioma español se calcula que la velocidad normal de articulación está entre las 150 y las 200 palabras por minuto.[10]

Los cambios en la velocidad son una herramienta para lograr captar la atención del escucha; un habla lenta y pausada puede ayudar a dar mayor importancia y peso a las palabras, mientras que un aumento de velocidad puede imprimir cierta tensión; sin embargo, hay que considerar que demasiada velocidad repercute negativamente en la comunicación porque es difícil y cansado para el escucha seguir a un hablante acelerado. Lo ideal en todo caso es cambiar la velocidad, y prevenir igualmente un discurso uniforme que se vuelve monótono.

El ritmo es "la disposición periódica y armoniosa de voces y cláusulas en el lenguaje".[11] El ritmo se da por el movimiento ordenado en la secuencia en el habla, mediante la consciente alternancia en los elementos prosódicos: variación entre sonidos de volumen bajo y fuerte, entre sílabas con o sin acentuación, así como entre velocidades en la pronunciación. El ritmo del habla expresa emociones y transmite información sobre el estado o las circunstancias del hablante. Cada hablante utiliza de manera natural diversos ritmos, definidos por elementos como los tiempos de la respiración entre el estado de calma y la agitación, o las modulaciones de volumen entre los susurros y el grito. El profesional de la voz requiere tomar consciencia de esos ritmos en

---

9 *Ibídem,* p. 191.

10 *Diccionario de términos clave de ELE, op. cit.*

11 Pazo Quintana, Telma *et al., op. cit.*, p. 192.

su entorno cultural y usarlos deliberadamente cuando desea que su mensaje transmita determinada emoción o caracterizar una voz determinada.

5.1.3. Énfasis a ideas relevantes

La construcción de un discurso involucra la organización de ideas en distintos niveles. Las ideas principales son aquellas que componen el motivo central de la exposición. Las ideas secundarias acompañan al motivo central, sea para darle respaldo o complemento. Para una comunicación eficaz, es recomendable que la organización y presentación de las ideas dé realce al motivo central. En este sentido, debe quedar claramente establecida la relación entre las ideas secundarias y la idea principal; asimismo, debe evitarse la inclusión de ideas sin conexión directa con el motivo central o digresiones, que tienen un efecto distractor en el escucha.

Los elementos prosódicos son fundamentales para dar énfasis a las ideas principales. Mediante la modulación de la velocidad o los cambios de tono, el hablante puede indicar al escucha cuales partes de su discurso reclaman mayor atención, por contener los motivos centrales. Una pronunciación pausada y remarcada de las oraciones puede generar este efecto.

La utilización de pausas y silencios en el habla es otra herramienta útil para enfatizar. Como apunta Carretero, cuando se hace una parada en algún momento del discurso, "el auditorio puede comprender que hay una cuestión relevante". De igual modo, un silencio genera interés: "si hay un silencio en mitad de una frase, el auditorio, sea de uno o de muchos, mirará al hablante para intentar comprender qué ocurre y el motivo de la pausa".[12]

Además de las variaciones en el ritmo, la presentación del contenido puede ser útil para dar énfasis. Una forma adecuada para esto es la repetición. Mediante la reiteración de una misma idea central en distintos momentos del discurso, se muestra al escucha la importancia de ésta, además de que se busca que esta idea quede presente un tiempo después de oído el discurso.

La repetición puede combinarse con otras formas de organización de la información como son capítulos o esquemas. Por ejemplo, un discurso puede comenzar señalando la idea principal, seguida en un primer capítulo de las ideas de respaldo; luego repetir la idea principal, seguida de las ideas complementarias; y concluir con la reiteración de la idea central.

---

12 Carretero González, Cristina, *Comunicación para juristas*, Valencia, Tirant lo Blanch, Universidad Pontificia Comillas, 2019, p. 187.

5.2. TÉCNICAS DE ELOCUCIÓN

Según refiere Beristáin, la elocución en la tradición retórica grecolatina es la tercera fase en la preparación de un discurso. Consiste en la expresión de las ideas mediante la formulación lingüística del discurso, lo que involucra la elección de las palabras y la construcción de las oraciones. Las cualidades de la elocución son: "*corrección,* derivada de la regularidad gramatical de las construcciones; *claridad,* proveniente de la propiedad y disposición lógica de las expresiones; *elegancia,* lograda con el uso oportuno y discreto de las figuras retóricas".[13]

Las cuestiones de la elocución se asocian con las cuestiones de estilo, que incluyen la sintaxis correcta, el uso de la puntuación, el dominio del vocabulario y, particularmente cuando se preparan discursos que serán presentados en voz alta, la consciencia del sonido de los distintos fonemas y palabras. El primer requisito de un estilo adecuado es cumplir con las reglas gramaticales; satisfecho esto, cultivar un estilo propio es parte del desarrollo de todo profesional de la palabra, a partir de la lectura y la práctica constante en la elaboración de textos.

El dominio competente del lenguaje solo se logra mediante su ejercicio constante, es decir, escribiendo y hablando. El profesional de la palabra requiere incorporar en su rutina la lectura de textos de múltiples géneros, tanto aquellos propios de su campo profesional, como otros del ámbito de la creación literaria. Siempre que haya dudas sobre un tema de redacción hay que acudir a los manuales de gramática; igualmente, a los diccionarios si no se está seguro sobre el sentido que tiene una palabra. Muchos vicios en el estilo se producen por imitación: las personas copian la manera de escribir o de hablar de otras, sin reflexionar sobre si la práctica imitada es correcta y eficaz.

Por otro lado, la imitación puede ser una herramienta útil para desarrollar un buen estilo cuando el modelo es excelente. Un buen ejercicio consiste en analizar un discurso, un texto literario o una conferencia de un profesional de la palabra reconocido o exitoso en su campo, para identificar sus elementos constitutivos y la secuencia como éstos se presentan. El practicante podrá entonces imitar ese esquema estructural, construyendo un texto propio a partir de ese esqueleto. El estudio de estas estructuras, enriquecido con la propia práctica, conducirá de modo consciente al desarrollo de un estilo propio.

---

13 Beristáin, Helena, *Diccionario de retórica y poética,* México, Porrúa, 1995, p. 164.

Cuando se trata de preparar un discurso destinado a la comunicación oral, es pertinente tener en cuenta las características del estilo oratorio. Según recomienda Carretero, es fundamental cuidar la puntuación, y hacerla armónica con la respiración del hablante. Para esto es necesario realizar lecturas previas en voz alta de la pieza, para identificar las pausas respiratorias. Es preferible evitar el fraseo largo en la expresión oral, pues puede provocar que se "pierda el hilo del discurso". Por lo que hace a la elección del vocabulario, esta puede ser más limitada en el lenguaje oral, pues las palabras pueden no venir con la requerida oportunidad a la mente. Cuando se requiere un momento de reflexión, hay que tener cuidado con el abuso de "las muletillas que afean el discurso". En general, hay que evitar defectos comunes del mal comunicador, como son la improvisación o el "no saber empezar ni saber terminar", entre otros.[14] A continuación veamos el aporte de ensayar frente al espejo y otras personas.

5.2.1. Ensayos frente espejo y otras personas

La presentación exitosa de un discurso requiere de ensayos previos, preferentemente frente a otras personas que pueden aportar un comentario crítico sobre los argumentos y sobre la manera de presentarlos. La ayuda en estos ensayos de un profesor o de un experto es lo más recomendable; sin embargo, también resulta de utilidad presentarse frente a personas con características similares (edad, escolaridad, conocimiento del tema) a las del auditorio que escuchará el mensaje final.

Es conveniente pedir a las personas frente a quienes se practica que respondan algunas preguntas concretas, y no solo que den una opinión general. Por ejemplo, puede pedírseles que digan si el objetivo del discurso fue claro; si se mantuvo el hilo conductor o se identificaron digresiones; si los argumentos aparecieron sólidos y justificados en evidencia suficiente; si hubo partes aburridas; si se aparentó nerviosismo o falta de naturalidad; o si el tono, volumen y velocidad de la voz eran pertinentes.

Para practicar el uso de la voz, los ensayos han de realizarse en un espacio similar a aquel en que se presentará el discurso, si no es posible practicar directamente en dicho sitio. Hay que informarse de algunas características del lugar como son las dimensiones, acústica, posibles ruidos ambientales y capacidad, que deben tenerse en cuenta en los ensayos.

---

14 Carretero González, Cristina, *op. cit.*, pp. 193-194.

Cuando no es posible ensayar frente a otros, puede ser de utilidad que la persona repase su texto frente a un espejo. Esto puede ayudar a ganar seguridad sobre el discurso; sin embargo, no debe perder de vista que el espejo muestra solo una imagen. El practicante debe tener presente que los escuchas harán una interpretación de su imagen desde su propia subjetividad, por lo que no puede confiar en que lo verán como él se mira en el espejo.

La práctica de los ensayos en solitario puede resultar más eficaz si se cuenta con un dispositivo que permita a la persona grabarse a sí misma, ya sea en un video o en una pista de audio. Esta grabación puede después compartirse con un experto o con algunas otras personas para recibir retroalimentación.

Previo a practicar el discurso frente a otras personas o frente al espejo, resulta de gran utilidad leer el texto en voz alta en múltiples ocasiones. Esto ayuda al hablante a tomar consciencia de la puntuación, del sonido de las palabras y del ritmo requerido; igualmente, puede ser de utilidad para atender problemas de dicción y articulación.

5.2.2. Redondear cifras

El uso de números en un discurso puede ser necesario en ciertas materias, cuando las evidencias incluyen, por ejemplo, información estadística. Para aligerar el discurso y no abrumar al escucha con números, es recomendable incluir solo aquellos números que resulten indispensables. Asimismo, tratándose de cifras decimales, puede aplicarse un redondeo al uso para dar claridad y brevedad al discurso: tratándose de decimales, se descartan para ajustar la cifra al número entero más cercano.

No obstante, lo anterior, si el tema del discurso amerita exactitud y precisión en las cifras que se ofrecen, será recomendable mantener el número con los dígitos significativos tal y como se obtiene de la fuente de información, o bien, sugerir que se ha hecho un redondeo con el uso de adverbios como aproximadamente o alrededor de.

En general, salvo que se trate de informes estadísticos cuyo propósito es justamente comunicar números, el uso de cifras en un discurso ha de limitarse a lo indispensable. En materias en las que se discuten fenómenos difíciles de cuantificar aritméticamente, como son las ciencias sociales y las humanidades, el uso innecesario de números puede derivar en falacias como la generalización precipitada o la falsa precisión.

5.3. LENGUAJE CORPORAL Y CONTACTO VISUAL

El lenguaje no verbal es parte importante en la comunicación humana, aunque el estudio del mismo no es una disciplina exacta. Abundan los manuales de literatura comercial y de superación personal que dan interpretaciones supuestas a ciertos gestos o movimientos corporales, por ejemplo, cruzar los brazos, tocarse la nariz o mirar de cierta manera; sin embargo, esto en muchas ocasiones es poco acertado. Como apunta James, "a veces los gestos o movimientos de las manos o los brazos *pueden* ser una guía de sus pensamientos o emociones subconscientes, pero a menudo esos indicios son erróneos".[15]

La interpretación de los gestos del interlocutor es un proceso que se realiza de manera inconsciente durante la comunicación, con base en pautas culturales. El escucha atiende al hablante, y complementa la información que se dice con la información que se observa a partir de los gestos y movimientos corporales. En este sentido, un lenguaje corporal adecuado cumple la finalidad de acompañar la expresión oral, y refuerza el mensaje que se busca transmitir.

Para un profesional de la palabra es importante tomar consciencia de las pautas de su entorno cultural sobre el lenguaje corporal, no tanto para pretender incorporar estratagemas de vendedor a sus presentaciones orales, sino para evitar movimientos y gestos inconscientes que pueden distraer la atención del escucha. Estos pequeños gestos pueden interpretarse en su conjunto como señales de nerviosismo, falta de interés en el asunto, desatención hacia el interlocutor o simplemente antipatía.

Entre estas señales, que James llama "filtraciones" negativas, se pueden mencionar las siguientes:[16]

a. Movimientos que aparentan nervios: piernas y/o los brazos cruzados; apretar libros o papeles contra el pecho; arrellanarse en el asiento; sentarse en el borde de la silla; retorcerse las manos; golpetear con el pie; balancear la pierna; tamborilear con los dedos; comerse las uñas; jugar con el cabello, con el reloj o los accesorios; taparse la boca con la mano cuando se habla; balancearse en la silla; rascarse mucho; aclararse la voz demasiado a menudo; arreglarse la corbata; meter las manos en los bolsillos.

---

15 James, Judi, *El lenguaje corporal*, Barcelona, Paidós, Booket, 2003, p. 53.

16 *Ibídem*, pp. 56 y ss.

b. Movimientos que aparentan agresividad: cruzar los brazos sobre el pecho; mirar fijamente al interlocutor; señalar con el dedo; apretar los puños; inclinarse sobre alguien.

c. Conductas descorteses: trabajar mientras alguien está hablando directamente; fumar y lanzar bocanadas de humo; tratar a los demás con demasiada familiaridad; sonreír de manera artificiosa; murmurar entre dientes; hacer sonar los nudillos; acicalarse; acercarse demasiado a los demás; guardar los documentos y papeles antes que haya concluido la reunión; estrechar la mano demasiado fuerte o, al contrario, dar débiles apretones de manos; bostezar; mirar el reloj.

No hay que olvidar, sin embargo, que no se pueden inferir conclusiones a partir de un gesto aislado; no se trata de fórmulas para adivinar los pensamientos del hablante. Como refiere Carretero, es importante asumir que el lenguaje corporal es un todo; hay que "observar todo el conjunto de gestos y no solo uno de forma aislada [...] Uno de los errores más graves que puede cometer un novato en el lenguaje del cuerpo es interpretar un gesto aislado de otros y de las circunstancias".[17]

Muchos de estos movimientos son llevados a cabo por el hablante de manera inconsciente; son un mal hábito. Más allá del significado que pueda interpretarse a partir de los mismos (nerviosismo, aburrimiento, desinterés), es precisamente su ambigüedad lo que convierte estos gestos en enemigos de la comunicación eficaz; razón por la cual se debe practicar para evitarlos. Un pequeño gesto fuera de lugar puede sugerir al interlocutor que se está distraído o pensando en otra cosa, o simplemente que no se está seguro de lo que se dice, lo que muy probablemente habrá de interpretarse negativamente.

El control de esos pequeños movimientos y gestos involuntarios amerita concentración. El hablante debe mantener bajo control su cuerpo y enseñarlo a no moverse por su cuenta cuando no viene al caso. Esta es la verdadera utilidad del conocimiento sobre el lenguaje corporal: no el empleo excesivo de gestos deliberados o movimientos intencionales que hacen el discurso una presentación artificiosa y chocante, sino la capacidad de eliminar los movimientos innecesarios, para lograr un trazo corporal que acompañe orgánicamente el discurso, logrando una imagen de naturalidad que resulta agradable para el auditorio.

Un aspecto importante del lenguaje corporal es la mirada. En occidente se considera que es importante siempre mirar al interlocutor o a los miembros

---

17 Carretero González, Cristina, *op. cit.*, p. 220.

del auditorio, aunque manteniendo un delicado equilibrio entre mirar y no mirar, porque una mirada demasiado insistente fácilmente se torna ofensiva.

Como apunta Carretero: "cuando mire a su interlocutor, dirija la mirada a sus ojos, pero no de forma fija, sino intercalándola, a propósito, con vistazos a otros lugares cercanos —por ejemplo, a sus folios, a las manos, etc., de modo que no parezca invasivo, aunque tampoco distraído".[18] El cruce de miradas es fundamental, incluso cuando se habla frente a un auditorio. En la medida de lo posible, hay que mirar sucesivamente a todos los que están recibiendo el mensaje.

5.3.1. Dominio del espacio y no hacer movimientos exagerados

Es importante conocer con anticipación el lugar donde se presentará el discurso, o cuando menos sus características generales. No es lo mismo hablar frente a un público en un salón de clases que en un auditorio o en una plaza pública. El orador debe tener en cuenta esas circunstancias desde el momento de planear su presentación.

El dominio del espacio se logra sintiéndose cómodo en el mismo, con la mentalidad de que la presencia y la voz llenarán el espacio. De preferencia, hay que mostrarse abiertamente a la audiencia evitando cualquier tipo de barrera física (muebles, atriles, pantallas para proyección). Si el sitio es pequeño puede ser recomendable mantenerse estable en el punto central del escenario o aula, con una posición bien plantada en el suelo. Si el sitio es amplio pueden hacerse desplazamientos suaves para tener un mejor control sobre la audiencia.

La mejor imagen es aquella que transmite naturalidad, haciendo aparecer la presentación como si fuera espontánea. Como refiere Carretero: "los mejores discursos [son] aquéllos que parec[en] fluir con mayor naturalidad y en los que se adivin[a], subyacente, una gran elaboración. La naturalidad se adquiere con preparación, ensayo, repetición y esfuerzo".[19]

Efectivamente, la naturalidad requiere dominio del tema y de la presencia. Una vez que se domina el discurso oral, el disertante ha de preguntarse cuál es el movimiento natural que mejor acompañaría cada una de sus expresiones, y hacer múltiples ensayos. Es importante trabajar para lograr una apariencia que transmita a la audiencia la impresión de que el orador está relajado y está

---

[18] *Ibídem*, p. 227.
[19] *Ibídem*, p. 172.

siendo él mismo. A continuación, examinemos el control de las gesticulaciones nerviosas y malas posturas.

5.3.2. Control de las gesticulaciones nerviosas, y malas posturas

Los nervios son una reacción humana instintiva frente a una situación que se interpreta como riesgosa. Hablar en público puede ser un gran generador de estrés para muchas personas, que se sienten expuestas a la mirada y el juicio de los demás. Los nervios no se pueden eliminar de un día para otro; en realidad, ese no debiera ser el propósito del entrenamiento para el habla profesional. Más bien, se trata de controlar los nervios o de aprovecharlos.

Se pueden controlar los nervios mediante ejercicios de respiración pausada, que induzcan a la relajación de la mente y del cuerpo. Beber un poco de agua puede tener también un efecto relajante, así como realizar estiramientos suaves antes de pasar a la presentación pública. El orador o profesor debe darse la oportunidad de tener un momento de soledad consigo mismo antes de su presentación, durante el cual pueda respirar, estirar el cuerpo y focalizar su mente en el acto que está por desarrollar.

Por otro lado, conforme se gana dominio en la expresión frente a público, el profesional de la voz ha de irse dando cuenta de que los nervios, más que negarse, deben aprovecharse. El estado de alerta que genera una situación estresante otorga a la persona una energía extra que puede ayudarle a ganar presencia en el escenario. El profesional de la voz canalizará esa energía adicional para su performance, de modo que el público perciba que las acciones desplegadas por el orador ocurren en un plano superior al de las pequeñas acciones de la vida ordinaria.

Otra herramienta adicional para evitar los gestos nerviosos es el entrenamiento de la postura. Una buena postura permite al cuerpo tener un balance adecuado, lo que previene movimientos involuntarios, como el balanceo o el juego con los pies. Asimismo, la postura idónea permite una respiración adecuada, lo que relaja el cuerpo para la expresión.

Una postura corporal correcta para el habla profesional se describe de la siguiente manera:

"1. Pies ligeramente separados y el peso del cuerpo distribuido por igual entre ambos.
2. Alargar la columna vertebral de la cintura hacia arriba.
3. Hombros relajados.
4. Elevar la cabeza, pero sólo alargando la nuca.

5. No elevar la barbilla.
6. La cabeza debe apoyarse sobre la columna.
7. Relajar todos los músculos especialmente los de los brazos, manos y dedos.
8. Relajar la mandíbula (sensación que cuelga de las orejas).
9. Los dientes separados.
10. Labios que contactan suavemente."[20]

En el ámbito jurídico, es más común que el profesional deba presentar su discurso mientras permanece sentado, sin oportunidad de ponerse de pie. Hay que cuidar que la posición muestre compostura y, a la vez, permita una adecuada respiración para el habla. Es importante sentirse cómodo, pero sin denotar desidia, cansancio o extremo relajamiento.

Carretero recomienda que en la postura idónea "la espalda está erguida y alineada, apoyada en el respaldo de la silla, las rodillas en ángulo recto y los pies apoyados en el suelo". Respecto a los miembros superiores, es recomendable "mantener los brazos extendidos enmarcando, por la derecha y por la izquierda, los autos o expediente (o folios o similares) que tenga que leer". Los brazos se recargan así sobre una mesa, rodeando los papeles que apoyan el discurso. Un movimiento prudente con las manos es recomendable, siempre que no sea excesivo, para no distraer al interlocutor. Igualmente, hay que evitar que las manos muestren nerviosismo, de preferencia no agarrar objetos, y si es necesario, hacerlo sin fuerza, con suavidad.[21]

Como se aprecia en este capítulo examinamos la acción y la pronunciación, con características como la prosodia, la proyección de la voz, la entonación y ritmos, énfasis a ideas relevantes, técnicas de elocución, entre otras. En el siguiente capítulo examinaremos el debate político, jurídico y científico.

BIBLIOGRAFÍA

BERISTÁIN, Helena, *Diccionario de retórica y poética*, México, Porrúa, 1995, p. 164.

CARRETERO GONZÁLEZ, Cristina, *Comunicación para juristas*, Valencia, Tirant lo Blanch, Universidad Pontifica Comillas, 2019.

JAMES, Judi, *El lenguaje corporal*, Barcelona, Paidós, Booket, 2003.

---

[20] Pazo Quintana, Telma *et al.*, *op. cit.*, p. 87.
[21] Carretero González, Cristina, *op. cit.*, p. 168.

PAZO QUINTANA, Telma et al., *El arte de educar el habla y la voz*, México, Paso de Gato, Centro de Estudios para el Uso de la Voz, Instituto Cultural de León, Universidad de Guadalajara, UNAM, 2014.

Diccionario de términos clave de ELE, Centro Virtual Cervantes, Instituto Cervantes, 2001 [en línea], < https://cvc.cervantes.es/ensenanza/biblioteca_ele/diccio_ele/indice.htm>.

Capítulo 6

DEBATE POLÍTICO, JURÍDICO Y CIENTÍFICO

Roberto Carlos Fonseca Luján[*]

Objetivo particular: investigar y desarrollar temas polémicos para confrontarlos con los de otros debatientes, con base en razonamientos y argumentaciones estructurados desde una opinión o posición determinada demostrable con evidencias.

6.1. EL DEBATE COMO PROCESO DIALÉCTICO (CONFRONTACIÓN, DISCUSIÓN O COMPETENCIA DE ARGUMENTOS, A FAVOR Y EN CONTRA SOBRE UN TEMA ENTRE DOS O MÁS PERSONAS)

En la cultura contemporánea, el debate es posiblemente una de las formas de argumentación más conocidas y practicadas. Hay un debate cuando dos o más partes, asumiendo posiciones adversarias, confrontan argumentos sobre una cuestión. Generalmente, los debatientes no buscan convencerse entre sí, ni llegar a una posición compartida; el propósito del debate es influir en la opinión de un tercero que presencia el intercambio de argumentos sin intervenir en el mismo. En este sentido, el debate es distinto de la discusión académica y científica, en la cual quienes polemizan sí pretenden convencer a la contraparte de que tienen la razón. De igual manera, el debate es distinto de una mera disputa, en la cual los discutidores solo pretenden atacar con palabras al oponente.

---

* Licenciado, Maestro y Doctor en Derecho por la Facultad de Derecho de la Universidad Nacional Autónoma de México. Máster en Justicia Criminal por la Universidad Carlos III de Madrid, España. Diplomado en Justicia y Pluralismo por la Facultad de Ciencias Políticas y Sociales de la UNAM. Profesor de tiempo completo en la Facultad de Derecho de la UNAM en las áreas de Derecho Constitucional y Derecho Penal. Miembro del Sistema Nacional de Investigadores del Consejo Nacional de Ciencia y Tecnología (CONACYT) como Investigador Nacional Nivel I. Autor de cuatro libros sobre temas jurídicos. Ha publicado 20 artículos de investigación en revistas jurídicas. Participa constantemente como ponente en la UNAM y otras instituciones nacionales, sobre temas de derecho penal, derecho constitucional, derecho procesal penal y derechos humanos.

En los estudios sobre la argumentación, el debate forma parte del género dialógico. Hay un diálogo siempre que se presenta una conversación racional entre personas orientada a un propósito determinado. Walton identifica ocho clases de diálogo argumentativo, entre los cuales se incluyen la discusión crítica, la deliberación, la negociación, la contienda, el diálogo pedagógico y el debate. Walton precisa que en el debate los adversarios tienen como objetivo persuadir a un tercero, que según el ámbito institucional puede ser una audiencia o un juez. El debate se rige por reglas que, por lo general, son permisivas desde una perspectiva lógica, de modo que admiten el uso de recursos emotivos de relevancia cuestionable y posibilitan enfrentamientos ríspidos. Aunque no hay una exigencia de racionalidad para el tercero que decide el resultado del debate, este diálogo trae como beneficio la clarificación de las distintas posiciones sobre la cuestión.[1]

De este modo, en tanto especie de diálogo argumentativo, el debate es en esencia un proceso dialéctico. Según Alcolea, la dialéctica se define como "el arte de la conversación, el diálogo, la discusión, la disputa, la controversia, el razonamiento o la argumentación".[2] Para Beristáin, la dialéctica, con su origen en la antigüedad grecolatina, se concibe en la Edad Media como una "ciencia del espíritu"; consiste en el:

> "arte de discutir intercambiando argumentos, o de razonar desarrollando ideas mediante el encadenamiento de juicios o de hechos tendientes a demostrar algo, persuadiendo ya sea a través de convencer o de conmover y teniendo en consideración el juicio que acerca de lo tratado tiene el receptor".[3]

En la actualidad, tras la recuperación de estas disciplinas en la segunda mitad del siglo XX, los estudios de dialéctica integran una de las tres perspectivas fundamentales —junto con la perspectiva lógica y la perspectiva retórica— desde las cuales se estudia la argumentación. Esta perspectiva dialéctica se interesa por esclarecer los "procedimientos" que se siguen en las contiendas argumentativas y las reglas que deben respetar los participantes en estas confrontaciones. Estas reglas componen un "código de buena conducta argumentativa", establecido para garantizar el desarrollo correcto de la discusión y el buen desenlace de todo debate.[4]

---

1 Walton, Douglas N., "What is reasoning? What is an argument?", en *The Journal of Philosophy*, vol. 87, núm. 8, agosto, 1990, pp. 399-419 [en línea], <https://www.jstor.org/stable/2026735>, [consulta: 22 de noviembre, 2018].

2 Alcolea, Jesús, "Dialéctica", en Luis Vega Reñón y Paula Olmos Gómez, eds., *Compendio de lógica, argumentación y retórica*, Madrid, Trotta, 2011, pp. 194-200.

3 Beristáin, Helena, *Diccionario de retórica y poética*, México, Porrúa, 1995, p. 143.

4 Vega, Luis, "Argumentación, teoría de la Argumentación", en Luis Vega Reñón y Paula Olmos Gómez, Palestra, España, 2015, *op. cit.*, pp. 55-64.

De esta manera, el desarrollo de un debate contemporáneo requiere un conocimiento de la dialéctica, tanto en lo que toca a las recomendaciones a seguir por las partes para lograr un buen desempeño como debatientes, como en lo relativo al marco de reglas que se han de observar para que la práctica cumpla su propósito colectivo. Las recomendaciones a los debatientes se inspiran en el contenido sustantivo de este arte de discutir, ya perfilado en sus líneas generales desde la antigüedad grecolatina. De este contenido se ocupan puntualmente distintos capítulos de este manual.

Por otro lado, por lo que hace a las reglas procesales del debate, estas dependen totalmente del ámbito institucional en el que ocurre la práctica. Por ejemplo, el debate jurídico en una audiencia involucra un sistema sofisticado de reglas para que dos partes adversarias presenten sus posiciones ante un juez o jurado que, siendo imparcial a la contienda, ha de definir quién gana el debate.

El debate se ha consolidado como una estrategia de enseñanza efectiva, orientada al desarrollo en los alumnos de competencias comunicativas e interpersonales. Las explicaciones siguientes se ocuparán principalmente de esta forma didáctica de debate propia de las aulas que persigue adiestrar a los estudiantes para las distintas formas institucionalizadas de debate que se dan en la vida social. A continuación, revisemos los requisitos para un debate exitoso.

6.2. REQUISITOS PARA UN DEBATE EXITOSO

Desde la posición parcial de los debatientes, el debate es exitoso cuando se alcanza el propósito de convencer al tercer espectador sobre la preponderancia de los argumentos propios. Desde la perspectiva colectiva, el debate es exitoso cuando se logra llevar a la práctica un escenario de confrontación equilibrado, en el cual se esclarecen los argumentos opuestos, independientemente de quien venza.

Hay algunas pautas mínimas que se deben seguir para lograr el éxito del debate como ejercicio grupal. En principio, el profesor o el equipo organizador del debate han de establecer reglas claras sobre la preparación y el desarrollo de la práctica. Las partes debatientes han de contar con tiempo suficiente para llevar a cabo una investigación adecuada del tema y para la preparación de sus argumentos. En la mayor medida posible, el profesor ha de acompañar en este proceso de preparación y organizar ensayos con las partes por separado.

Durante la realización del debate, se presentarán las intervenciones de manera ordenada y respetuosa, cumpliendo las reglas predeterminadas. El propio profesor puede conducir la discusión, o encargar a otro miembro del grupo la moderación. Finalmente, como se trata de una actividad didáctica, se ha de prever una forma de evaluación para el debate, que puede ser la co-evaluación con base en una rúbrica. El profesor ha de explorar la opinión de quienes hayan sido el auditorio para obtener conclusiones grupales sobre el tema.

6.2.1. Estudio profundo del tema

Aunque es una obviedad, resulta necesario afirmar que: no se debe debatir sobre un tema que se desconoce. Estar suficientemente enterado sobre el asunto es requisito para poder elaborar una argumentación idónea. Quien desee desempeñarse exitosamente en un debate debe precaverse frente a las actualizaciones de la figura —malentendida— del *sofista* que se presentan en la cultura contemporánea con recetas facilonas del tipo: *cómo ganar una discusión sin saber de lo que se habla en cinco pasos.*

Como recomienda Carrió a los jóvenes abogados (aunque con cierta reticencia por la perogrullada): “el caso [jurídico] debe ser estudiado bien, lo mejor posible”, haciendo a un lado los escepticismos sobre la importancia del estudio.[5] Lo mismo para el debate, ninguna clase de habilidades sustituyen el estudio profundo del tema.

6.2.2. Definir elementos de apoyo

El debate es una actividad oral, de manera que el elemento preponderante a usar por cada una de las partes es el discurso verbal. Por supuesto, el éxito depende de que la expresión oral se apoye en otros recursos indispensables. Al comienzo de la etapa de preparación, los debatientes con ayuda del profesor han de definir sus elementos de apoyo mínimos, como son los recursos informativos, los recursos argumentativos, los recursos retóricos y los recursos paralingüísticos.

El contenido de cada uno de estos elementos de apoyo es objeto de desarrollo en las distintas unidades de este manual. En este apartado se hace referencia a los recursos informativos y los recursos argumentativos.

---

5 Carrió, Genaro R., *Cómo estudiar y cómo argumentar un caso. Consejos elementales para abogados jóvenes*, Buenos Aires, Abeledo Perrot, 2003, p. 15.

6.2.3. Evidencias

En un sentido amplio, las pruebas son toda clase de elementos o informaciones que una parte ofrece para establecer la verdad o validez de sus tesis. El éxito en el debate depende de que cada una de las tesis a defender por las partes adversarias cuente con este respaldo probatorio suficiente.

Las pruebas han de estar en función de la naturaleza de la cuestión a debatir. Por ejemplo, si se trata de una cuestión fáctica como es la existencia o no de un hecho, la mejor evidencia consistirá en información veraz y objetiva con sustento científico, que provenga de una fuente fiable. Las informaciones a título individual aportadas por testigos pueden también ser útiles para probar hechos, pero requerirán pruebas adicionales que muestren porqué esos dichos cuentan con credibilidad.

Cuando se trata de cuestiones valorativas como la emisión de un juicio respecto a un objeto o una persona, además de las informaciones veraces relativas a las características relevantes de ese objeto o persona, puede requerirse prueba para establecer la validez de los cánones con base en los cuales se formula el juicio. Igualmente, tratándose de debates sobre cuestiones normativas referentes a algo que es debido hacer, se requerirá prueba sobre la validez de los principios.

La investigación para el debate es fundamentalmente una búsqueda de pruebas. Al hacer la evaluación inicial de sus elementos de apoyo, las partes debatientes habrán de establecer qué información requieren como prueba para el debate y definir un protocolo básico para realizar esa indagación. Veamos la importancia de preparar argumentos y razonamientos.

6.2.4. Preparar argumentos y razonamientos

Al definir los elementos de apoyo, los debatientes evaluarán sus recursos argumentativos; esto es, su conocimiento preliminar de las formas argumentativas y el tipo de argumentos que se han de utilizar en el debate. Esta evaluación es fundamental para el desarrollo de una estrategia argumentativa, que es la planeación de fondo de la defensa que se presentará en el debate, a partir de la organización de la información probatoria que se recaba.

Un argumento es un "conjunto de razones o pruebas en apoyo a una conclusión".[6] Los argumentos son el contenido sustantivo del discurso que se pre-

---

[6] Weston, Anthony, *Las claves de la argumentación*, Barcelona, Ariel, 2006, p. 11.

sentará en un debate. Aunque la comunicación de este contenido se realiza de forma oral, resulta útil, para una mejor planeación de la estrategia argumentativa, elaborar durante la etapa de preparación mapas o diagramas de los argumentos como el siguiente.

Figura 1. Mapa de un argumento.[7]

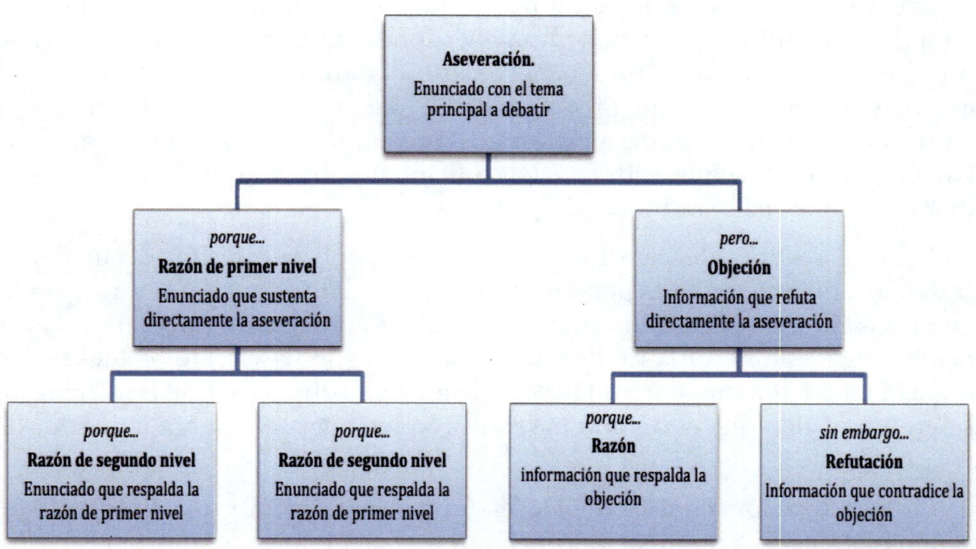

El diagrama muestra gráficamente lo que significa argumentar: no se trata solo de presentar información, sino de establecer conexiones de sentido entre las distintas ideas. La planeación del debate inicia cuando a los participantes se les asigna la postura que han de defender; esta posición habría de poder expresarse como una sola aseveración susceptible de ser disputada. Por ejemplo: "el gobierno actual ha hecho un buen trabajo en materia de política social" o "la experimentación de productos cosméticos en animales debe prohibirse". La búsqueda del argumento inicia cuando el participante cuestiona la aseveración: ¿por qué se puede afirmar esto? Para responder el cuestionamiento es necesario identificar una *buena* razón.

---

7 Tomado de: Rapanta, Chrysi y Walton, Douglas N., "The Use of Argument Maps as an Assessment Tool in Higher Education", en *International Journal of Educational Research*, vol. 79, 2016, pp. 211-221 [en línea], <http://dx.doi.org/10.1016/j.ijer.2016.03.002>, [consulta: 23 de noviembre, 2018].

Las razones "son enunciados que no están en disputa, capaces de justificar enunciados que sí están en disputa". Las razones cumplen "una función comunicativa especial", que se relaciona con la denominada "transferencia de aceptación", según la cual, "si uno acepta determinadas razones, entonces también debe aceptar la conclusión que de ellas se deriva". Las razones valiosas no lo son "intrínsecamente", sino de modo funcional: adquieren "su peculiar capacidad de justificación, en virtud de su singular función en un argumento".[8]

Así, el participante ha de buscar buenas razones que resulten aceptables en el contexto de argumentación, y que cuenten con la capacidad suficiente para justificar —no explicar— la aseveración disputada. Un argumento mínimo encadena razones en dos niveles, como se observa en el lado izquierdo del diagrama: para justificar directamente la posición del debatiente y, en un segundo momento, para respaldar la razón de primer nivel. Paralelamente, un buen argumento requiere adelantar sus posibles objeciones e identificar las razones que podrá encontrar la parte contraria. Como se observa en la rama derecha del diagrama, el debatiente ha de preparar una refutación que oponer a esa objeción.

Una argumentación exitosa requiere precisión. Es indispensable que cada tesis que se piense plantear a propósito del tema sea desarrollada con el suficiente detalle, identificando de modo suficiente las razones de respaldo, sus posibles objeciones y la refutación de estas.

6.2.5. Imagen

En el mundo contemporáneo la comunicación es preponderantemente visual. En esa medida, una persona es una imagen que se muestra ante los demás. La pauta en el trato social indica que, antes de interactuar o de conversar con cualquier persona, se le ve y se le juzga a partir de la información que se obtiene de su imagen. Si bien este primer juicio pasa a segundo plano conforme aumenta la convivencia o el trato con una persona, la gran mayoría de los individuos con los que se interactúa nunca pasan de ser solo una imagen.

En esa medida, el debatiente ha de poner atención en la imagen que mostrará en el momento de su intervención. Posiblemente, más que pretender comunicar algo de manera deliberada, lo más importante es que el debatiente

---

8 San Juan, Lino, "Razón/razones", en Luis Vega Reñón y Paula Olmos Gómez, *Compendio de Lógica, Argumentación y Retórica*, España, Trotta, 2011, *op. cit.*, pp. 506-508.

prevenga que su imagen transmita un mensaje involuntario. En esa medida, lo ideal sería lograr una imagen neutral, lo que significa que la misma pasará desapercibida para el auditorio, de manera que éste podrá concentrarse en el discurso y en los argumentos que se van a presentar.

Una parte central de la imagen es la vestimenta, la cual ha de ser la más adecuada para la situación. El debatiente en cuestiones jurídicas ha de tener en cuenta que en un ámbito formalizado como el de la práctica legal, una imagen adecuada requiere formalidad y cuidado en la vestimenta. Como señala Carretero González, en el ámbito jurídico se espera que abogados y otros funcionarios vistan formalmente, con la indumentaria apropiada, limpia y cuidada. Hay que impedir "que el estado de [la] indumentaria reste importancia [al] discurso y sea un factor a comentar o de distracción".[9]

Además de la vestimenta, una imagen neutral requiere un comportamiento apropiado. Cuando no esté interviniendo, el debatiente ha de mantener una actitud reservada y prudente, así como evitar pequeñas conductas que puedan molestar, distraer o resultar inapropiadas para los demás participantes o para el público. Por ejemplo, hay que evitar tomar alimentos, cuchichear, jugar o hacer ruidos con plumas o papeles, gesticular a propósito de la intervención del adversario, o manipular el teléfono celular mostrando desinterés.

6.2.6. *Ensayo, entrenamiento y preparación*

En la pedagogía contemporánea, se sabe que el aprendizaje se produce de acuerdo con un modelo en "espiral": es a través de la repetición planificada de una práctica que el novato avanza hacia el grado de la experticia.[10] Dado esto, en el debate, al ser una actividad que involucra el desarrollo de competencias cognitivas y comunicativas, entre otras destrezas, la experticia solo se alcanza por vía de la práctica reiterada.

Es recomendable que el debatiente tenga preparado un primer apunte de su estrategia argumental con la suficiente anticipación para realizar ensayos de la presentación, sea entre los propios compañeros de equipo o ante el profesor. El docente puede fungir como entrenador y elaborar para los debatientes un programa calendarizado que incluya los ensayos y otras prácticas

---

9 Carretero González, Cristina, *Comunicación para juristas*, Valencia, Tirant lo Blanch, Universidad Pontificia Comillas, 2019, p. 222.

10 López Carrasco, Miguel Ángel, *Aprendizaje, competencias y TIC*, México, Pearson Educación, 2013, pp. 6-7.

específicas para trabajar elementos concretos como los recursos argumentativos o paralingüísticos.

Evidentemente, ensayar ante un experto que pueda proporcionar retroalimentación precisa es lo idóneo; sin embargo, también puede ser de gran utilidad presentar los argumentos frente a un tercero no involucrado en la práctica, para que éste aporte una opinión respecto a la claridad e interés del discurso preliminar. Veamos la importancia de la investigación sobre el tema.

6.3. INVESTIGACIÓN SOBRE EL TEMA

Al definir preliminarmente los elementos de apoyo, los debatientes evaluarán sus recursos informativos. Se requiere establecer qué información se requiere para el debate, cuáles conocimientos ya se disponen y el alcance de la investigación a emprender. En este punto se definirán igualmente las fuentes y el protocolo básico para la investigación.

Investigar es simplemente realizar una búsqueda o pesquisa. Según reseña Garza, la investigación "es una actividad que tiene por objeto proporcionar información importante, fidedigna e imparcial, por medio de la cual es posible extender, verificar, corregir o aplicar los frutos obtenidos previamente por el hombre en los distintos niveles del conocimiento humano".[11]

El propósito de la investigación para el participante en el debate será fundamentalmente la localización de los elementos de prueba y de la información necesaria para formular sus razones en los argumentos. Una investigación exitosa requiere seguir una adecuada metodología; la búsqueda para el debate suele ser principalmente una investigación de carácter documental, aunque si hay suficiente tiempo, también se puede recabar información por alguna vía empírica como encuestas o entrevistas. Sin ser el propósito de este manual abundar en el tema de la metodología, se formulan algunas recomendaciones mínimas sobre el uso de las fuentes de investigación más usuales.

6.3.1. Fuentes bibliográficas

Los textos disponibles en las bibliotecas han sido la fuente de investigación documental por excelencia. Es importante que todo debatiente, en tanto estudiante, esté familiarizado con la organización de la biblioteca de su institución

---

11 Garza Mercado, Ario, *Manual de técnicas de investigación para estudiantes de Ciencias sociales*, México, Universidad de Nuevo León, 1967, pp. 4-5.

y el funcionamiento de sus catálogos, de manera que pueda buscar y localizar de manera eficiente los textos especializados sobre las distintas materias. La intervención del profesor es importante en este terreno, pues como conocedor del tema habrá de proponer a los participantes una bibliografía inicial.

Cuando no se tiene claridad sobre las fuentes especializadas, siempre es de utilidad comenzar la búsqueda con una revisión de obras generales. Precisamente, estas "obras de consulta, o de referencia, están destinadas por su contenido, estructura y presentación, al uso constante del lector que requiere información breve y general sobre tópicos específicos". Particularmente, son de utilidad las enciclopedias, que exponen "los aspectos más sobresalientes del conocimiento humano en general o sobre determinada materia en especial".[12]

6.3.2. *Fuentes hemerográficas y periodísticas*

En este rubro se incluyen las publicaciones periódicas, que pueden tener como propósito la comunicación de resultados de investigaciones a un público especializado (revistas científicas), la comunicación de conocimiento científico básico a un público general (revistas de divulgación) o la comunicación de noticias y comentarios de opinión de interés general (medios periodísticos).

Estas fuentes tienen la ventaja de que proporcionan información de la mayor actualidad, frente a las obras bibliográficas que por su propia naturaleza implican un tiempo mayor para su elaboración y publicación. Sin embargo, la misma inmediatez temporal de estas publicaciones puede suponer que su información quede rápidamente desactualizada o sea modificada. Es importante que durante la planeación de la búsqueda se haga una selección de publicaciones por su seriedad y reputación; tratándose de publicaciones académicas habrá que atender a cuestiones como su inclusión en índices y si los procedimientos de publicación incluyen arbitrajes.

6.3.3. *Entrevistas*

La entrevista consiste en un cuestionario que se aplica a una o varias personas, para obtener la información que poseen. Se trata de una "técnica de investigación sobre las personas", que puede ser "estructurada", cuando consiste en la aplicación de un cuestionario previamente redactado, o "libre", cuando

---

12 *Ibídem*, pp. 49 y 61.

es semejante a una conversación conducida por una "lista de tópicos" como guion. En una variación, cuando se realizan varias entrevistas al mismo tiempo se presenta un "panel".[13]

Las entrevistas resultan útiles cuando se busca presentar un argumento de autoridad, por el cual se defiende una postura con respaldo en la opinión de un experto acreditado sobre el tema. En un debate jurídico, la prueba de los hechos requiere aplicar entrevistas a testigos, quienes aportan información sobre su vivencia de ciertos sucesos, así como a peritos, quienes aportan información sobre aspectos técnicos con base en su conocimiento especializado.

6.3.4. Ciberespacio

En la actualidad, el internet (particularmente la *World Wide Web* o Red Mundial de Información) se está convirtiendo en la fuente de investigación documental privilegiada para llevar a cabo investigaciones en cualquier materia. Para hacer un buen uso de esta fuente, es necesario que el debatiente esté familiarizado con el funcionamiento de los motores de búsqueda general, así como de los principales sitios de búsqueda académica, como bibliotecas virtuales o repositorios de publicaciones electrónicas.

El mayor problema con las búsquedas de internet suele ser que los estudiantes se conforman con lo primero que encuentran, sin preocuparse por la fiabilidad de la fuente. Asimismo, las búsquedas en internet facilitan el plagio académico cuando el estudiante no cuenta con una formación sólida en metodología de la investigación. El profesor debe estar al tanto de esas circunstancias y proporcionar lineamientos y herramientas básicas para la realización de la búsqueda.

De igual manera, resulta útil seguir un procedimiento de búsqueda definido previamente en el protocolo, para evitar el trabajo intuitivo o desordenado. Existen distintos métodos para hacer búsquedas eficientes de información en la web, entre ellas resulta interesante el modelo "*Big Six*", que incluye seis etapas, en cada una de las cuales hay que responder determinadas preguntas. Por su utilidad se incluyen las preguntas a continuación:

> Etapa 1. Definición de la tarea. — ¿Cuál es el problema a resolver? ¿Qué información se necesita para resolver el problema? ¿Qué es lo que se requiere para

---

13 González Galván, Jorge Alberto, *La construcción del derecho. Métodos y técnicas de investigación*, México, Instituto de Investigaciones Jurídicas, UNAM, 2007, pp. 156-157.

realizar la tarea? ¿En qué orden se debe proceder y cuál es el tiempo máximo para completar los pasos a seguir?

Etapa 2. Desarrollo de estrategias de búsqueda de la información. — ¿Cómo debo buscar? ¿Cuáles son las posibles fuentes de información? ¿Cuáles son las mejores posibilidades? ¿Cuáles son los métodos alternos para obtener información?

Etapa 3. Localización y acceso de la información. — ¿Qué obtuve? ¿Dónde están las fuentes? ¿Dónde está la información dentro de cada fuente?

Etapa 4. Uso de la información. — ¿Qué es lo importante? ¿Qué información ofrece la fuente? ¿Qué información específica vale la pena utilizar para el trabajo que se va a realizar?

Etapa 5. Síntesis. — ¿A quién va dirigida la información? ¿Cómo se une la información que proviene de distintas fuentes? ¿Cómo se presenta mejor la información?

Etapa 6. Evaluación. — ¿Qué aprendí? ¿El problema de información quedó resuelto? ¿Se obtuvo la información que se necesitaba? ¿Se tomó la decisión correcta? ¿Se resolvió la situación? ¿El producto obtenido cumple con los requisitos establecidos en un principio? ¿Qué criterios se pueden usar para establecer evaluaciones?[14]

6.4. ESTRUCTURA DEL DISCURSO CON BASE EN RAZONAMIENTOS

El concepto de razonamiento suele confundirse en el lenguaje natural con el de argumento. Con precisión, razonamiento se define como "cualquier proceso inteligente de interrelación y tratamiento secuencial de ideas o pensamientos, a través del cual pasamos desde cierta información o ciertas presunciones, creencias o actitudes, adoptadas o tomadas en consideración, hasta alguna otra posiblemente nueva".[15] El razonamiento, como proceso discursivo, es una inferencia que permite avanzar desde determinadas premisas hacia una conclusión.

Un argumento es un razonamiento, pues justamente se compone de una inferencia que afirma una conclusión a partir de determinadas razones. No obstante, no todos los razonamientos son argumentos. Solo hay argumento cuando el razonamiento se ofrece en un contexto de argumentación; esto es, de diálogo entre distintos interlocutores.

---

14 López Carrasco, Miguel Ángel, *op. cit.*, p. 116.

15 Vega, Luis, "Razonamiento", en Luis Vega Reñón y Paula Olmos Gómez, *op. cit.*, p. 509.

La lógica se ocupa del estudio de las estructuras del razonamiento, permitiendo identificar formas válidas de pensamiento, así como inválidas (falacias). En el marco del debate, cada una de las partes ha de cuidar que sus razonamientos respeten una forma válida y, por supuesto, estar atento al discurso del contrario para en su caso denunciar razonamientos falaces.

6.4.1. Razonamiento Deductivo

La deducción es el "proceso para determinar que una conclusión se sigue de ciertas premisas [...] o es una consecuencia lógica de tales premisas".[16] De manera común, el razonamiento deductivo se identifica con el silogismo deductivo, en el cual el razonamiento infiere una conclusión particular de una premisa general. Los ejemplos más comunes de este silogismo refieren a la obra de Aristóteles: "Todo hombre es mortal, todo griego es hombre; luego, todo griego es mortal".[17]

En la lógica jurídica, el silogismo subsuntivo es una versión de esta forma de razonamiento deductivo. En el silogismo subsuntivo, la premisa mayor es una norma que asocia un supuesto con una consecuencia (si ocurre *p*, debe ser *q*). La segunda premisa consiste en la afirmación del supuesto de la norma. La conclusión es la decisión de que debe darse la consecuencia normativa por haberse subsumido la premisa menor en la norma (en el caso se presentó *p*, se decide la consecuencia *q*).

6.4.2. Razonamiento Causa-Efecto

Este razonamiento se basa en la afirmación de una regla de causalidad, que permite identificar un determinado fenómeno como efecto o resultado de otro fenómeno que se asume como causa. La explicación de las relaciones de causalidad es uno de los objetos más relevantes del conocimiento humano, tanto empírico como científico.

La fuerza de este razonamiento depende de la fuente de la regla de causalidad que se afirma como respaldo, de manera que es fundamental que el debatiente identifique dicha fuente. Una ley científica crea una inferencia sólida, mientras que las causalidades basadas en creencias personales o inclusive en prejuicios dan lugar a razonamientos que pueden ser infundados o falaces.

---

16 Corcoran, John, "Deducción/ Deducibilidad", en Luis Vega Reñón y Paula Olmos Gómez, *op. cit.*, p. 168.

17 Vega, Luis, "Silogismo", en Luis Vega Reñón y Paula Olmos Gómez, *op. cit.*, pp. 558-559.

Es fundamental que el debatiente analice sus razonamientos causales para evitar confundir causalidad con mera correlación. Para esto, es de utilidad emplear preguntas críticas que examinen la relación entre los dos fenómenos. Por ejemplo: ¿existe un número suficiente de casos en los que el hecho *A* se correlaciona con el hecho *B*?; ¿se correlacionan otras variables distintas del hecho *A* con el hecho *B*?; y ¿puede el hecho *B* existir también sin el hecho *A*?[18]

6.4.3. *Razonamiento Ejemplificativo*

En este razonamiento, como sugiere la denominación, se aportan ejemplos para ilustrar alguna idea abstracta o general presentada en el discurso. Estos se introducen con el uso de los conectores lógicos pertinentes, como son: por ejemplo, a saber, o verbigracia.

Más que un recurso argumentativo, la presentación de ejemplos tiene un propósito explicativo, análogo al que persigue un profesor en una exposición didáctica. Los ejemplos aportan claridad y permiten una mejor conexión entre el debatiente y la audiencia. El ejemplo debe distinguirse de la enumeración, en la cual se exponen sucesivamente los distintos elementos de un conjunto determinado.

6.4.4. *Razonamiento Comparativo*

Mediante el razonamiento comparativo se explica una idea a partir de sus similitudes o diferencias con otra. Este razonamiento permite comparar cualquier tipo de objetos, hechos o fenómenos entre sí. La comparación se introduce con el uso de los conectores lógicos pertinentes para relaciones de similitud o de contraste, como son: de igual o distinto modo, de la misma o distinta manera, así como o inversamente.

El razonamiento comparativo es un elemento central en un argumento analógico, en el cual las premisas tienen en cuenta la existencia de una semejanza esencial entre dos objetos. En un debate jurídico, el argumento analógico es útil para proponer que se extienda el ámbito de aplicación de una norma a un sujeto u objeto que no reúne las propiedades expresamente señaladas, pero sí otras que tienen un parecido o semejanza esencial con lo expresamente señalado en el supuesto de la norma.

---

[18] Rapanta, Chrysi y Walton, Douglas N., *op. cit.*, p. 215.

6.4.5. Razonamiento Problema-Solución

El propósito de un debate puede ser discutir sobre la mejor solución o respuesta a un problema determinado. Se habla de un problema cuando se identifica alguna cuestión difícil o que obstaculiza el logro de un propósito. El razonamiento que propone una solución ha de ir más allá del diagnóstico del problema, y postular una respuesta con base en otros argumentos.

La propuesta de una solución puede fundarse en diversas clases de argumentos. Un argumento analógico a partir del razonamiento comparativo puede proponer la aplicación al problema de la solución dada a otros problemas similares. El razonamiento causa-efecto puede proponer la eliminación de las causas identificadas como origen del problema. En un debate jurídico, la respuesta a un problema puede consistir en la invocación de una norma general que prevé ese problema como supuesto, en el marco de un silogismo subsuntivo.

Como se aprecia en este capítulo examinamos las principales características del debate político, jurídico y científico. Entre los elementos fundamentales se encuentran el debate como proceso dialéctico, requisitos para un debate exitoso, estudio profundo del tema, definir elementos de apoyo, la importancia de las entrevistas y las fuentes, entre otras características. A continuación, analicemos la estructura, evidencias y advertencias.

BIBLIOGRAFÍA

ALCOLEA, Jesús, "Dialéctica", en Luis Vega Reñón y Paula Olmos Gómez, eds., *Compendio de lógica, argumentación y retórica*, Madrid, Trotta, 2011.

BERISTÁIN, Helena, *Diccionario de retórica y poética*, México, Porrúa, 1995.

CARRIÓ, Genaro R., *Cómo estudiar y cómo argumentar un caso. Consejos elementales para abogados jóvenes*, Buenos Aires, Abeledo Perrot, 2003.

GARZA MERCADO, Ario, *Manual de técnicas de investigación para estudiantes de Ciencias sociales*, México, Universidad de Nuevo León, 1967.

GONZÁLEZ GALVÁN, Jorge Alberto, *La construcción del derecho. Métodos y técnicas de investigación*, México, Instituto de Investigaciones Jurídicas, UNAM, 2007.

LÓPEZ CARRASCO, Miguel Ángel, *Aprendizaje, competencias y TIC*, México, Pearson Educación, 2013.

SAN JUAN, Lino, "Razón/razones", en Luis Vega Reñón y Paula Olmos Gómez, *Compendio de Lógica, Argumentación y Retórica*, España, Trotta, 2011.

RAPANTA, Chrysi y WALTON, Douglas N., "The Use of Argument Maps as an Assessment Tool in Higher Education", en *International Journal of Educational Research,* vol. 79, 2016, [en línea], <http://dx.doi.org/10.1016/j.ijer.2016.03.002>.

VEGA, Luis, "Argumentación, teoría de la argumentación", en Luis Vega Reñón y Paula Olmos Gómez, España, Palestra, 2015.

WALTON, Douglas N., "What is reasoning? What is an argument?", en *The Journal of Philosophy,* vol. 87, núm. 8, agosto, 1990, [en línea], <https://www.jstor.org/stable/2026735>.

Capítulo 7

ESTRUCTURA, EVIDENCIAS Y ADVERTENCIAS

Yvonne Georgina Tovar Silva*

Objetivo particular: planificar un discurso de un debate con una buena estructura, evidencias y advertencias.

7.1. CONSIDERACIONES INICIALES

El objetivo de este capítulo 7 es que el alumnado de la Licenciatura en Derecho planifique un discurso de un debate, con una buena estructura, evidencias y advertencias. El desarrollo de la Unidad se integra por un total de doce horas, de las cuales cinco corresponden a horas teóricas, seis horas de investigación, estudio y prácticas, fuera del salón de clases, y una hora práctica, en la cual se pretende que se realice el debate.

En este marco, en el presente apartado se abordarán los aspectos más relevantes de la estructura del discurso de un debate con la finalidad de identificar los aspectos centrales a considerar en la preparación de un debate, como la argumentación y la presentación de evidencias que sustenten la postura asumida. Asimismo, se realizará una referencia a los tiempos y advertencias a considerar como aspectos colaterales dentro del debate. Finalmente, se referirá a las ventajas y desventajas de la improvisación, así como a los recursos permanentes para improvisar.

La referencia al tema de la presente unidad es un punto de partida significativo para familiarizar al estudiante con el tema del debate que habrá de ser relevante tanto para concursos estudiantiles y dinámicas de clase, como para los distintos debates que se presenten en la vida profesional y política. Igualmente, es posible identificar que la participación en los debates se vincula con

---

* Doctora, Maestra y Licenciada en Derecho por la Facultad de Derecho de la Universidad Nacional Autónoma de México. Magíster en Derecho Internacional: Comercio, Inversiones y Arbitraje, por las Universidades de Chile y Heidelberg. Profesora de la Facultad de Derecho de la Universidad Nacional Autónoma de México. Correo electrónico: <ygtovars@derecho.unam.mx>.

el desarrollo de habilidades, destrezas y valores que comprenden desde el respeto por los otros participantes en el debate, la adquisición de nuevos conocimientos, sensibilizar al estudiante con la necesidad de sustentar las posturas asumidas, así como el desarrollo de la facilidad de palabra, que son relevantes en la formación del jurista.

7.2. ESTRUCTURA DEL DISCURSO EN UN DEBATE

Para Guillermo A. Sánchez Prieto, un debate es "cualquier proceso de intercambio dialéctico entre dos o más partes que tenga por objetivo el voto favorable o aprobación de un tercero".[1]

Dentro del debate estarán presente el jurado que corresponde al elemento humano que además de moderar el debate, decide qué debatiente o equipo ha defendido mejor la postura,[2] los debatientes (participantes) que sostendrán sus posturas a favor (convencer que la proposición es verdadera) o en contra (convencer que la proposición es falsa),[3] así como la audiencia que podrá presenciar el debate.

La estructura básica del discurso de un debate requiere contextualizarse dentro de un tiempo limitado, en el cual se exponga la introducción, la descripción del tema y presentación de argumentos a favor, apoyados con las respectivas evidencias, seguido por la refutación, contra argumentación y conclusiones, temas que se explorarán en los siguientes apartados.

7.2.1. Saludo, introducción y objetivo

El saludo es el primer contacto con la audiencia, moderador y los otros participantes en el debate. Asimismo, es significativo para presentar a la persona que participará para defender un punto de vista.[4]

Posterior al saludo, es significativo continuar con la introducción, que permita contextualizar el tema y las definiciones,[5] y el objetivo que permitirá

---

1 Sánchez Prieto, Guillermo A., *Educar en la Palabra. Manual de Técnicas de debate, oratoria y argumentación,* Madrid, Grupo Blu, 2015, p. 14.

2 *Cfr. Ibídem,* p. 25.

3 *Cfr. Ibídem,* p. 35.

4 *Cfr.* Montalvillo Coracho, Sonia y María del Carmen López Pérez, *Manual de Debate. Guía para realizar un debate académico en el aula,* Andalucía, Comunica Debate, Junta de Andalucía, s/a, [en línea], <*https://www.juntadeandalucia.es/educacion/portals/delegate/content/0b87e7f5-f5b3-4231-abfa-7741398912c1*> [Consulta: 25 de mayo de 2021].

5 *Cfr. Ídem.*

que la audiencia determine la finalidad con la cual se realiza el debate y sus implicaciones en un ámbito teórico o práctico. En esta etapa se plantea la proposición, referente a la pregunta o tema del debate, que es la cuestión concreta sobre la cual se va a debatir.[6] Con esta primera etapa se busca captar la atención de la audiencia para exponer los principales puntos objeto del debate. A continuación, se abordará la importancia de la descripción del tema y de la argumentación con evidencias demostrables.

7.2.2. Descripción del tema

En la descripción, por su parte, se empleará el lenguaje para alcanzar determinados propósitos, que pretende de dar una visión general de un determinado tópico,[7] que en este caso correspondería a ofrecer un panorama del tema y problema a tratar en el debate.

7.2.3. Argumentación con evidencias demostrables

Para Dehesa, el argumentador debe preparar con anticipación la estrategia argumentativa que empleará en la discusión, debate, conferencia, foro, etc., lo cual ayudará para la exposición de cualquier argumento.[8] Ciertamente, en el debate desempeña un rol significativo la argumentación, que en la perspectiva de Plantin, se concibe como:

> El conjunto de técnicas (conscientes o inconscientes) de legitimación de las creencias y de los comportamientos. La argumentación intenta influir, transformar o reforzar las creencias o los comportamientos (conscientes o inconscientes) de la persona o personas que constituyen su objetivo.[9]

En general el argumento apunta a concebir la expresión lingüística formal de un razonamiento.[10] Para Bucio Estrada es posible concebir como argumento "una razón formulada por medio de un enunciado, a favor o en contra de

---

6 *Cfr.* Sánchez Prieto, Guillermo A., *Educar en la Palabra. Manual de Técnicas de debate, oratoria y argumentación, op. cit.*, p. 25.

7 *Cfr.* Suárez Romero, Miguel Ángel y Conde Gaxiola, Napoleón, *Argumentación Jurídica*, México, Universidad Nacional Autónoma de México, 2009, p. 24.

8 *Cfr.* Dehesa, Gerardo, *Elementos indispensables de retórica para jueces, litigantes y público en general*, 2ª edición, México, Suprema Corte de Justicia de la Nación, 2010.

9 Plantin, Christian, *La argumentación*, trad. de Amparo Tusón, Barcelona, Ariel, 2009, pp. 39-40.

10 *Cfr.* Larios Velasco, Rogelio y Caballero Gutiérrez, Lucila, *Las directivas de interpretación jurídica*, México, Fontamara, 2011, p. 33.

una determinada tesis, expresada también en forma de enunciado".[11] Asimismo, se requiere explorar la solidez del razonamiento, el lenguaje empleado y el tipo de evidencias.

Para Weston, la construcción de argumentos requiere considerar lo siguiente:

- Determinar qué se intenta probar y cuál es la conclusión, es decir, la afirmación a favor de la cual se están dando las razones.
- Desarrollar las ideas de orden natural, de tal manera que ayuden al lector a seguir la línea del pensamiento.
- Construir premisas fidedignas y consistentes, que faciliten una defensa convincente.
- Emplear términos concretos, coherentes y concisos.
- Ofrecer pruebas para apoyar la conclusión.
- Explorar la cuestión.

El intento de buscar los objetivos dentro del debate apunta a identificar la importancia de las evidencias. Para Guillermo Sánchez, "la evidencia de un argumento es cualquier hecho verdadero que nos ayuda a persuadir a los que juzgan que nuestro razonamiento es cierto".[12] Por su parte, Walter Beller Taboada considera que las evidencias aportan las razones (apoyadas en información), en las cuales se basa la aserción (premisa o tesis), y con ello generar credibilidad y establecer la base de toda la argumentación.[13] Así, las evidencias (pruebas, razones o motivos), constituyen los motivos a favor de la pretensión que sean relevantes y suficientes, o sea, los hechos particulares y concretos del caso, las cuales se usan y precisan para apoyar datos y hechos específicos del caso comprendido en la tesis, cuya naturaleza varía de acuerdo con el tipo de argumentación de que se trate.[14]

Las evidencias requieren incorporar el elemento de la garantía para obtener una aserción, la cual funciona como conexión entre la evidencia y la aserción. Beller ejemplifica esta relación de la siguiente manera:

---

11 *Cfr.* Bucio Estrada, Rodolfo, *Guía del discurso y argumentación jurídica*, México, Porrúa, 2014, p. 154.

12 Sánchez Prieto, Guillermo A., *Educar en la Palabra. Manual de Técnicas de debate, oratoria y argumentación, op. cit.*, p. 65.

13 *Cfr.* Beller Taboada, Walter, *Elementos de lógica argumentativa para la escritura académica*, México, Universidad Autónoma Metropolitana, 2018, p. 128.

14 *Cfr. Ibídem*, p. 139.

Evidencia: "El niño tiene fiebre". Aserción: "Tiene una infección". Garantía: "La fiebre es un indicio de infección".[15]

Aquí, incluso adquiriría una relevancia significativa el enfoque argumentativo de Stephen Toulmin, en tanto que permitiría apreciar quien centra su atención en la elaboración de un argumento que respalde la conclusión, cuya referencia excede de los alcances del presente trabajo.[16]

En este marco, la demostración es significativa para proporcionar un sistema de hechos comprobados y de normas para el encadenamiento de los enunciados que permitan poner a prueba el discurso argumentativo.[17] De manera enunciativa, más no limitativa, es posible aportar como evidencias definiciones, testimonios, estudios científicos e investigaciones, estadísticas, entre otros aspectos.[18]

Lo anterior apunta a considerar la necesidad de sustentar debidamente las posturas asumidas en el debate con la finalidad de generar una convicción en el jurado y la audiencia de los argumentos invocados.

7.2.3.1. Evidencias recientes y localizables

Se recomienda contar con evidencias recientes y localizables, con la finalidad de que la contraparte, el jurado y la audiencia o público puedan constatar que la postura asumida se encuentra sustentada en estudios, documentos, estadísticas recientes y corroborar los alcances de la evidencia, para lo cual es necesario indicar el lugar en donde puede ser consultado determinada fuente. Al mostrar evidencias recientes es posible fortalecer la idea de que la postura defendida corresponde a una propuesta de comprensión o solución actual del tema, como veremos a continuación.

7.2.3.2. Evidencias imparciales

Las evidencias imparciales refieren a la especialización, datos objetivos, así como que la fuente empleada no tiene perjuicios, ni ideología, ni intereses particulares.

---

15 *Cfr. Ibídem,* p. 140.

16 *Véase* Toulmin, Stephen E., *Los usos de la argumentación,* trad. de María Morrás y Victoria Pineda, Barcelona, Ediciones Península, 2007, pp. 36-37; 135-147.

17 *Cfr.* Plantin, Christian, *La argumentación, op. cit.,* pp. 35.

18 *Cfr.* Sánchez Prieto, Guillermo A., *Educar en la Palabra. Manual de Técnicas de debate, oratoria y argumentación, op. cit.,* pp. 63-70.

7.2.3.3. Evidencias relevantes y verificables

Las evidencias relevantes se relacionan con el tema y razonamiento planteado y demuestre lo que se quiere probar.[19] En cuanto a las evidencias verificables, se busca demostrar que es fiable la evidencia presentada,[20] la cual puede ser consultada por la contraparte, jurado o audiencia y se basa en aspectos medibles y comprobables.

— Ejercicio propuesto de identificación de evidencias:

Consulte algún debate político realizado en México y determine si se aportaron suficientes evidencias por parte de cada candidato. Asimismo, determine el tipo de evidencias que se proporcionaron.

7.3. TIEMPOS DEL DEBATE

El debate requiere una debida organización en cuanto a la manera en que se presentará el tema, la argumentación y evidencias a sustentar, la refutación y contra argumentación, así como la conclusión de cada una de las partes en el debate. Esta organización, sin embargo, requiere realizarse en un tiempo determinado con la finalidad de dar dinamismo y orden al debate. Para tales efectos, los participantes habrán de asumir un compromiso por circunscribir su intervención en el tiempo asignado, en tanto que el moderador deberá supervisar constantemente que las intervenciones se realicen en el tiempo previsto.

En este orden de ideas, a continuación se realiza una breve propuesta de los tiempos a considerar en cada etapa, así como la referencia a las actividades que se deberán realizar. Dicha propuesta de fijación de tiempos es solamente ejemplificativa, ya que puede variar en función de los temas que estén sujetos a debate.

7.3.1. Exposición Inicial: 4 minutos

Durante los cuatro minutos recomendables para la exposición inicial, el participante en el debate procurará dejar en claro el tema principal del debate, así como su postura inicial en torno al tema, para lo cual aportará los argumentos y evidencias que sustenten su postura, con la finalidad de convencer a la contraparte, moderador y audiencia del punto de vista asumido.

---

19 *Cfr. Ibídem,* p. 73.

20 *Cfr. Ídem.*

7.3.2. Refutación: 5 minutos

La refutación es el momento del debate en que se tienen que responder las cuestiones que el otro equipo lanzó sobre los argumentos y poner en tela de juicio los argumentos presentados por el otro equipo para defender su postura en el debate.[21]

Así, el objetivo de la refutación es mostrar las debilidades del argumento del oponente, para lo cual se podrán desacreditar datos y fuentes utilizadas por los adversarios por ser inadecuadas o no estar lo suficientemente actualizadas, utilizar preguntas retóricas para generar dudas en los oyentes y demostrar con una breve explicación lo equivocado de su razonamiento.[22] Se prevén 5 minutos como tiempo razonable para que de manera contundente se expongan las debilidades de la argumentación.

7.3.3. Contra refutación: 5 minutos

En contra refutación se requiere defender el punto de vista asumido en el debate, con la respectiva consideración de las objeciones planteadas por la contraparte y darles respuesta. Dicha actividad deberá realizarse en un tiempo sugerido de 5 minutos con la finalidad de favorecer la dinámica del debate.

7.3.4. Conclusión

En la etapa de conclusión se deja en claro la tesis defendida y se expone la manera en que se refutaron los postulados de la otra parte en el debate. Se trata de un resumen de la postura planteada, por lo que ya no se permite introducir nuevos argumentos ni posicionamientos distintos a aquellos que fueron expuestos en el debate.

7.4. ADVERTENCIAS

Las advertencias representan un conjunto de aspectos a considerar con la finalidad de tener un óptimo desempeño en el debate. Las advertencias comprenden desde el respeto de los tiempos, el respeto a los que participan en el

---

21 *Cfr.* Pagán Castaño, Esther *et. al., Manual de Debate,* Madrid, Esic Editorial, 2017.

22 *Cfr.* Montalvillo Coracho, Sonia y López Pérez, María del Carmen, *Manual de Debate. Guía para realizar un debate académico en el aula, op. cit.*

debate (contraparte y jueces), hasta el adecuado uso del lenguaje que habrá de ser significativo para favorecer la comprensión de la postura asumida.

Aquí adquiere relevancia lo que advierte Guillermo A. Sánchez Prieto en el sentido de que el debate enseña a asumir valores y actitudes, discusión crítica, pensamiento estratégico, conocimiento de otras áreas, así como fomentar la tolerancia y búsqueda de verdad de las cosas.[23] Como se podrá apreciar a continuación junto con el respeto por los otros participantes, moderador y audiencia, los participantes adquieren habilidades que comprenden desde la paciencia, capacidad de análisis y síntesis, hasta favorecer la comunicación efectiva. En este marco, cuando sea procedente se agregarán algunos ejemplos de preguntas bajo las cuales el participante en el debate podrá determinar si se han considerado las advertencias, con la finalidad de identificar los puntos básicos a considerar dentro del debate, así como desarrollar determinadas habilidades, valores y actitudes.

7.4.1. No interrumpir a la contraparte

El debate cuenta con una estructura particular, ordenada y circunscrita a un tiempo determinado, en donde, como se indicó previamente, se cuenta con determinados minutos para realizar la introducción, exponer el tema, plantear la argumentación, refutar la tesis contraria y dar conclusiones. Por lo anterior, es importante no interrumpir a la contraparte cuando exponga su tema o realice el planteamiento de su argumentación o contraargumentación, ya que el formato del debate dará el debido tiempo para exponer los puntos de vista planteados.

El triunfo del debate estará dado por la solidez en la argumentación y refutación de los puntos de vista contrarios, no en las interrupciones que se realicen a la contraparte. Es importante mantener, en todo momento, el debido respeto en la conducción del debate.

7.4.2. Respetar los tiempos

El respeto a los tiempos es de particular relevancia dentro del debate. Al efecto, en la estructura del debate se les indicará a los participantes el tiempo que dispondrán para exponer su tema, argumentar, refutar, contraargumentar y dar sus conclusiones. Por lo anterior, es significativo tener una preparación

---

[23] Sánchez Prieto, Guillermo A., *Educar en la Palabra. Manual de Técnicas de debate, oratoria y argumentación, op. cit.*, p. 15.

adecuada por parte de los participantes con la finalidad de ajustar sus intervenciones al tiempo previsto para desarrollar el debate.

En este marco dentro de la preparación del debate se requerirá considerar si la exposición, defensa del argumento y conclusiones preparadas se pueden plantear dentro de los minutos asignados en el transcurso del debate.

7.4.3. Pedir permiso a los moderadores para agregar algo

A lo largo del debate, los participantes tendrán que dirigirse respetuosamente a los moderadores para agregar alguna cuestión adicional a su participación. En este punto, es importante que los participantes guarden el debido respeto al moderador, a quien se dirigirán para aclarar o manifestar algo, el cual a su vez determinará si es procedente la solicitud de los participantes.

7.4.4. Contar con las fuentes a la mano

En el debate, las fuentes adquieren un papel significativo en tanto que contribuyen a mostrar la fiabilidad de una premisa y favorecen que el oyente pueda encontrar la información necesaria.[24]

Bajo este panorama, es conveniente que durante la preparación del debate el participante busque fuentes cualificadas, imparciales y que estén comprobadas.[25] Durante el debate, será significativo contar con las fuentes al alcance para apoyar debidamente su postura.

Con la finalidad de contar con las fuentes idóneas para la participación del debate habrán de considerarse las siguientes preguntas:

- Durante la preparación del debate: ¿Se tienen fuentes confiables para sustentar el punto de vista? ¿Es imparcial y comprobable la fuente a citar? ¿Se cuentan con las fuentes necesarias para sustentar el punto de vista?
- Previo al debate: ¿Se tienen debidamente organizadas las fuentes? ¿Son fácilmente identificables las fuentes a referir en el debate?

---

[24] *Cfr.* Weston, Anthony, *Las claves de la argumentación,* trad. de Mar Vidal, México, Ariel, 2013, pp. 56-57.

[25] *Cfr. Ibídem,* pp. 57-64.

7.4.5. Supervisión del uso de tecnicismos o palabras extranjeras.

En la perspectiva de Dehesa, en un debate tiene que existir claridad que apunta a considerar que se encuentre bien orientado el tema de una discusión o debate cuando corresponda a lo que se pregunta, lo cual se realiza con el uso preciso del vocabulario y evitar el uso de palabras vagas o ambiguas.[26] En este marco de claridad, se tiene que cuidar la manera en que se utilizan los tecnicismos o palabras extranjeras, cuyo uso puede dificultar la claridad en la cual se exponen los puntos de vista en un debate. Para tales efectos, es menester utilizar palabras que sean comprendidas por el público y que se expresen en español.

En este marco, como preguntas preparatorias se pueden señalar las siguientes: ¿es claro el lenguaje empleado?, ¿se justifica el uso de tecnicismos y/o palabras extranjeras?, ¿existe alguna palabra que sustituya el uso de tecnicismos y/o palabras extranjeras?

7.4.6. Procurar frases cortas y comprensibles

Una recomendación significativa en el marco de los debates radica en el adecuado empleo del lenguaje y la claridad con la que se expresan las ideas.

Aquí resultaría conveniente referir a Anthony Weston, quien exhorta a presentar las ideas en un orden natural, usar un lenguaje concreto, específico y definitivo, así como emplear términos consistentes.[27] La brevedad y comprensibilidad de la exposición de las ideas adquieren particular relevancia si se consideran los minutos limitados con que se desarrollará el debate. Aunado a lo anterior, es significativo el tono de voz, gestos y lenguaje no verbal que favorezcan la comunicación entre el participante y la audiencia.

La utilización de frases cortas y comprensibles en el debate requerirá una preparación previa del participante en el cual se tomen como referentes las siguientes interrogantes: ¿son claras las ideas planteadas?, ¿es posible sintetizar las ideas?, ¿es adecuada la sintaxis empleada?, ¿es comprensible la postura para el público especializado y no especializado?, ¿es adecuado el tono de voz?, y ¿cómo se percibe el lenguaje no verbal?

---

[26] *Cfr.* Dehesa, Gerardo, *Elementos indispensables de retórica para jueces, litigantes y público en general, op. cit.*, p. 50.

[27] *Cfr.* Weston, Anthony, *Las claves de la argumentación, op. cit.*, pp. 22-27.

7.4.7. Control de nervios, olvido de experiencias desafortunadas, dominio del tema

La preparación del debate e investigación del tema son significativas para tener un dominio del tema y dar seguridad a los participantes en el debate para que sus ideas sean expuestas con claridad. Como bien lo indica Sánchez Prieto, el orador ha de infundir respeto y seguridad ante su auditorio y jurado.[28] Así, es importante detectar aquellas causas que pueden generar ansiedad y realizar las acciones necesarias para tener un control de los nervios y olvidar las experiencias desafortunadas que puedan incidir negativamente en el desempeño del participante en el debate. Al efecto, es posible tener un debido estudio del tema, el control interno, la preparación previa que tenga el participante para realizar ejercicios previos de hablar frente al público, para lo cual incluso se recomienda practicar el discurso frente a un espejo, la respiración, destensar los músculos, entre otros aspectos.[29]

En la medida en que los participantes se familiaricen con este tipo de actividades poco a poco disminuirá la sensación de inseguridad que se puede presentar en las primeras ocasiones.

7.5. IMPROVISACIÓN

La improvisación apunta a la acción de hacer algo de pronto, sin estudio ni preparación.[30] Una etapa en donde podrá ser posible la improvisación dentro del debate es en la refutación y contraargumentación, ya que el participante no podrá hacer un discurso tal y como lo había preparado, el cual será distinto conforme se vaya desarrollando el debate.[31]

La improvisación, sin embargo, requiere considerar algunas ventajas y desventajas, su distinción con la preparación, así como algunos recursos permanentes para improvisar, con la finalidad de identificar sus alcances dentro del debate.

---

28 Sánchez Prieto, Guillermo A., *Educar en la Palabra. Manual de Técnicas de debate, oratoria y argumentación, op. cit.*, p. 15.

29 *Cfr. Ibídem*, pp. 61-63.

30 Voz "improvisar", Diccionario de la Real Academia de la Lengua Española, <*https://dle.rae.es/improvisar?m=form*>.

31 *Cfr.* Pagán Castaño, Esther *et. al., Manual de Debate, op. cit.*

7.5.1. Ventajas y desventajas de la improvisación

Una de las ventajas de la improvisación radica en desarrollar la creatividad para estar preparado para responder a cualquier eventualidad. Asimismo, facilita la fluidez en la que se desarrollará el debate, al no estar circunscrito a un guion a seguir.

La desventaja de la improvisación radica en que la falta de planificación puede incidir en que el participante en el debate se contradiga, se perciba una falta de orden o incluso presente debilidades o inconsistencias en la argumentación, lo cual puede dar la impresión de que se carece de seguridad al momento de participar en un debate. Igualmente, puede favorecer el nerviosismo si no se tiene un adecuado control o enfoque sobre el tema planteado.

7.5.2. Preparación **versus** *improvisación*

Un punto en común que se puede apreciar tanto en la preparación como en la improvisación es que se requiere contar con conocimientos previos del tema para tener éxito en el planteamiento del argumento dentro del debate. La diferencia radicará en que mientras la preparación requiere considerar aspectos como el tiempo a utilizar y la enumeración de argumentos, en la improvisación, de manera espontánea, se externan los puntos de vista, que van surgiendo conforme a las ideas que se presentan por parte del participante.

7.5.3. Recursos permanentes para improvisar

Los recursos permanentes para improvisar requieren considerar aspectos como la respiración, el control del aspecto emocional, así como el adecuado uso del lenguaje no verbal. Asimismo, es significativo ordenar las ideas, reforzar el punto de vista, centrarse en el tema y partir de ideas conocidas.[32] La relatoría de historias o de anécdotas también puede ser un buen referente para captar la atención de la audiencia.

Como se puede observar, la improvisación requiere desde el control de los propios impulsos y emociones, hasta contar con conocimientos previos y concentración con la finalidad de tener eficacia en la participación del discurso.

---

32 *Cfr.* Fuentes, Enrique, *¿Cómo improvisar un buen discurso en público?* [en línea], <*https://competenciasdelsiglo21.com/como-improvisar-un-buen-discurso-en-publico/*> [Consulta: 25 de mayo de 2021].

7.5.4. Ejercicio de discurso sobre algún tema abierto

Con base en lo estudiado en la presente Unidad 7, prepare una participación en un debate, en la cual considere la necesidad de expresarse en un lenguaje claro y conciso, así como dar el debido sustento a su postura.

De la referencia a la aportación de Bernardo Vázquez González, Claudia Pleguezuelos Saavedra y María Loreto Mora Olate, es posible planear dentro de las aulas un debate con la finalidad de contribuir a favorecer el aprendizaje activo de los alumnos de educación superior,[33] y que para efectos de planeación de las aulas es posible considerar las siguientes fases:

- Fase 0. Preparación previa al debate: el docente explica la metodología y el sentido de la actividad de debate, complementado con una guía de preparación del debate que incluye la descripción de las fases, sus momentos de desarrollo y criterios de evaluación. Posteriormente se organizan y conforman los equipos de trabajo, con la asignación de las posturas a defender que los estudiantes tendrán que desarrollar e investigar.
- Fase l. Introducción al debate: consistente en que los equipos se reúnen para compartir argumentos, complementar ideas y tomar decisiones para el debate, así como seleccionar los oradores que participarán en el debate oficial, quienes presentarán el tema de debate, así como el problema o controversia que éste presenta.
- Fase ll. Argumentación: los oradores de cada equipo presentan alternadamente los argumentos principales que respaldan su posición y fundamentan sus ideas con evidencias.
- Fase lll. Contraargumentación: cada posición realiza preguntas y descargos, para lo cual se ha de buscar resta valor al argumento del otro, refutar evidencia cuando no es verdadera o evidencia que las fuentes no parecen fidedignas o plantea las inconsistencias de la contraparte.
- Fase lV. Cierre: cada equipo formula su conclusión, a cargo de un orador.

A manera de ejemplo, bajo un eje de transversalidad con los estudios de licenciatura en Derecho, se pueden tomar como referencia debates contem-

---

33 *Cfr.* Vázquez González, Bernardo *et. al.*, "Debate como metodología activa: una experiencia en educación superior", *Revista Universidad y Sociedad,* vol. 9, núm. 2, abril-junio 2017. [en línea], <*http://scielo.sld.cu/scielo.php?script=sci_arttext&pid=S2218-*> [Consulta: 26 de mayo de 2021].

poráneos en temas de Bioética y Biotecnología, Usos de la Inteligencia Artificial en el Derecho, la participación del Estado en la Economía, reformas al Poder Judicial de la Federación, Derecho y Globalización, Género y Derecho, Educación Jurídica.

De lo estudiado en la presente unidad, es posible apreciar que el conocimiento de la estructura del debate, evidencias, advertencias y la referencia a la improvisación y preparación, es un punto de partida significativo para estar en posibilidades de tener un óptimo desempeño en la participación del debate, en donde el participante requiere tener una atención particular en la argumentación, la persuasión y el adecuado uso del lenguaje.

En este marco, desde las aulas es significativo que se realicen esfuerzos tendientes a incorporar el debate como parte de la didáctica jurídica, con la finalidad de familiarizar al estudiante en torno a la preparación y realización de los debates que les permita tener asertividad en los debates propios de la práctica jurídica cotidiana.

Como examinamos en este capítulo, la estructura, las evidencias y advertencias en el discurso son muy importantes, entre otros elementos, consideramos las ventajas y desventajas de la improvisación, así como los recursos permanentes para improvisar. A continuación analizaremos las técnicas de preparación de un debate.

BIBLIOGRAFÍA

BELLER TABOADA, Walter, *Elementos de lógica argumentativa para la escritura académica*, México, Universidad Autónoma Metropolitana, 2018.

BUCIO ESTRADA, Rodolfo, *Guía del discurso y argumentación jurídica*, México, Porrúa, 2014.

DEHESA, Gerardo, *Elementos indispensables de retórica para jueces, litigantes y público en general*, 2ª edición, México, Suprema Corte de Justicia de la Nación, 2010.

LARIOS VELASCO, Rogelio y Caballero Gutiérrez, Lucila, *Las directivas de interpretación jurídica*, México, Fontamara, 2011.

PAGÁN CASTAÑO, Esther *et. al.*, *Manual de Debate*, Madrid, Esic Editorial, 2017.

PLANTIN, Christian, *La argumentación*, trad. de Amparo Tusón, Barcelona, Ariel, 2009.

SÁNCHEZ PRIETO, Guillermo A., *Educar en la Palabra. Manual de Técnicas de debate, oratoria y argumentación,* Madrid, Grupo Blu, 2015.

SUÁREZ ROMERO, Miguel Ángel y Napoleón Conde Gaxiola, *Argumentación Jurídica,* México, Universidad Nacional Autónoma de México, 2009.

TOULMIN, Stephen E., *Los usos de la argumentación,* trad. de María Morrás y Victoria Pineda, Barcelona, Ediciones Península, 2007.

WESTON, Anthony, *Las claves de la argumentación,* trad. de Mar Vidal, México, Ariel, 2013.

Fuentes electrónicas

FUENTES, Enrique, *¿Cómo improvisar un buen discurso en público?* [en línea], <*https://competenciasdelsiglo21.com/como-improvisar-un-buen-discurso-en-publico/*> [Consulta: 25 de mayo de 2021].

MONTALVILLO CORACHO, Sonia y María del Carmen López Pérez, *Manual de Debate. Guía para realizar un debate académico en el aula,* Andalucía, Comunica Debate, Junta de Andalucía, s/a, [en línea], <*https://www.juntadeandalucia.es/educacion/portals/delegate/content/0b87e7f5-f5b3-4231-abfa-7741398912c1*> [Consulta: 25 de mayo de 2021].

VÁZQUEZ GONZÁLEZ, Bernardo *et. al.*, "Debate como metodología activa: una experiencia en educación superior", *Revista Universidad y Sociedad,* vol. 9, núm. 2, abril-junio 2017. [en línea], <*http://scielo.sld.cu/scielo.php?script=sci_arttext&pid=S2218-*> [Consulta: 26 de mayo de 2021].

Diccionarios consultados

Diccionario de la Real Academia de la Lengua Española, [en línea], <*https://dle.rae.es/improvisar?m=form*> [Consulta: 26 de mayo de 2021].

Capítulo 8

TÉCNICAS DE PREPARACIÓN DE UN DEBATE

Aida del Carmen San Vicente Parada*

Objetivo particular: ponderar la importancia de la preparación física, emocional e intelectual del Jurista para ser un orador con control de las variables que inciden en la comunicación eficaz.

Para abordar este tema, resulta necesario establecer qué es un debate y qué fines persigue. De acuerdo con la Real Academia Española, un debate es: controversia, discusión, contienda o combate.[1] "La palabra, como tal, procede del verbo debatir, y este, a su vez, del latín *debattuĕre,* que significa 'discutir', 'combatir'.[2] Otra acepción señala que un debate es una técnica de comunicación que consiste en la confrontación de ideas, argumentos, opiniones sobre un tema en específico.

En síntesis, un debate es un intercambio de ideas contrarias o antagónicas respecto de un tema en específico, el objetivo de dicha contienda intelectual es alcanzar un acuerdo o punto en común, un debate pretende intercambiar ideas para que el público asuma una posición respecto al tema. No se trata de ganar o perder, sino de informar y comprender lo que el contrario piensa.

---

* Doctora en Derecho, con mención honorífica por la UNAM, recipiendaria de la Medalla Alfonso Caso 2014. Actualmente se desempeña como catedrática de la División de Estudios de Posgrado de la Facultad de Derecho, maestra fundadora de la especialidad en derecho sanitario de la Facultad de Derecho de la UNAM y de la maestría en inclusión de la Universidad Westhill. Autora de material didáctico, guías de estudio, plataformas educativas para la UNAM, Westhill, UVM, TFJA, también de artículos arbitrados, voces jurídicas para la Real Academia Española y de los libros: *Recursos virtuales para el diseño instruccional, La bioética y el bioderecho en defensa de los derechos de los animales, Manual de derecho civil. Personas, acto y negocio jurídico.* Miembro del Comité de Ética en Investigación de la Universidad Westhill. Es expresidenta del Grupo de Retórica y Argumentación de la UNAM y columnista de *Latitud Megalópolis.* Correspondencia: acsanvicente@gmail.com.

1 Real Academia Española disponible en: https://dle.rae.es/debate (28 de mayo de 2021, 12:01 hrs.).

2 Disponible en: https://www.significados.com/debate/ (28 de mayo de 2021, 12:24 hrs.).

En el debate hay refutación, este puede concluir con la adherencia por parte del auditorio, o bien, en el rechazo, las audiencias son un debate porque se contraponen dos posiciones: la del acto y la del demandado, cado uno defenderá e informará al juez sobre su posición y defensa, finalmente el juez será el público del debate y tendrá que dar la razón a alguna de las partes o bien establecer que ninguna de ellas acredita los extremos de su acción o excepción. El mejor escenario en el debate es el convencimiento de la audiencia, es decir, lograr la modificación de la conducta, que el otro asuma un cambio. Lo anterior supone argumentar, es decir, esgrimir una serie de justificaciones que solventen la posición que se asume o las convicciones que son presentadas por una persona.

Un debate se integra por los siguientes elementos:

- Moderador o coordinador: determina el tiempo de la exposición, introduce el tema, establece el orden de participación y asigna los tiempos de participación. Debe ser un tirano del tiempo y debe asumir una postura imparcial.
- Secretario: Es el escribano del debate, le corresponde anotar las ideas principales de cada equipo o de cada participante. Al final realiza un resumen o una síntesis del debate, en todo momento debe ser imparcial.
- Participantes: Son quienes esgrimen argumentos a favor o en contra de un determinado tema. Deben investigar profundamente sobre el tema, han de conocer los puntos débiles de sus argumentos, incluso anticiparse a la contrargumentación, a la par de ello deben escuchar atentamente los argumentos de la contraparte. Un participante debe buscar información y hechos en diversos medios. El debate de tipo académico se lleva a cabo en equipos, integrados por 4 miembros y divididos respectivamente, uno a favor y otro en contra.
- Público: el auditorio debe tener disposición e interés por el tema.
- Jurado: el debate puede ser evaluado, tarea que estará a cargo del jurado, se estila el uso de éste en debates académicos.

8.1. PREPARACIÓN FÍSICA

✔ Respire utilizando el estómago. Es necesario tumbarse en una cama bocarriba, colocando sus manos sobre su estómago. Inhale, pero guarde el aire en el estómago. Con las manos usted percibirá como la parte alta del estómago aumenta de volumen. Retenga el aire durante un instante y luego exhale lentamente.

- ✔ Manténgase hidratado.

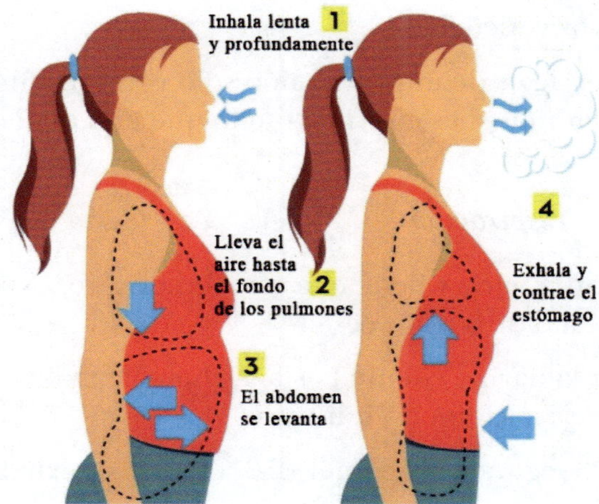

- ✔ Recuerde no ingerir alimentos pesados antes de un debate o de una exposición.

8.1.1. Vocalización y/o calentamiento de la voz

- ✔ Antes de hablar en público es necesario calentar la voz para una entonación adecuada y evitar la disfonía, durante el debate refresque su garganta es decir, manténgala hidratada, pero no consuma bebidas frías, sino calientes o tibias.
- ✔ No debe ingerir bebidas frías.
- ✔ Se sugiere beber té para que la garganta esté tibia.
- ✔ Cante melodías cortas, use vocales. Los sonidos deben surgir del diafragma.
- ✔ Bostece en silencio dos o tres veces.
- ✔ Deje la boca en posición de bostezo y cante o entone una vocal.
- ✔ Ponga sus manos en el estómago y sienta el ritmo de su respiración.
- ✔ Haga sonido de "ZZZZZZ" y ponga dos dedos en la garganta para sentir la vibración.

- ✔ Pronuncie trabalenguas.
- ✔ Lea diariamente en voz alta.
- ✔ Pronuncie sus argumentos en voz baja, repita esto al menos unas 6 veces.
- ✔ Grabe su voz y escúchela.
- ✔ Realice ejercicios de improvisación solo y frente a un público, a quien puede preguntar sí es convincente lo que está diciendo.

8.1.2. Ejercicios de respiración

- ✔ Respire por la nariz y llene el estómago de aire, expulse el aire por la boca. Repítalo de 3 a 5 veces.
- ✔ Inhale por la nariz y cuente hasta 4 y luego exhale por la nariz. Puede hacer este ejercicio por 5 minutos.
- ✔ Inhalar (2-3 segundos), retener (2-3 segundos), exhalar (4-6 segundos).

8.2. PREPARACIÓN EMOCIONAL

Antes de exponer es bueno distraerse, salga a caminar o a mirar la naturaleza, o vea una película cuya trama sea sencilla, se trata de distraerse, evite saturarse de más ideas, esto solo lo agobiará.

8.2.1. Actitud mental positiva

La inteligencia emocional es la clave para controlar los nervios, recuerde que el público no sabe que usted está nervioso, por ello le sugerimos hablar con una sonrisa en el rostro, centre su mirada en un punto al fondo de la habitación y antes de la presentación reafírmese con pensamientos de seguridad. El público no sabe que usted está nervioso, ellos dan por sentado que conoce el tema, aproveche ese punto.

Es fundamental llegar puntual a la cita y en un estado de ánimo tranquilo, si usted llega tarde se pondrá más nervioso, pues estará en una posición incómoda y desfavorable, así que evite ponerse en esa posición.

Aprender a relativizar es esencial, es decir, reflexionar sobre el peor escenario, lo peor que puede suceder y determinar cómo se puede evitar. Lo peor que puede pasar es evidenciar el desconocimiento sobre el tema, el caso y las leyes aplicables al mismo, por ello es esencial dominar el tema, sin el dominio del tema es imposible controlar los nervios, porque supone una posición muy vulnerable para el orador, por ello evite ponerse en esa posición y estudie el tema a profundidad. Una ventaja que tendrá es que en ese momento usted conoce mejor que nadie el tema.

No olvide que antes de exponer es necesario conocer el tipo de público, si es un público muy especializado deberá prepararse con mayor ahínco, eso no implica perder el respeto al público, si éste no es un público especializado, usted tiene la responsabilidad de adentrarlo en el tema para que quede claro y las personas no se aburran con su intervención. También es conveniente conocer el espacio físico, si es un lugar amplio o no, si cuentan con micrófono, si es un lugar bien ventilado o no, pues todo esto es importante para saber a qué se enfrenta.

Es de mucha utilidad aprender a estructurar un argumento, para ello es esencial el razonamiento o justificación del argumento que conecta la afirmación con la evidencia permitiendo al orador la exposición del argumento precedido de la conjunción "porque" (también "ya que", "puesto que", "dado que"). Se sugiere centrarse en la solidez del razonamiento, debe impedir al equipo oponente realizar una contrargumentación convincente.

El conocimiento de los distintos tipos de razonamientos (deductivos, inductivos, por analogía, causales) y la combinación de ellos facilitará la justificación de su argumento; también es menester detectar falacias del equipo contrario.

- ✔ Enderece su postura, camine con la espalda recta.
- ✔ No hable con personas pesimistas y demasiado críticas antes de llevar a cabo el debate.
- ✔ Hable en tono alegre y entusiasta. Las personas pesimistas acostumbran a hablar de forma lenta y cansada.
- ✔ Inunde su mente de ideas positivas, no piense en el fracaso, concéntrese en lo que hará y no en los resultados.
- ✔ Sea seguro de sí mismo.
- ✔ Visualice su presentación teniendo en cuenta cuál sería para usted el mejor escenario (imagine los aplausos, el reconocimiento).

8.2.2. Control de las emociones y motivación

Motivación significa "fundamento para la acción". Es un proceso mental:

Deseo → Dopamina (neurotransmisor que activa el sistema de recompensa obtenida una vez que se ha obtenido una meta).

Acción → Adrenalina (es una hormona y neurotransmisor que produce una respuesta encaminada a la acción como huir, luchar, reaccionar).

Satisfacción → Serotonina (neurotransmisor que ayuda a regular la atención, la conducta y la temperatura corporal, ayuda a sentirse relajado y feliz).

En los procesos mentales los neurotransmisores regulan la conducta de acuerdo con el estímulo del exterior, es importante que comprenda que cuando esté realizando una acción estos neurotransmisores estarán inmiscuidos y además son esenciales para el mecanismo de la motivación.

Existen dos tipos de motivación:

1) Intrínseca: identificada como el interés por parte del sujeto en desarrollar y mejorar su capacidad, generando con ello un patrón motivacional denominado "dominio" que le lleva a aceptar y plantearse retos y desafíos para aumentar sus conocimientos y habilidades.
2) Extrínseca: que reflejan el deseo del sujeto por mostrar a los demás su competencia y obtener juicios positivos.

Las emociones influyen en estos dos tipos de motivación.

Las emociones prospectivas: están ligadas directamente a los resultados de la tarea, como las alabanzas.

Las emociones retrospectivas como son la alegría por los resultados, la decepción, el orgullo, la tristeza, la vergüenza o la ira, actúan fundamentalmente como reacciones retrospectivas tienen una función evaluativa, de modo que experiencias agradables que se asocian a resultados positivos y el hecho de sentirse orgulloso incrementa la apreciación subjetiva, mientras que experimentar decepción o vergüenza conduce a alcanzar resultados negativos. Por tanto, las emociones evaluativas pueden servir de base para desarrollar la motivación extrínseca.

8.3. PREPARACIÓN INTELECTUAL

Para desahogar este punto es menester resaltar la importancia de la argumentación en un debate:

Estructura básica de un argumento:

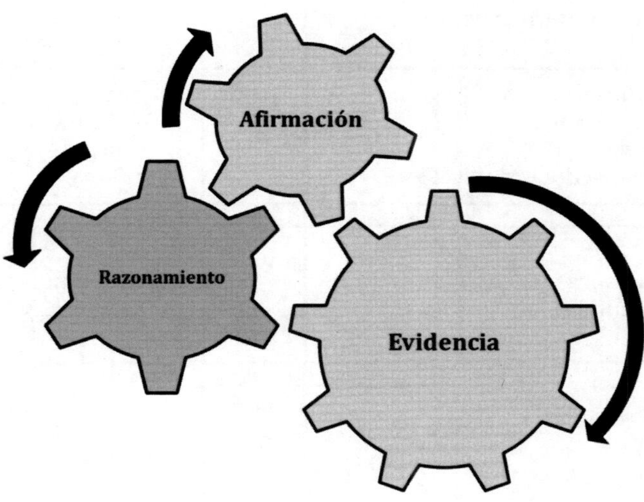

La afirmación ratifica la idea principal del autor para defender un tema.

Debe ser clara.

Centrarse en un solo tema.

Que no dé lugar a ambigüedades.

Razonamiento: la justificación del argumento conecta la afirmación con la evidencia permitiendo al orador la exposición del argumento precedido de la conjunción "porque" (también "ya que", "puesto que", "dado que...").
Se sugiere centrarse en la solidez del razonamiento, debe impedir al equipo oponente realizar una contrargumentación convincente.
El conocimiento de los distintos tipos de razonamientos (deductivos, inductivos, por analogía, causales, etcétera). La combinación de ellos facilitará la justificación de su argumento; también es menester detectar falacias del equipo contrario.

Evidencias, apoyan las afirmaciones. Es resultado de la investigación exhaustiva, de la lluvia de ideas, de la confrontación de fuentes, discriminar ideas principales y secundarias. Se sugiere ver reportajes, estadísticas, leer artículos, buscar noticias.

Los tipos de evidencias son:

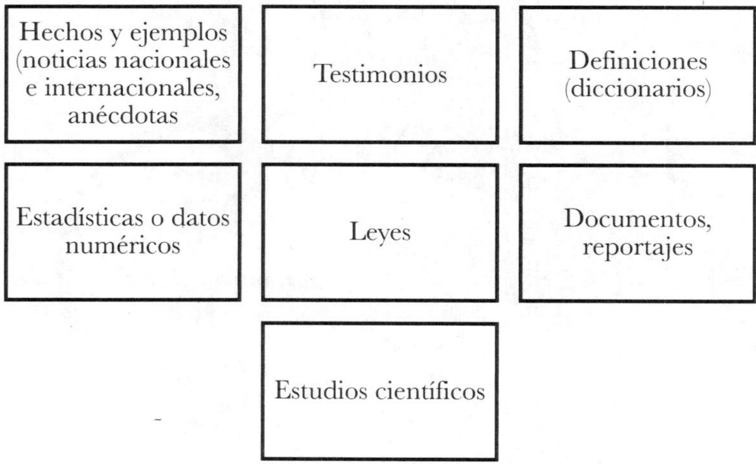

En el devenir de la vida cotidiana, debemos asumir una posición o un punto de vista, al momento de tomar una decisión, desde que se opta por una ruta para llegar al trabajo, hasta para contratar a un asistente, estamos asumiendo una opinión, un criterio o un punto de vista, el reto es que esa posición sea justificada y una mera corazonada o decisión empírica —por llamarla de alguna manera. Pues se asume una decisión porque ésta se solventa en una serie de pruebas o argumentos que conducen a una toma de decisiones adecuada y no a un mero arrebato, o a una cadena de falacias.

Ahora bien, ¿qué entendemos por argumentación? Dar argumentos, significa ofrecer una serie de razones o de pruebas para apoyar una conclusión. Es decir, que al momento de emitir una decisión o punto de vista nos apoyamos en un argumento (razones válidas), verbigracia cuando se examina un tema en una discusión, la cuestión subsistente es mediante qué razones la persona asumió esa posición o cómo arribó a esa conclusión, en otras palabras, qué respalda tal punto de vista. Por lo tanto, argumentar sirve para ponerse de acuerdo para que las dos posturas dialoguen y lleguen a un consenso.

De ahí que Weston señale que la argumentación es una forma de indagación, pues ella permite explicar por qué se llegó a ese punto de vista. Es menester señalar que un argumento es un grupo de enunciados compuestos por premisas y una conclusión, pues estos enunciados preceden y se concatenan con la conclusión, porque la conclusión está motivada por las premisas (las razones).

Existen argumentos inductivos y deductivos, los primeros se verifican cuando una propiedad se adjudica o se generaliza porque se observa en un número suficiente de individuos, en atención a ello, la conclusión suele redactarse con un probablemente. Por su parte, en los argumentos deductivos, la validez parte de la estructura y no del contenido, pues la conclusión se sigue necesariamente —aquí es pertinente conocer los tipos de argumentos que más adelante se detallaran en este texto.

Si las premisas son verdaderas, la conclusión también deberá serlo, por eso se habla de que el argumento es válido porque conserva la verdad. En ese sentido cabe destacar que las premisas pueden ser erróneas, porque en lugar de apelar a razones aluden a falacias, en el siguiente apartado se detallará acerca de las falacias.

De acuerdo con lo anterior, para preparar un debate, es menester, primero, articular los argumentos, asumir una posición informada, que evite los sesgos epistemológicos o ideológicos. Empero hay otros pasos a seguir que son igual de importantes, a continuación, los analizaremos de manera breve y sencilla, a través de ejemplos.

- Sugerencia: anote las ideas y los argumentos y repáselos constantemente, preséntelos a otras personas y pídales su parecer.

Otras sugerencias:

- Recuerde que la redacción de los argumentos depende de los temas. Los argumentos y convicciones deben ajustarse al tema ya sea, político, teórico, pedagógico, económico, filosófico, jurídico, entre otros.

Caso: se argumenta en contra de la aplicación del régimen patrimonial de mancomunidad de bienes en el concubinato. Este tema se puede analizar desde dos enfoques: 1) ámbito político-jurídico o 2) ámbito fáctico, tomando en cuenta el alcance y contenido del concepto o bien la evolución histórica de la institución.

Verbigracia: es incorrecto que la sociedad conyugal sea aplicada al concubinato. El argumento principal o la justificación de tal aseveración, es que el concubinato como unión de hecho no reúne las solemnidades del matrimonio, por consiguiente no se puede aplicar a la sociedad conyugal como el régimen económico que rige un acto jurídico solemne como es el matrimonio, ya que el concubinato no observa los mismos requisitos que el matrimonio; su constitución es de hecho, por lo que no hay una manifestación externa de voluntad que adopte el régimen patrimonial de sociedad conyugal. Aunado a lo anterior el concubinato busca que quienes lo integran lleven a cabo una vida en común, en consecuencia, la administración de los bienes no es parte de los fines del concubinato.

Por el contrario, situando al concubinato en un ámbito fáctico podemos señalar que el concubinato genera relaciones familiares, es decir, es fuente de la familia al igual que el matrimonio. Tanto el concubinato como el matrimonio se definen como la unión de dos personas, de ello se colige que son figuras afines. El fin del concubinato es proteger a la familia, brindarle certeza y seguridad jurídica, por lo tanto, se debe aplicar el mismo régimen patrimonial que de manera supletoria se observa en el matrimonio.

Como se puede observar el tema o proposición —matrimonio, concubinato y régimen patrimonial— deben contextualizarse, deben ser ubicadas desde diversos enfoques para desarrollar una argumentación pertinente y aunque el debatiente no comulgue con las ideas, ello no es óbice, pues quien argumenta está obligado a conocer los puntos de vista, debe estar abierto a las diversas concepciones.

a) El tema debe ser interesante para el debatiente. Si al debatiente no le apasiona o no le resulta interesante el tema no tendrá una buena actuación. El tema debe suponer un reto cognitivo, debe ser atractivo para que la pasión sea transmitida al momento de llevar a cabo el debate, esto también abona al uso de argumentos al *pathos*.

b) El debate también debe ser atractivo para la audiencia. Para lograr tal cometido, se sugiere que el tema del debate debe ser actual, esto no implica que las cuestiones históricas no sean trascendentales, se puede presentar un debate sobre quién fue mejor si Benito Juárez o Porfirio Díaz, aquí lo importante es saber cómo lo presentamos.

c) El tema debe ser oportuno. Si bien el tema debe ser controversial, esto no debe confundirse con la adherencia o empatía del público, sino en la selección del tema de acuerdo con el auditorio, por ejemplo, frente a un auditorio que se caracteriza por creencias judeo-cristianas, no es factible debatir sobre la legalización del aborto o de la mariguana, porque ellos ya han asumido un sistema de creencias que no dará pie a escuchar los argumentos a favor, esto crea barreras innecesarias que predisponen al rechazo y en vez de convertirse en un espacio de libre intercambio de ideas, habrá mucha animadversión, en este caso, las posibilidades de éxito serán muy reducidas. Este punto también implica el respeto a las convicciones morales de los demás.

d) El tema debe ser expuesto en un tiempo adecuado. Los participantes deben exponer sus argumentos durante 3 minutos, máximo 5, debe ser la misma cantidad de tiempo para las dos posturas. Siempre comienza con el argumento a favor y se concluye con el argumento en contra. Un bate debe durar en total entre 30 y 90 minutos.

e) Uso de medios audiovisuales para auxiliar la exposición oral. Algunos recursos que se pueden utilizar son imágenes, gráficas de estadísticas, para evocar los sentimientos respecto al tema o crear una imagen mental y enganchar al público. No deben ser usados en exceso porque distrae a la audiencia y pueden ser una muleta para que el expositor se exprese libremente e improvise.

f) La exposición de argumentos y la refutación debe ser hecha en un lenguaje claro y sencillo, sin abusar de tecnicismos, datos históricos, un léxico sofisticado o datos que no resulten esenciales.

g) El tema debe ser provocativo. Para ello es necesario plantearse las siguientes preguntas: ¿es actual?, ¿es interesante?, ¿provoca desacuerdo?, ¿hay evidencias suficientes?

8.3.1. Estudio e investigación de los temas y de la audiencia

Adquiera progresivamente el hábito de leer e investigar información reciente todos los días sobre ese tema en particular. Es importante que de 15 a 20 minutos diarios ordene sus ideas y las escriba. Cuidado con las noticias falsas en estos días, es muy usual encontrar información falsa debido a los algoritmos de la inteligencia artificial, sea muy suspicaz al momento de buscar información, corrobore sus fuentes.

Primero debe observar detenidamente el problema, analice sus efectos y los diversos puntos de vista. Para ello se sugiere lo siguiente:

- Determinar el objeto, situación, caso, entre otros aspectos (qué se va a observar).
- Determinar los objetivos de la observación (para qué se va a observar).
- Determinar la forma con que se van a registrar los datos.
- Observar cuidadosa y críticamente.
- Registrar los datos observados.
- Analizar e interpretar los datos.
- Elaborar conclusiones.
- Elaborar el informe de observación (este paso puede omitirse si en la investigación se emplean también otras técnicas, en cuyo caso el informe incluye los resultados obtenidos en todo el proceso investigativo).

8.3.2. Ejecución de resúmenes de lecturas y/o de esquemas de conferencias, congresos, seminarios

Puede elaborar:

- Fichas.
- Récords anecdóticos.
- Grabaciones.
- Fotografías.
- Listas de revisión de datos.
- Cuadros de doble entrada.
- Mapas mentales.
- Mapas conceptuales.
- Diagramas de flujo.
- Infografías.
- Líneas del tiempo.

8.3.3. Mensajes clave

Algunas técnicas para memorizar o para recuperar información son:

a) Incluir imágenes de lugares en la presentación del debate, los nombres de esos lugares deben evocar o recordar ideas importantes.

b) Si lo prefiere haga asociaciones libres para recordar las ideas.

c) Puede crear palabras con las iniciales de cada oración.

d) Puede anotar en un papel o tarjeta las palabras que se le dificultan para recurrir a ellas.

8.3.4. Concentración

- Estudiar siempre en un mismo lugar, con buena iluminación, sin ruidos, no se ponga tan cómodo, espalda recta y la cabeza levemente inclinada hacia adelante. Piernas y muslos deben estar en un ángulo de 90 grados, con los pies en el suelo.
- Deje el celular y los distractores lejos de usted.

- Descanse antes de estudiar al menos durante 30 minutos, puede tomar una siesta, salir a caminar, leer o ver un programa.
- Planifique y organice previamente los contenidos que estudiará.
- Establezca un horario.
- Cierre los ojos por 5 minutos, respire tranquilamente.
- Lea durante 10 o 15 minutos, para que repase los contenidos.
- Imagine los temas.
- Memorice.
- Haga un resumen de lo estudiado.
- Duerma bien, los ciclos del sueño son necesarios para que el cerebro realice procesos cognitivos.
- En los tiempos actuales la atención está dividida o intermitente, debido al bombardeo de redes sociales e información, por ello si desea concentrarse es menester que se aleje de las pantallas, pues sobre estimulan al cerebro y producen atención diferida, es decir, que no se puede poner atención a una determinada actividad por más de dos minutos, esta situación es contraproducente para el estudio donde se necesita una atención permanente para memorizar e interiorizar los conceptos.

8.4. PREVENCIONES. A CONTINUACIÓN ENLISTAMOS LOS TIPOS Y CARACTERÍSTICAS

8.4.1. Prevención de daño moral

El daño moral de acuerdo con la Suprema Corte de Justicia de la Nación es: la alteración profunda que una persona sufre en sus sentimientos, afectos, creencias, decoro, honor, reputación, vida privada, configuración y aspectos físicos, o bien, en la consideración que de sí misma tienen los demás, producida por un hecho ilícito. Por tanto, para que se produzca el daño moral se requiere: a) que exista afectación en la persona, de cualesquiera de los bienes que tutela el artículo 1916 del Código Civil; b) que esa afectación sea consecuencia de un hecho ilícito; y, c) que haya una relación de causa-efecto entre ambos acontecimientos.

El daño moral es el menoscabo que una persona sufre en su integridad física, psíquica, su honra, su vida privada, sus sentimientos, afecciones, honra o reputación, derechos legislados en el artículo 1916 del Código Civil para el Distrito Federal y que también son conocidos como derechos de la personalidad. Los derechos de la personalidad son de acuerdo la Ley de Responsabilidad Civil para la Protección del Derecho a la Vida Privada, el Honor y la Propia Imagen en el Distrito Federal, artículo 7, fracción IV, los derechos de la personalidad son: los bienes constituidos por determinadas proyecciones físicas, sociales o psíquicas del ser humano, relativas a su integridad física y mental, que las atribuye para sí o para algunos sujetos de derecho y que son individualizadas por el ordenamiento jurídico.

Los derechos de personalidad tienen, sobre todo, un valor afectivo, por lo que componen el patrimonio moral de las personas —conjunto de bienes no pecuniarios, obligaciones y derechos de una persona, que constituyen una universalidad de derecho, se conforma por los derechos de personalidad.

Es importante señalar que el daño moral debe ser reparado —pues la responsabilidad civil alude a responder por los actos que han causado una afectación en la esfera jurídica. La reparación debe ser mediante una indemnización pecuniaria con independencia de que se haya causado daño material (ver artículo 1916 C.C.D.F. en relación con los artículos: 39 y 41 de la ley de responsabilidad civil). De igual manera la reparación comprende la publicación o divulgación de la sentencia condenatoria, a costa del demandado, en el medio y formato donde fueron difundidos los hechos y/u opiniones que constituyeron la afectación al patrimonio moral (a manera de disculpa pública que a su vez restituye la reputación de la persona).

Recuerde no calumniar, ni hacer señalamientos falsos, no hay que ofender a la parte contraria bajo ninguna circunstancia aunque medie provocación, tampoco hay que hablar a la ligera sobre determinados temas, el orador debe ser prudente.

8.4.2. Prevención de ilícitos penales por falsedad ante autoridad judicial y/o ante autoridad distinta de la judicial

Recuerde siempre verificar sus fuentes y evite utilizar noticias falsas. Considere que la forma es fondo, esto quiere decir que no basta con aplicar la teoría en la práctica y contar con un marco jurídico robusto para defender o abogar por nuestro caso, es necesario presentar nuestra defensa de una manera adecuada; en las siguientes líneas vamos a señalar algunas consideraciones, consejos y advertencias que usted debe considerar al momento de presentarse ante el juzgado para exponer su posición, como ya se mencionó las audiencias son debates públicos ante una autoridad jurisdiccional, por ello es esencial guardar las formas.

Cabe agregar que la comparecencia en las audiencias debe ser siempre respetuosa de conformidad con el artículo 58 del Código Nacional de Procedimientos Penales, que establece lo siguiente: Deberes de los asistentes. Quienes asistan a la audiencia deberán permanecer en la misma respetuosamente, en silencio y no podrán introducir instrumentos que permitan grabar imágenes de video, sonidos o gráficas. Tampoco podrán portar armas ni adoptar un comportamiento intimidatorio, provocativo, contrario al decoro, ni alterar o afectar el desarrollo de la audiencia.

Lo anterior en relación con el artículo 354. Dirección del debate de juicio: El juzgador que preside la audiencia de juicio ordenará y autorizará las lecturas pertinentes, hará las advertencias que correspondan, tomará las protestas legales y moderará la discusión; impedirá intervenciones impertinentes o que no resulten admisibles, sin coartar por ello el ejercicio de la persecución penal o la libertad de defensa. Asimismo, resolverá las objeciones que se formulen durante el desahogo de la prueba.

Si alguna de las partes en el debate se inconformara por la vía de revocación de una decisión del Presidente, lo resolverá el Tribunal.

La falsedad ante autoridades es un delito de acuerdo con los artículos 311 a 316 del Código Penal para el Distrito Federal. Nos permitimos reproducir los artículos, la sanción es de 2 a 6 años de prisión y multa, el tipo penal también comprende el falso testimonio, es decir, inculpar o exculpar a alguien indebidamente en calidad de testigo o denunciante, la misma situación se actualiza con los peritos.

Artículo 311. Quien al declarar ante autoridad en ejercicio de sus funciones o con motivo de ellas, *faltare a la verdad en relación con los hechos que motivan la intervención de ésta, será sancionado con pena de dos a seis años de prisión y de cien a trescientos días multa.* Si la falsedad en declaración se refiere a las circunstancias o accidentes de los hechos que motivan la intervención de la autoridad, la pena será de uno a tres años de prisión y de cincuenta a ciento cincuenta días multa.

Artículo 312. A quien con el propósito de inculpar o exculpar a alguien indebidamente en un procedimiento penal, ante el Ministerio Público o ante la autoridad judicial, declare falsamente en calidad de testigo o como denunciante, además de la multa a que se refiere el primer párrafo del artículo 311, será sancionado con pena de tres a siete años de prisión si el delito materia de la averiguación previa, la investigación o del proceso no es grave. Si el delito es grave, se impondrá de cinco a diez años de prisión.

Artículo 313. Al que examinado como perito por la autoridad judicial o administrativa dolosamente falte a la verdad en su dictamen, se le impondrán de tres a ocho años de prisión y de cien a trescientos días multa, así como suspensión para desempeñar profesión u oficio, empleo, cargo o comisión públicos hasta por seis años.

Artículo 314. Si el agente se retracta espontáneamente de sus declaraciones falsas o de su dictamen, antes de que se pronuncie resolución en la etapa procedimental en la que se conduce con falsedad, sólo se le impondrá la multa a que se refiere el artículo anterior. Si no lo hiciere en dicha etapa, pero sí antes de dictarse en segunda instancia, se le impondrá pena de tres meses a un año de prisión.

Artículo 315. Al que aporte testigos falsos conociendo esta circunstancia, o logre que un testigo, perito, intérprete o traductor falte a la verdad o la oculte al ser examinado por la autoridad pública en el ejercicio de sus funciones, se le impondrán de seis meses a cinco años de prisión y de cincuenta a doscientos días multa.

Artículo 316. Además de las penas a que se refieren los artículos anteriores, se suspenderá hasta por tres años en el ejercicio de profesión, ciencia, arte u oficio al perito, intérprete o traductor, que se conduzca falsamente u oculte la verdad, al desempeñar sus funciones.

8.4.3. Prevención de no incurrir en pomposidad y grandilocuencia

Evite actitudes pedantes, que sus gestos, posturas, lenguaje corporal no debe denotar ínfulas. Nunca exagere, siempre sea sobrio y moderado, evite que su discurso sea tachado de frívolo, no abuse de los tecnicismos, hable con recato y con un lenguaje sencillo, de lo contrario, el público no será receptivo hacia su discurso.

En esa línea de pensamiento, pomposidad: "deriva de "*pomposus*", que significa "lujoso" y que se encuentra compuesto de dos partes diferenciadas:

- El sustantivo "*pompa*", que es sinónimo de "cortejo".
- El sufijo "*-oso*", que puede traducirse como "abundancia".[3]

---

[3] Disponible en: https://definicion.de/pomposo/ (11 de junio 2021).

De acuerdo con la RAE:

> "1. adj. Ostentoso, magnífico, grave y autorizado.
>
> 2. adj. Hueco, hinchado y extendido circularmente.
>
> 3. adj. Dicho del lenguaje, del estilo, etc.: Demasiado solemne y adornado.
>
> 4. adj. Dicho de una persona: Que se expresa de forma pomposa".[4]

Un discurso pomposo es sinónimo de exceso de ornamentación, por ello es tachado de superficial. Aunado a lo anterior debemos hablar de la grandilocuencia.

El primer paso que vamos a dar antes de entrar de lleno en el significado del término grandilocuente es conocer su origen etimológico. En este caso, hay que exponer que procede del latín y es fruto de la suma de dos componentes léxicos de dicha lengua:

> — El adjetivo "*grandis*", que puede traducirse como "enorme".
>
> — El verbo "*loqui*", que es sinónimo de "hablar".
>
> — El sufijo "*-encia*", que se usa para indicar "cualidad de un agente".
>
> El adjetivo grandilocuente se emplea para calificar a quien se expresa con grandilocuencia: es decir, con pomposidad e ínfulas".[5]

Grandilocuente alude a un estilo pomposo, ostentoso y exagerado. Se incurre en grandilocuencia cuando se imprime mucha importancia a los hechos, palabras o conceptos, a pesar de que en la realidad no tienen tanto valor; en este caso, el orador usa esos términos para magnificar artificialmente la trascendencia o significado de las palabras, pero esto no ayuda a la claridad del debate ni abona a los argumentos.

8.4.4. Uso de información real, verídica reconociendo la fuente

Los abogados deben poseer habilidades y destrezas que los ayuden a desarrollar su propio juicio y una postura crítica frente a la información y el conocimiento, puesto que sus argumentos ayudan a construir un sistema jurídico que responda a la problemática social. El tráfico de noticias falsas promueve: posturas políticas falaces, prejuicios, compras de pánico, paranoia, agresiones, violencia, bloqueos, saqueos, ingesta de medicamentos contraindicados, entre otras situaciones en las que se denota la ignorancia colectiva y la falta de juicio o criterio ante las noticias. No basta la comunicación en red ni el esparcimiento de infor-

---

4 Disponible en: https://dle.rae.es/pomposo (11 de junio de 2021).

5 Disponible en: https://definicion.de/grandilocuente/ (11 de junio de 2021).

mación de forma acelerada y en grandes cantidades, la sociedad en red necesita una educación que la prepare para enfrentar su realidad.

No basta la comunicación en red ni el esparcimiento de información de forma acelerada y en grandes cantidades, la sociedad en red necesita una educación que la prepare para enfrentar las *noticias falsas o fake news*. No es posible que en la era del conocimiento y la información, fruto de revoluciones científicas, la población sea tan pasiva e ignorante al momento de reproducir noticias que no tienen fundamento.

El análisis de esta última circunstancia podría parecer frívolo, o de poca importancia frente a problemas como la pobreza, empero llama la atención que al acceder a diversas redes sociales, se reproducen en un 70% las noticias falsas en comparación con las noticias verdaderas.

Las noticias falsas mejor conocidas como *fake news* en inglés son noticias que carecen de veracidad y son reproducidas en medios de comunicación o redes sociales como si fueran reales. Su objetivo es manipular la opinión de las personas en el ámbito de la política, la economía, incrementar las visitas a sitios web o portales de noticias, influir en la conducta de las personas e incrementar el consumo de pseudociencia, principalmente. Su divulgación no es accidental, ni es una simple broma, basta ver el caso de Cambridge Analytica, cuyo fin fue alterar los resultados de la votación por Donald Trump, para que la balanza se inclinara a su favor o en otros casos como el Brexit donde se manipuló la opinión pública para salir de la Unión Europea.[6]

A continuación, algunos consejos para identificar noticias falsas:

a) Desconfíe de los títulos grandes y en mayúsculas: usualmente las noticias falsas tienen titulares diseñados para apelar a la emotividad y generar interés en redes sociales.

b) Acto seguido, verificar la sección "acerca de" o "*about*" del sitio: en los medios más confiables, esta parte de la página incluye datos importantes acerca del sitio, el financiamiento, la dirección, donde funciona el medio, el contacto u otras características. Es importante señalar que,

---

6 Para mayor información sobre los procesos legales y las acusaciones hacia Facebook y Cambridge Analityca por parte del Parlamento inglés, se sugiere ver el documental: Nada es privado de Karim Amer y Jehane Noujaim (2019), donde se demuestra que Cambridge Analytica obtuvo datos personales, auspiciada por Facebook para en el caso de las elecciones de 2016 en Estados Unidos difamar y calumniar a Hillary Clinton. Después de las acusaciones Cambridge Analytica se declaró en bancarrota y dejo de existir.

en sitios creados para difundir contenido falso, esta sección generalmente no existe o está incompleta.

c) Revisar las ligas y las citas: es necesario verificar las fuentes que tiene la noticia, si los vínculos que se indican como fuente no funcionan o redirigen a páginas que no están relacionadas con el artículo. Se deben contrastar las citas en buscadores, para verificar las declaraciones.

d) Desconfiar de URL similares a sitios conocidos: una estrategia usual de los sitios que difunden noticias falsas es valerse de vínculos similares a portales conocidos con el fin de que el lector difunda datos falsos.

e) Consultar una fuente local.

f) Buscar las imágenes contenidas en el artículo, ya que muchas veces el contenido engañoso utiliza fotos fuera de contexto, con la búsqueda de imágenes en Google, se puede desestimar la información.

Anexo:

Estructura de un debate:

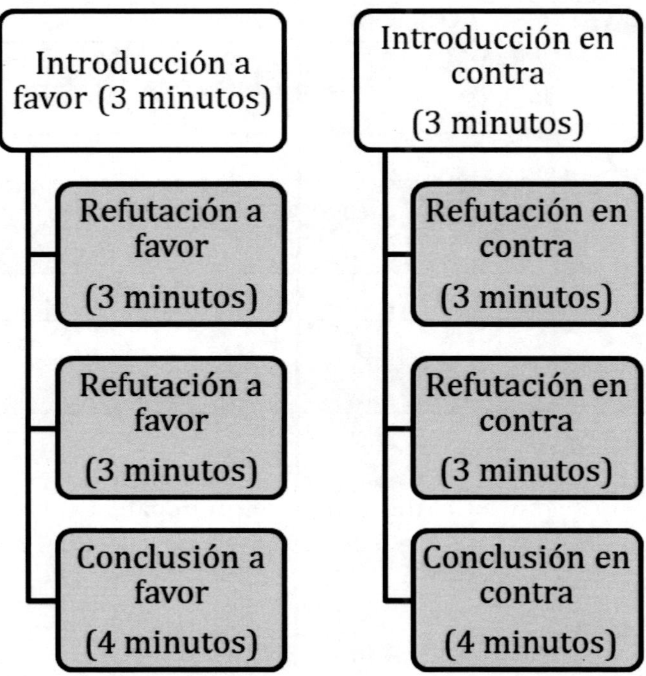

Etapas de un debate:

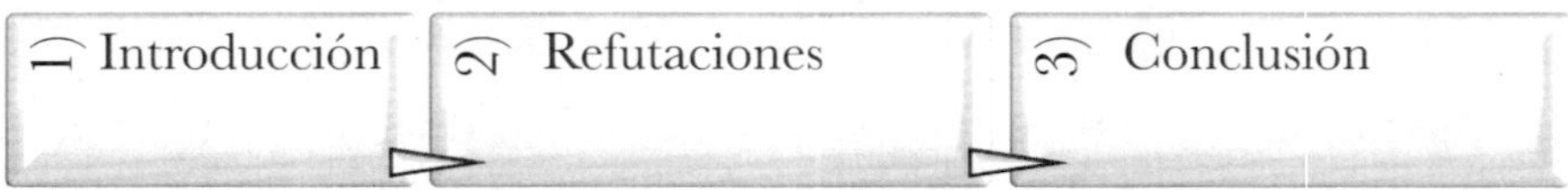

Acciones para seguir en un debate por parte del moderador.

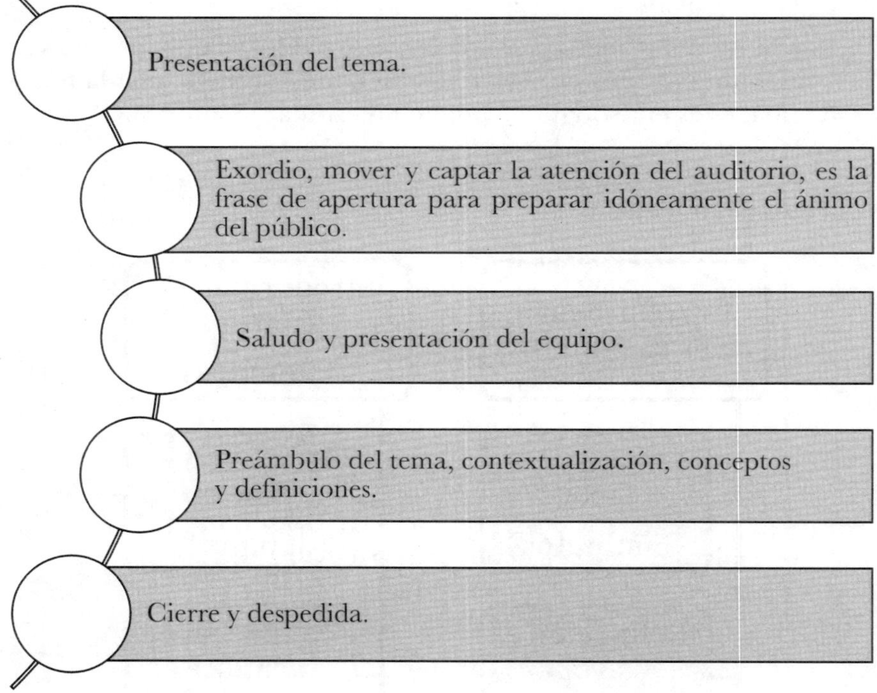

Acciones para seguir en el desarrollo de un debate a cargo de los refutadores:

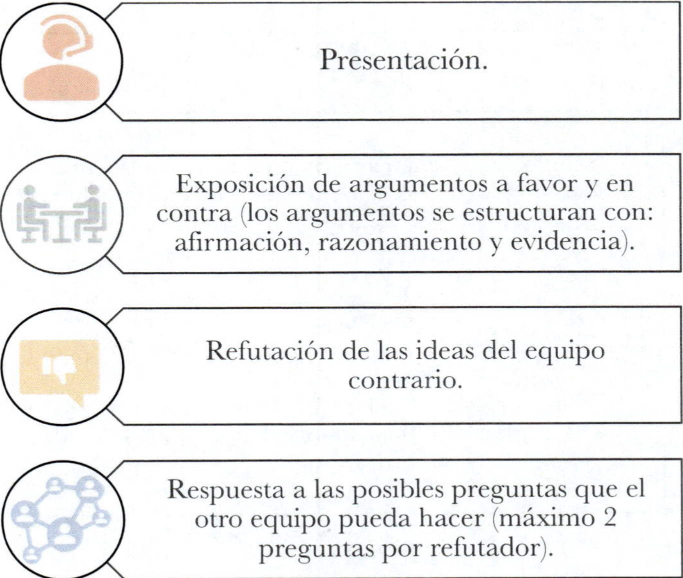

El primer/a refutador/a será el encargado o encargada de exponer uno de los tres argumentos del equipo, mientras que el tercer refutador deberá prolongar en el tiempo las posibles refutaciones y exponer el último argumento del equipo.

Sugerencias para la introducción del debate: esta parte es la que se puede preparar mejor, incluso se sugiere memorizarla, a través de numerosos ensayos para ajustar los tiempos de intervención.

Apertura del debate. Su objetivo es captar la atención, puede ser un poco teatral y emplearse argumentos al *ethos* y al *pathos*. No debe durar mas de un minuto.

Saludos y presentación. Saludar al auditorio, al moderador, al jurado, al equipo contrario. Detallar el rol de los integrantes del equipo.

Contextualización del tema. Definición del tema, los conceptos más relevantes y definir la actualidad del tema.

Posicionamiento del equipo. Al final pueden enumerar los argumentos.

Sugerencias para llevar a cabo la refutación. Recuerde que la refutación es el cuerpo del debate porque en ésta se observa cabalmente el ejercicio argumentativo.

Cada orador/a comienza su intervención rebatiendo los argumentos del equipo contrario, para ello puede valerse de sus propias evidencias y argumentos.

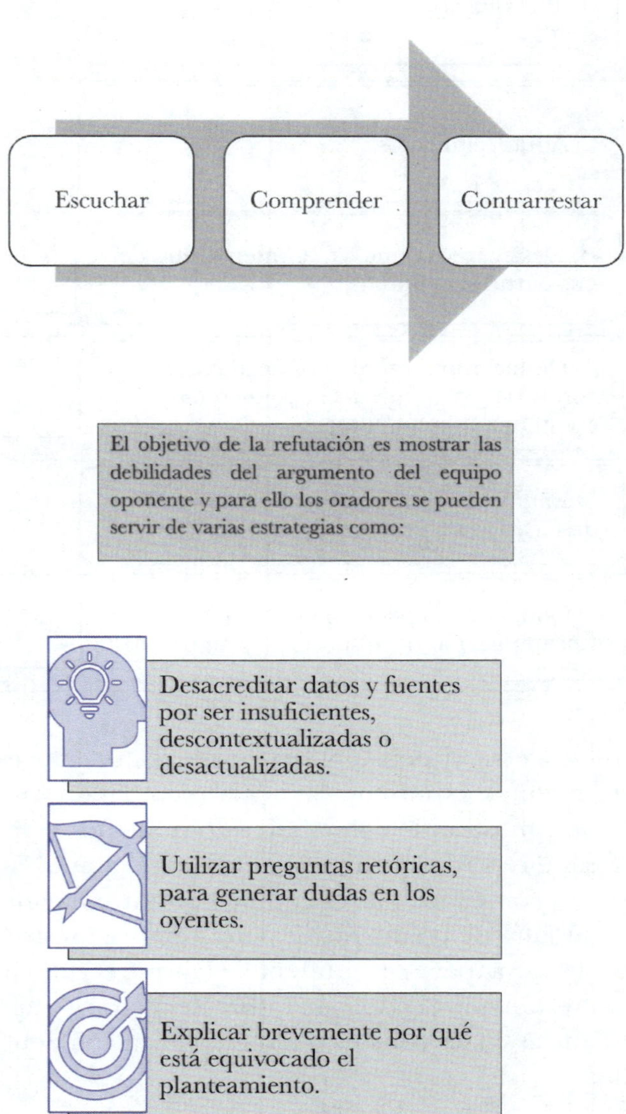

Exposición de las conclusiones a cargo de los refutadores: deben hacerlo en 3 minutos, se sugiere la siguiente estructura para exponer las conclusiones:

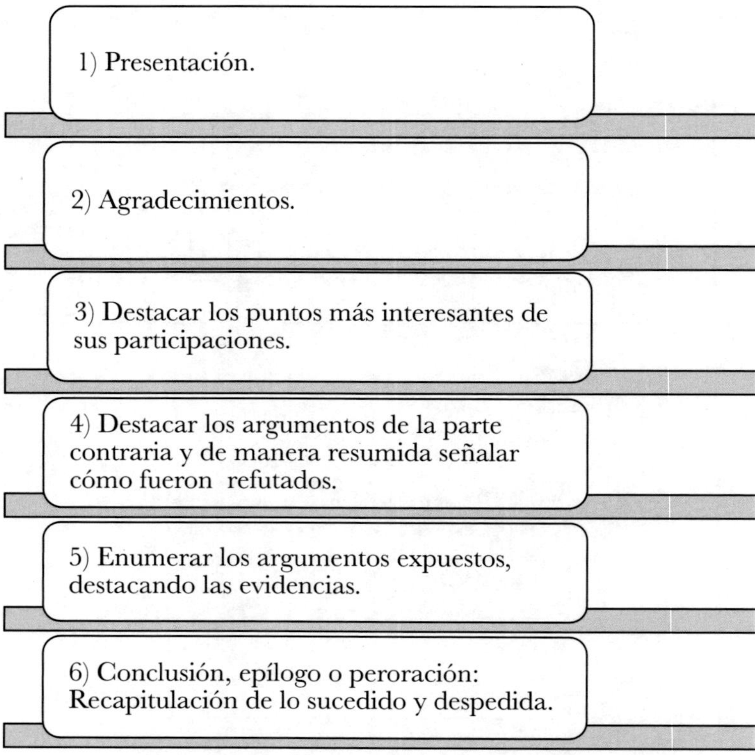

La conclusión cierra el debate y sirve para realizar el resumen de todos los datos y argumentos expuestos. Se inicia recordando los argumentos del equipo contrario y mostrando cómo han sido refutados para posteriormente el orador/a pasar a recordar los argumentos de su equipo. Es aceptable aprovechar los errores cometidos por el equipo contrario, la ambigüedad de sus argumentos o su falta de credibilidad, pero siempre mostrando una actitud respetuosa, no agresiva, pero contundente. Hay que cerrar con fuerza porque es la última impresión que el público tendrá. Recuerde no aportar nuevos elementos ni evidencias en las conclusiones. La peroración debe ser congruente con el exordio.

En este capítulo examinamos las técnicas de preparación de un debate con base en la vocalización y/o calentamiento de la voz, ejercicio de la respiración, preparación emocional, actitud mental positiva, control de emociones, motivación y prevenciones, entre otros elementos. En el siguiente capítulo analicemos los argumentos en un debate.

BIBLIOGRAFÍA

Enciclopedia significados, <https://www.significados.com/>.

RANGEL HINOJOSA, Mónica, *El debate y la argumentación*, Trillas, México, 2007.

Real Academia Española, <https://dle.rae.es>.

SÁNCHEZ PRIETO, Guillermo, *Educar en la palabra, Manual de técnicas de debate, oratoria y argumentación*, edic. Kindle, 2012.

SCHOPENHAUER, Arthur, *El arte de siempre tener la razón*, edit. Punto de lectura, México, 2014.

WESTON, Anthony, *Las claves de la argumentación*, Ariel, México, 2015.

Capítulo 9

ARGUMENTOS EN UN DEBATE

Miguel Eduardo Morales Lizárraga*

Objetivo particular: diseñar argumentos con base en los distintos tipos de falacias propias para la estructura de un discurso.

9.1. CLASIFICACIÓN DE LAS FALACIAS

Las falacias se pueden difícilmente clasificar en formales e informales y también en deductivas e inductivas; igualmente se pueden dividir en intencionales o sofismas e inintencionales o de buena fe; estas últimas, falacias en estricto sentido. Una falacia es un argumento aparente, tanto en su forma como en su fondo, o sea, aparentemente es verdadero y aparentemente hay enunciados o proposiciones que se siguen de otras proposiciones, pero no es así, como en las falacias informales; asimismo aparentemente se llega a una conclusión, pero la forma es incorrecta por lo que la conclusión no se sigue de las premisas como en las falacias formales.

José Ferrater Mora señala que:

> En ocasiones se distingue entre 'sofisma' y 'falacia' indicándose que mientras el primero se caracteriza por ser "intencional" —por ser el tipo de razonamiento producido por un "sofista" con el fin de derrotar y confundir al contrario—, la segunda se caracteriza por ser simplemente un "error" o descuido en el razonamiento. Según esta distinción, el sofisma es una argucia retórica, mientras que la falacia es un tipo de argumento no válido.[1]

---

* Licenciado en Derecho por la Universidad Marista de México, Maestro y Doctor en Derecho por la UNAM, con estudios terminados de Filosofía por la UNAM, profesor definitivo B por oposición de las materias de Filosofía del Derecho y Derechos Humanos en la Facultad de Derecho de la UNAM, profesor de asignatura de Teoría del Derecho I y II de la Universidad Iberoamericana. Especializado en filosofía del derecho, derechos humanos y filosofía de los derechos humanos y ética, en su vertiente crítica. Autor de varios artículos en sus líneas de investigación y del libro *Ética posmoderna y Derechos Humanos. Antropología filosófica jurídica*, editado por la CNDH en 2019.

1 Ferrater Mora, José, *Diccionario de filosofía*, Ariel, Barcelona, tomo ER-J, p. 1208.

Pareciera que José Ferrater tiene una noción moderna de la retórica que la menosprecia como sofistería, sin embargo, en la actualidad hay una revaloración de la retórica como arte de discurrir, discutir, dialogar, debatir, persuadir, convencer, no necesariamente con mala intención. La mala intención en la argumentación retórica se llama erística[2] y en ella sí se emplean sofismas con la intención de engañar y derrotar de la manera que sea (el fin justifica los medios) al contrincante. Daniel Marquez Muro al respecto llama a las falacias "silogismos sofísticos" señalándolas como toda argumentación incorrecta o falsa y distingue tres tipos:

> *Paralogismos*. Se da este nombre a las argumentaciones viciosas en su *forma*, es decir, que no siguen las reglas generales del silogismo. También se da el nombre de paralogismo a la argumentación viciosa o incorrecta, usada de buena fe, es decir, cuando no se tiene la intención de engañar. Llámese paralogismo porque en el fondo no se es un silogismo, sino tan sólo *parece* silogismo, sin serlo.
>
> *Falacias*. Se da este nombre a la argumentación viciosa en general, sin distinguir si es de buena o mala fe. Falacia viene de *falaz*, es decir, lo que no es cierto.
>
> *Sofismas*. Se reserva este nombre a la argumentación viciosa usada de *mala fe*, es decir, cuando *voluntariamente y con toda conciencia* se trata de presentar como cierto lo que no es. El nombre de *sofisma* se ha tomado de los *sofistas*, quienes, como dice Cicerón, "Filosofaban no para llegar a la verdad, sino tan sólo por ostentación y vanidad.[3]

9.1.1. Formales e informales

La clasificación de las falacias es altamente difícil y sólo por simpleza casi vana se ha reducido a dos conjuntos que tampoco están correctamente delimitados, no por falta de capacidad, sino por la propia naturaleza del fenómeno. Esta división clásica es entre falacias formales e informales o entre sofismas

---

[2] *Diccionario de filosofía* del Nódulo Materialista de la Universidad de Oviedo, accesible en https://www.filosofia.org/enc/ros/eris.htm consulta de fecha 12 de abril de 2021, "(griego *eristikos*: que discute.) Arte de sostener disputa, que se desarrolló sobremanera entre los sofistas antiguos griegos. Surgió como método de búsqueda de la verdad por medio de la discusión; al poco tiempo se dividió en dialéctica y sofística. La primera fue desarrollada por Sócrates en su método. Procurando sólo conseguir la victoria sobre el contrincante, la sofística redujo la erística a la suma de procedimientos con cuya ayuda se podía demostrar y refutar con igual éxito cualquier afirmación, por lo cual Aristóteles no establecía ya diferencia entre la erística y la sofística".

[3] Marquez Muro, Daniel, *Lógica,* 2ª ed. Porrúa, México, 1955, p. 171. La cita de Cicerón está tomada de los *Académicos*, Libro II capítulo 32, citado por Marquez Muro.

lógicos y sofismas retóricos.[4] Sobre todo, de estas últimas, informales o retóricas, es imposible dar un catálogo delimitado de las mismas, lo más que podemos hacer es identificar las más comunes, nombradas por la tradición y estar prevenidos ante cualquier argumentación para detectar fallos en la misma, ya la propia, ya la ajena, aunque no tenga las características de las falacias enumeradas.

Las falacias se pueden clasificar de diversas maneras, la más común es, como ya señalamos, la que divide entre formales e informales. Dowden define: "A formal fallacy can be detected by examining the logical form of the reasoning, whereas an informal fallacy depends upon the content of the reasoning and possibly the purpose of the reasoning ".[5] Esto último es muy importante, pues hay argumentaciones que en un contexto y con un propósito determinado son falaces y en otro contexto y otro propósito como el jurídico no lo son, como tendremos ocasión de ver más adelante.

Las falacias formales, evidentemente, son una falla en la lógica formal, violan alguna de sus leyes y tenderán a coincidir con las falacias en la deducción. Las informales, que tenderán a coincidir con las inductivas, aunque no necesariamente, introducen premisas falsas o recursos sentimentales. Las falacias formales tienden a responder a las mismas reglas para descubrirlas, pero será diferente la metodología si nos ubicamos desde la lógica tradicional aristotélica o silogística, que es más complicada y no tan útil, que en la lógica clásica simbólica que ha logrado simplificar y hacer más sencilla la detección de falacias formales.

Desde el punto de vista de los modos del silogismo (silogismo categórico que contiene proposiciones categóricas) aristotélico y teniendo en cuenta el cuadro de oposiciones de contradicción pudiendo haber enunciados universales afirmativos (A), universales negativos (E), particulares afirmativos (I), y particulares negativos (O) (los cuatro tipos de proposiciones categóricas posibles) debemos seguir las siguientes reglas para evitar argumentos inválidos:[6]

---

4 Orrego, Cristóbal, *Filosofía: conceptos fundamentales*, Instituto de Investigaciones Jurídicas, UNAM, México, 2020, p. 145.

5 Una falacia formal puede ser detectada examinando la forma lógica del razonamiento (i.e. las formas de la lógica simbólica clásica son el *modus ponendo ponens*, el *modus tollendo tollens*, el silogismo hipotético etcétera —la lógica tradicional es la aristotélica, la silogística cuyas formas argumentales son los modos del silogismo, referidos por los nombres medievales, por ejemplo, *Bárbara, Celarent, Darii, Ferio*, etcétera), mientras que una falacia informal depende del contenido del razonamiento y posiblemente de su propósito.

6 Síntesis de Orrego, C. *op. cit.*, p. 131-132.

1. El término medio —el concepto común en las premisas, que las enlaza—, debe usarse en el mismo sentido. Si hay equivocidad o ambigüedad no habrá esa conexión, aunque formalmente la hubiera en apariencia. Todos los hombres son racionales. Diotima no es hombre. Diotima no es racional (también hay confusión de género y especie, así como negación del antecedente).
2. El término medio debe usarse de manera universal por lo menos una vez. Si el término medio no es universal en ninguna de las premisas el argumento es inválido. Algunos hombres son inmortales. Sócrates es hombre. Sócrates es inmortal (bien podría Sócrates pertenecer al conjunto de algunos hombres no inmortales).
3. "Los extremos no pueden poseer más universalidad en la conclusión que en las premisas". Todos quienes buscan justicia son abogados. Algunos luchadores sociales buscan justicia. Todos los luchadores sociales son abogados (sólo se puede concluir un particular, por lo que viola la regla 4 siguiente también).
4. "La conclusión sigue a la cantidad o calidad más débil de las premisas". Ante una premisa universal y otra particular o una premisa negativa y otra afirmativa, sólo se puede concluir una proposición particular o negativa respectivamente.
5. "Nada se sigue de dos premisas negativas."

Desde el punto de vista de la lógica clásica hay diferentes tipos: del hombre enmascarado o epistémica, del medio no distribuido, falacias del consecuente (son las más comunes: la falacia de afirmación del consecuente y la de negación del antecedente), falacias modales, falacias probabilísticas, falacia del jugador, falacia de la conjunción y falacia *ad lógicam;*[7] sólo describiremos las más sencillas y comunes por razones de espacio:

1. Falacia de hombre enmascarado. Es una falacia de falta de conocimiento o conocimiento parcial, por lo que el resultado no es el mismo si se conocen todos los datos que si no se conocen, por ejemplo: Edipo quiere casarse con Yocasta. Yocasta es la madre de Edipo. Edipo quiere casarse con su madre. Aquí la palabra clave es "quiere" que implica voluntad. Edipo no quiere casarse con su madre pues *no tiene conocimiento* de que Yocasta lo sea, que si lo supiera no lo querría. La segunda

---

[7] Bordes Solanas, Monserrat, *Las trampas de Circe: falacias lógicas y argumentación informal,* Cátedra, Madrid, 2011, p. 159 y sigs.

premisa introduce un conocimiento para el lector que es vedado para el protagonista.[8]

2. Afirmación del consecuente. Si p entonces q; es el caso que q, por lo tanto p. Si llueve el suelo se moja; el suelo está mojado, por lo tanto, ha llovido. El suelo puede estar mojado por otras razones y haber un día soleado.
3. Negación del antecedente. Si p entonces q; es el caso que no p, por lo tanto, no q. Si llueve el suelo se moja; no ha llovido, por lo tanto, el suelo no está mojado.

9.1.2. Ambigüedades, anfibología, acento del lenguaje

Las falacias informales también se pueden clasificar en falacias de no pertinencia o *extra dictionem* o no lingüísticas, donde el argumento es falaz por contexto o intención (i.e. falacia *ad ignorantiam* o falacia *ad baculum*); y falacias de ambigüedad en general o *intra dictionem* o lingüísticas que son ocasionadas por una falta de conciencia de buena o mala fe acerca de las características del lenguaje en general y por tanto de un uso incorrecto del lenguaje. Una de las diferencias entre la lógica tradicional aristotélica y la lógica simbólica clásica es justo ésta, que la simbolización o formalización del lenguaje nos ayuda a sortear las trampas de las características de éste.

El lenguaje tiene cuatro características generales que desde un punto de vista expresivo son virtudes de éste, pues permiten expresar a los hablantes cosas que de otro modo serían muy difíciles de expresar o serían inefables de plano. La plasticidad del lenguaje, la literatura en toda su diversidad que es reflejo de la gran diversidad de la vida humana y la diversidad de culturas tanto en el tiempo real como en mundos posibles de ficción y fantasía, es debida a estas virtudes o características. Pero en el lenguaje científico, en un sector del lenguaje filosófico como por ejemplo en la filosofía analítica y en la deliberación, diálogo y debate racionales se precisa más regularmente evitar estas características que desde este punto de vista son miradas más bien como defectos del lenguaje. Estas características del lenguaje son:

a) Ambigüedad. Es una característica de cualquier idea, concepto, término o palabra de tener dos o más significados o ser susceptible de dos o más interpretaciones; en ocasiones no es intrínseca (la palabra es cla-

---

[8] Ejemplo tomado de https://www.falacias.org/falacias/falacia_del_hombre_enmascarado/ consulta del 20 de mayo de 2021.

ra no tiene otros significados), sino contextual, i.e. banco, institución financiera; banco, depósito de órganos o sangre para donación; banco, instrumento que sirve para sentarse que no tiene respaldo; banco, conjunto de peces. Fui al banco y me senté en un banco. "El Derecho es una ciencia. ¡No! es una técnica o una práctica social. ¡No! es una dirección". El derecho como fenómeno empírico es una técnica y es una práctica social —como el elefante— y no es una ciencia; pero la dogmática jurídica —entre otras— es la ciencia del derecho que estudia al derecho y que también llamamos Derecho.

b) Vaguedad. "Puede definirse como la imprecisión o indeterminación en el significado de un término. Los términos son vagos cuando se refieren a cualidades que las cosas pueden poseer en un grado indeterminado sin que el contexto permita precisar. Así sucede, por ejemplo, con los términos comparativos y aquellos que indican cantidad (sin precisarla cuantitativamente), como «bastante, «mucho», «grande», «apenas», o aquellos cuyas propiedades se aplican a un área indefinida de objetos, como «contexto», «calidad de vida», «clima sano», «joven», «de edad madura», etc. La vaguedad se diferencia de la ambigüedad en que ésta no permite decidir en cuál de los posibles sentidos se toma un término, mientras que aquélla no permite decidir si el significado del término se aplica o no, o en qué grado".[9] El ejemplo clásico del derecho es tomado de Hart cuando señala "Prohibido entrar al parque con vehículos". No hay ambigüedad en el sentido de la palabra vehículo, pero hay vaguedad ya que un vehículo es desde un triciclo hasta una grúa de gran calado.

c) Textura abierta. Es la vaguedad potencial de todo el lenguaje, así como la vaguedad es en acto, presente. Es potencial pues siempre hay situaciones nuevas que deberán ser nombradas y la plasticidad del lenguaje se mueve en esta penumbra de significados para abarcar esas nuevas situaciones. Podemos emplear las palabras de formas que no se empleaban antes para nombrar y comunicar nuevas situaciones.

d) Emotividad. El lenguaje expresa emociones. Por ejemplo, puede estar en modo imperativo cuando ordenamos o mandamos que algo sea hecho, aunque en muchas ocasiones la propia palabra no lo revele en sí misma, sino la forma en que se expresa; i.e. cuando un cirujano en

---

9 Enciclopedia Herder, consultable en https://encyclopaedia.herdereditorial.com/wiki/Vaguedad acceso del 25 de mayo de 2021.

plena operación le ordena a su enfermero asistente ¡bisturí! La palabra no está en modo indicativo descriptivo, está en imperativo, la frase completa sería ¡páseme el bisturí! (el segundo Wittgenstein pone algunos ejemplos de este tipo). Alf Ross se adscribe al emotivismo ético al señalar que la palabra justicia (o injusticia) no tiene referente empírico, es decir, no se usa nunca en modo indicativo descriptivo, sino que siempre expresa la carga emotiva de que algo no nos parece según nuestra subjetividad.[10] La emotividad genera falacias *extra dictionem* de apelación a los sentimientos, como *ad baculum, ad verecundiam, ad populum,* etcétera.

Las falacias de ambigüedad pueden dividirse a su vez en falacias de equívoco (semántica), uso y mención (semántica), anfibología (sintáctica) y de énfasis o acento (pragmática). Por semántica, sintáctica y pragmática nos referimos a dimensiones del lenguaje, la primera referida a su significado, sentido o posible interpretación en sí mismo, (en relación con otras palabras), la segunda respecto a las relaciones con otros signos o palabras (las reglas de organización de relaciones entre signos y palabras, el significado que pueden tener en su propio contexto lingüístico) y la tercera, referente a las relaciones entre los enunciados, sus significados semánticos y sus relaciones sintácticas con respecto a los intérpretes y los contextos de uso: i.e. —¿hacia dónde está la facultad de derecho?; —¡derecho! (el segundo hablante señala una dirección, el primer hablante debe entender, por el contexto de uso que está enunciando que el segundo hablante le está dando una dirección, sería torpe en interpretar que le están repitiendo la especialidad de la facultad de derecho).

a) Equivoco. Utiliza una misma palabra con significados ambiguos. "El fin de una cosa es su perfección, la muerte es el fin de la vida. La muerte es la perfección de la vida".[11] La palabra fin se está utilizando en sentidos distintos, la primera como meta u objetivo la segunda como término o "acabose".

b) Uso y mención. "Transfiere propiedades de los nombres a los referentes de los nombres y viceversa". ¿Se llama Patricia? Debe ser una mujer noble (falaz, pues de que el significado de la palabra Patricia

---

[10] Una sencilla explicación de estas cuatro características puede ser vista en Vazquez, Rodolfo, *Teoría del derecho,* Oxford, México, 2008, p. 5-9.

[11] Copi, I. *Introducción a la lógica,* Buenos Aires, Editorial Universitaria de Buenos Aires, 1969, p. 77, cit por. Orrego, *op. cit.,* p. 146.

sea mujer noble no se sigue que la persona que se llame Patricia sea necesariamente noble).[12]

c) Anfibología. Es sintáctica, pues la estructura de la oración o afirmación está mal hecha y puede entenderse en dos o múltiples sentidos. Patricia fue a ver al presidente en su carro ¿de quién es el carro, del presidente o de Patricia? La ambigüedad está en la estructura de la oración, no en los significados de las palabras.

d) Énfasis o acento. "El significado cambia según la parte de la oración que se resalte fónicamente". No debemos *hablar* mal de nuestros amigos; no debemos hablar *mal* de nuestros amigos; no debemos hablar mal de *nuestros* amigos; no debemos hablar mal de nuestros *amigos.*[13]

9.1.3. Inductivas y deductivas

Dowden señala que los argumentos falaces también se pueden clasificar en deductivos e inductivos: "depending upon whether the fallacious argument is most properly assessed by deductive standards or instead by inductive standards. Deductive standards demand deductive validity, but inductive standards require inductive strength such as making the conclusion more likely".[14] y finalmente nos previene en que un argumento es una falacia sí, siendo inválido es presentado como válido o es inductivamente más débil de lo que es presentado; sí tiene una premisa injustificada; o si alguna evidencia relevante a la inducción ha sido ignorada o suprimida.

Las falacias inductivas como su nombre lo indica, sostienen sus premisas, sobre todo la mayor, a partir de la inducción empírica. El razonamiento inductivo se da por inferencia a partir de una muestra de un conjunto, por lo que se basa en la buena formulación de conjuntos o clases de objetos por características representativas que sean realmente semejantes en los objetos

---

12 Ibarra, Alejandro, "falacias informales", *Diplomado de lógica y argumentación*, Instituto de Investigaciones filosóficas, Unam, México, 2018, apuntes de clase sin editar.

13 *Ídem.*

14 …dependiendo de si el argumento considerado falaz puede ser juzgado por estándares deductivos o inductivos. Los estándares deductivos demandan validez deductiva, pero, los estándares inductivos requieren fuerza inductiva para hacer la conclusión más probable (i.e. que la muestra de la que se induce sea una muestra representativa y suficiente). Dowden, *op. cit.*

agrupados, pues si se hacen clases de objetos a partir de características contingentes las clases estarán mal construidas.

Como puede inferirse, la inducción, *epagoge* de Aristóteles, está basada en la capacidad del ser humano de realizar operaciones conceptuadoras a partir de la observación, y de ahí la descripción, análisis y comparación. La clasificación puede operarse después o durante la operación de las anteriores, pero difícilmente se pueden hacer clasificaciones efectivas antes de hacer otras operaciones. Las falacias inductivas más comunes son: la falsa generalización o generalización apresurada o precipitada, la muestra no representativa (muy común en encuestas, estadísticas y metodologías sociológicas), la falsa analogía, la inducción despreciada y la falsa exclusión.

a) Muestra no representativa. La muestra que se toma de un conjunto o clase de objetos no es representativa de ese conjunto o clase de objetos. Por ejemplo, para saber la opinión de las personas sobre la despenalización del aborto a nivel nacional tomamos una muestra de 1000 personas de una ciudad X caracterizada por ser ultraconservadora. La encuesta afirma que a nivel nacional las personas están en contra de la despenalización. El argumento de la encuesta es falaz pues la muestra no es representativa.

b) Falsa analogía. Precisamente porque una clasificación debe agrupar en una misma clase objetos que compartan características relevantes entre sí o mejor aún características necesarias, cuando se agrupan objetos por características contingentes o accidentales se comparan entre ellos y se sacan conclusiones pretendidamente necesarias de dicha comparación se comete esta falacia. Consiste entonces en concluir que porque dos objetos son similares en algún aspecto lo deben ser en otros aspectos. Por ejemplo: "El gobierno es como un negocio, al igual que el negocio debe tener ganancias". "Las mujeres como las escopetas, cargadas y en el rincón" (no sólo es falaz, es indeciblemente misógino y machista).

c) Inducción despreciada. En el caso de la adopción homoparental, las posturas en contra argumentan que la orientación sexual de los padres o madres afectará la orientación sexual de los hijos adoptivos y que estos también serán homosexuales. Se desprecia la inducción a partir de la muestra que representa una mayoría de homosexuales hijos de familias heteroparentales "normales" y que la heterosexualidad de sus padres no afectó su orientación sexual.

d) Exclusión de evidencia. Se excluye evidencia que cambiaría el razonamiento. El equipo de futbol X ha ganado 9 partidos, así que probablemente gane el siguiente. Se omite decir que ha ganado 8 de esos partidos contra equipos que están hasta abajo en la tabla y que en el siguiente partido se enfrentará al líder de la tabla.

9.1.4. Uso de falacias en medios de comunicación y política

De siempre, por lo menos en la política, se ha echado mano del discurso falaz y erístico. En la era de la opinión pública (siglo XIX y principalmente primera mitad del XX que cuenta ya con muestreos metódicos de opinión además de la prensa "libre", aunque encontramos antecedentes tan remotos como la *doxa* griega y el *vox populi* medieval),[15] la propaganda moderna (inventada por Goebbels) y la publicidad, así como su masificación en los medios de comunicación ahora ya globalizados mediante las tecnologías de la información y comunicación, asistimos a fenómenos muy acusados y generalizados: infodemia, postverdad, posthistoria y efecto Dunning-Kruger. Estos fenómenos se fomentan y fomentan el uso falaz del lenguaje ya sea de manera manipuladora y consciente o de maneras caóticas inconscientes, inintencionales. Utilizan principalmente argumentos de apelación a las emociones (consecuencias, *baculum, misericordiam, ad verecumdiam, ad populum,* etcétera).

La infodemia es la sobre información, la epidemia de información que la vuelve caótica y contradictoria y no permite a los no avisados formarse un criterio o utilizar herramientas para navegar sin perderse en esa sobreinformación. La postverdad es un fenómeno en el que no importa la verdad, importa que la información se conforme con mi manera de pensar y principalmente con mis emociones, con lo que siento acerca de mi manera de pensar y la de los otros, apela a la persuasión emocional y no al convencimiento racional. La postverdad como fenómeno es aprovechada por los medios de comunicación coptados por factores reales de dominio, ya sea públicos o privados, para dirigir la opinión pública. La posthistoria es un fenómeno parecido a la postverdad, tiene sus mismas características y está relacionado a su vez con el revisionismo histórico, por ejemplo, afirmar que los nazis no cometieron genocidio y que se les ha valorado mal, o que el nacional socialismo es socialista porque "en el nombre llevan la penitencia" o adoptar posturas abiertamente fascistas refutando las arbitrariedades cometidas y las consecuencias negativas de esas posturas políticas. El efecto Dunning-Kruger, relacionado con la infodemia y con la postverdad, es un sesgo cognitivo en el que los incompetentes

---

15 *Vid.* Habermas, J, *Historia y crítica de la opinión pública,* Barcelona, Editorial Gustavo Gili, 2009.

(todos somos incompetentes en algún área) sobreestiman su conocimiento, i.e. durante la pandemia resultó que todo el mundo era experto epidemiólogo o situaciones así; inversamente las personas altamente competentes suelen subestimar su conocimiento, algo así como lo que decía Bertrand Russell y que repite Charles Bukowski: los inteligentes están llenos de dudas y los ignorantes de certezas.

9.2. FALACIAS

Lo primero que tenemos que hacer para comenzar esta unidad es indicar a qué nos referimos cuando usamos la palabra falacia, para después señalar las dificultades de su clasificación y después referenciar la clasificación clásica.

> El término 'falacia' no es un término preciso. Una razón es su ambigüedad. Puede referirse a: (a) un tipo de error en un argumento, o (b) un tipo de error en el razonamiento (incluyendo argumentos, definiciones, explicaciones y otras cosas por el estilo), o (c) una creencia falsa, o (d) la causa de cualquiera de los errores anteriores, incluidas las que comúnmente se conocen por técnicas retóricas.[16]

La falacia es un error intencional o de buena fe en la argumentación o en el razonamiento. Es un tipo de argumento que puede ser incorrecto o inválido o falso o ambas, tanto incorrecto o inválido como falso, esto es así pues efectivamente los argumentos pueden ser válidos y falsos o argumentos sólidos, que son válidos y verdaderos. Sin embargo, aunque podamos tener una definición general de falacia que nos permita ser operativos la realidad es que no se ha podido decir con claridad qué fenómenos designa el término y, por lo mismo, es imposible una clasificación de las falacias más allá de dos conjuntos simples y vagos.

Por ello debemos hacer algunas precisiones, primero, entre razonamiento (o silogismo) y argumento, y después entre la buena y la mala intención. Irving Copi (citado por Cáceres) señala que:

> El razonamiento es la clase especial de pensamiento llamada inferencia, en la que se sacan conclusiones a partir de premisas. Si las premisas son fundamento adecuado para aceptar la conclusión, si afirmar que las premisas son

---

16 Dowden, Bradley. "Falacias" en *Internet Encyclopedia of Philosophy*, accessible en: https://iep.utm.edu/fallacy/ consulta del 10 de abril de 2021, cit. por. Vega Reñon, Luis. *Las falacias: una introducción*, Documento de Trabajo, Universidad Nacional de Educación a Distancia, España, p. 46. The term "fallacy" is not a precise term. One reason is that it is ambiguous. It can refer either to (a) a kind of error in an argument, (b) a kind of error in reasoning (including arguments, definitions, explanations, and so forth), (c) a false belief, or (d) the cause of any of the previous errors including what are normally referred to as "rhetorical techniques."

verdaderas garantiza afirmar la verdad de la conclusión, entonces el razonamiento es correcto.[17]

Respecto del argumento "puede definirse como un conjunto cualquiera de proposiciones o enunciados de los cuales se afirma que hay uno que se sigue de los demás considerando éstos como fundamento de la verdad de aquel".[18]

La diferencia entre razonamiento y argumento es que en el primero se llega a una conclusión y la forma argumental o estructura formal garantiza que, en caso de ser verdaderas las premisas la conclusión también lo será. Por ello el razonamiento puede ser válido formalmente, pero falso materialmente. El argumento no necesariamente llega a una conclusión, solo es una secuencia de proposiciones donde unas se siguen de otras. El uso más común de la palabra falacia se refiere a falsedad, pero en el uso común técnico de los lógicos y los retóricos se refiere a error en la argumentación principalmente.

Hay algunas preguntas que nos ayudan a defendernos de las falacias de una manera sencilla y rápida en la mayoría de los casos, en otros se requerirá mayor profundidad de análisis; por ejemplo, podemos preguntarnos si aquello que nos argumentan es así siempre, en todos los casos y/o de manera necesaria; también podemos preguntarnos si hay evidencia suficiente o se ha ocultado alguna parte de ella, o si la clase de fenómenos desde los que se hace la inferencia es un conjunto con características pertinentes o semejantes.

9.2.1. Argumento a silentio

Todos hemos escuchado, nos han dicho o le hemos dicho a alguien aquella frase de que "el que calla otorga". Esto significaría que, frente a un razonamiento, tal vez mentiroso o falaz o agresivo, el interlocutor queda en silencio y nosotros u otros infieren que es o porque ha concedido en nuestras afirmaciones o porque ignora el asunto. Esto es la falacia del silencio, concluir falazmente que una persona no sabe o concede en nuestros argumentos porque guarda silencio. Pero, puede suceder que calle simplemente porque no desea discutir con personas agresivas o razonar con argumentos absurdos.

Por supuesto en derecho tenemos la figura de la afirmativa ficta que legalmente vuelve el silencio de la autoridad en una concesión.

---

17 Copi, Irving, *Lógica simbólica,* trad. Andrés Sestier, Ed. Continental, México, 1982, p. 16, cit. por. Cáceres, Enrique, *Introducción práctica al cálculo lógico aplicado al derecho,* Porrúa, México, 2014, p. 6.

18 Cáceres, *op. cit.*, p. 7.

9.2.2. Argumento **ad antiquitatem**

Seguramente lo hemos hecho o nos han argumentado de esta manera: siempre ha sido así, así siempre se ha hecho, esa es la costumbre o esa es la tradición; pero el que inclusive en las circunstancias iniciales que dieron origen al acto que después se reiteró en el tiempo se haya hecho de una manera determinada, no significa que sea correcto, y menos aún, cuando las circunstancias cambian.

Un ejemplo claro serían las fiestas tradicionales donde se maltratan animales, el maltrato no se justificaba ni siquiera en su propia época y sólo la ignorancia y la reiteración lo volvieron costumbre tradicional. Ahora sabemos bien la capacidad de sufrir y de tener conciencia del sufrimiento de muchos de los animales que nos acompañan en sociedad, por lo que no es válido seguirlo sosteniendo solo por esas —falaces— justificaciones.

Eso sí, hay que tener cuidado de descartar la tradición y la costumbre siempre y en toda circunstancia como falaz. Algo así hizo la modernidad, el racionalismo y cientificismo del proceso de secularización que, en su lucha contra el dogmatismo de la religión dominante desechó o quiso desechar toda tradición. A veces lo tradicional pasa la prueba del tiempo porque simplemente se han ensayado diversas formas de hacer las cosas a lo largo de décadas y siglos y por ensayo y error se ha encontrado que la forma tradicional es la mejor.

9.2.3. Argumento **ad baculum**[19]

El argumento *ad baculum* es una falacia doblemente falaz por así decirlo. Es un argumento que, respaldado por la amenaza del uso de la fuerza, se pre-

---

19 “Popper confiesa en su autobiografía de 1974, *Unended Quest*, que, desde hacía algún tiempo, ardía de impaciencia por probarle a Wittgenstein que sí existían, y de qué modo, los problemas filosóficos. Así que fue aquella noche a la reunión del Club de Ciencia Moral de Cambridge con la espada desenvainada. Popper comenzó su exposición, a partir de notas, negando que la función de la filosofía fuera resolver adivinanzas y empezó a enumerar una serie de asuntos que, a su juicio, constituían típicos problemas filosóficos, cuando Wittgenstein, irritado, lo interrumpió, alzando mucho la voz (solía hacerlo con frecuencia). Pero Popper, a su vez, lo interrumpió también, tratando de continuar su exposición. En este momento, Wittgenstein cogió el atizador de la chimenea y lo blandió en el aire para acentuar de manera más gráfica su airada refutación a las críticas de Popper. Un silencio eléctrico y atemorizado cundió entre los apacibles filósofos británicos presentes, desacostumbrados a semejantes manifestaciones de tropicalismo austriaco. Bertrand Russell intervino, con una frase perentoria: “¡Wittgenstein, suelte usted inmediatamente ese atizador!”. Según una de las versiones del encuentro, a estas alturas, todavía con el atizador en la mano, Wittgenstein aulló, en dirección a Popper: “¡A ver, deme usted un ejemplo de regla moral!”. A lo que Popper respondió: “No se debe amenazar con un

senta como racional, lógico y verdadero, pero la amenaza de ninguna manera es racional, así que tanto el respaldo del argumento, como el argumento son falaces. Por ejemplo, los padres que, para evitar explicaciones arguyen "lo debes de hacer por qué lo digo yo" (implicaría también falacia de autoridad y asumiríamos que la autoridad está facultada para amenazar con el uso y usar la fuerza). El argumento es falaz cuando la consecuencia de un "golpe de báculo" no es consecuencia lógica o causal del antecedente, por ejemplo, está justificado que le digamos a una persona que, si bebe, puede tener un accidente; la amenaza está plenamente justificada.

La estructura de las normas jurídicas que, sustituye el nexo causal en la condicional por un nexo de imputación en donde el consecuente es una sanción negativa racionaliza un argumento *ad baculum* en la estructura de un *modus ponendo ponens* P entonces Q: es el caso que P, por lo tanto Q. Si comentes delito de homicidio entonces serás privado de la libertad, hasta aquí la racionalización está justificada (por prudencial), pero imaginemos esto otro en la legislación nacional socialista de la Alemania antisemita: si eres judío, date por muerto, es el caso que eres judío, por lo tanto, te vamos a asesinar. La estructura lógica es racional, el contenido es no sólo falaz *ad baculum*, sino una canallada.

9.2.4. Argumento ad consequentiam

Es parecido al argumento del báculo o apelación a la fuerza, también es un argumento de apelación a las emociones, en el caso del báculo al miedo de sufrir un daño y en el caso de la consecuencia, que ésta sea indeseable, pero no necesariamente dañosa. Hay que distinguir amos, como ya lo hicimos con el báculo, de los argumentos prudenciales, de lo que es prudente hacer para evitar un daño que es consecuencia lógica del antecedente en el argumento. Ejemplo: "Si viajamos en avión podemos tener un accidente mortal; no es bueno tener un accidente mortal, por lo tanto no debemos viajar en avión"; o "Si distribuimos preservativos, entonces la gente se sentirá segura para tener relaciones sexuales y aumentará la epidemia de SIDA; no queremos que aumente la epidemia, por

atizador a los conferenciantes". Se escucharon algunas risas. Pero Wittgenstein, verde de ira, arrojó el atizador contra las brasas de la chimenea y salió de la habitación dando un portazo. Según la otra versión, la broma de Popper sólo fue dicha cuando Wittgenstein había ya salido de la habitación y tanto Russell como otro de los filósofos presentes, Richard Braithwaite, trataban de aquietar las aguas de la tormenta". Vargas Llosa, Mario, "Duelo de gigantes", *El país*, España, 30 de noviembre de 2003, accesible en: https://elpais.com/diario/2003/11/30/opinion/1070146807_850215.html consulta del 25 de mayo de 2021.

lo tanto, no debemos distribuir preservativos" (también hay ocultamiento de evidencia, la probada por la OMS de que los preservativos son altamente efectivos para evitar enfermedades de transmisión sexual incluido el VIH).[20]

9.2.5. *Argumento* ad crumenam

Esta falacia consiste en inferir razón, verdad o cualidades positivas, valores, virtudes de una persona o de su argumentación, aunque sea falaz solo por ser rico (*crumena* lat. morral, cartera, bolsillo de dinero) o poseer bienestar material o dignidades y títulos. Por ejemplo, "—Este hombre es muy estúpido; —¿estúpido?, ¡pero si gana más que Usted! ".[21] la idea aparejada en el capitalismo a la riqueza de que quien es rico lo es por mérito propio o meritocracia o que si se es rico se es por emprendimiento o propio esfuerzo; o aquella idea de que una persona con doctorado es una persona conocedora e inteligente o con mejor calidad humana cuando sabemos que "el doctorado no quita lo tarado".

9.2.6. *Argumento* ad hominem

Esta es la falacia más socorrida de la política y la que, junto con la generalización apresurada, más suele cometer cualquier persona en una discusión. En ella se ataca a la persona en lugar de atacar el argumento, como cuando en el lenguaje coloquial una persona critica a otra señalando sus defectos y la persona criticada se defiende señalando, a su vez, los defectos de la persona que la crítica en primer lugar, algo así como —ay eres una persona muy chismosa y criticona; —ajá, ¡pero si tú no vendes piñas!— (en la jerga citadina de Ciudad de México y en México en general, significando que la persona que critica no ofrece algo diferente —piñas— sino que es igual a lo que critica) que el criticón tenga también defectos, incluso los mismos defectos no invalidan ni hacen falso que la persona criticada tenga los defectos señalados.

Ejemplo, el diputado x argumenta que el punitivismo no ofrece verdaderas soluciones, pues está probado que el aumento de penas y la criminalización de conductas no es una buena solución a ciertas conductas antisociales las cuales es mejor atacar preventivamente, es decir, desde la raíz; pero el diputado x es un corrupto de un partido corrupto, por lo tanto, su argumento no puede ser ni válido ni verdadero.

---

20 Bordes Solanas, *op. cit.*, pp. 222-224.

21 Ejemplo tomado de https://www.retoricas.com/2015/03/ejemplos-de-falacia-ad-crumenam.html consulta del 27 de mayo de 2021.

El argumento *ad hominem,* contra el hombre, no contra la validez del argumento mismo, tiene diferentes versiones: abusiva, cuando se atacan características personales "Son homosexuales, ya sabes, que defienden la existencia de matrimonios gays simplemente por interés personal. Y no te digo nada más sobre lo terrible que será que lleguen a criar hijos".[22] Circunstancias, ahora se ataca al adversario por sus circunstancias (como el ejemplo de corrupción ya expuesto); culpable por asociación o de las malas compañías tipo, su argumento no puede ser bueno pues se junta o se hace acompañar por malas personas (no puede ser un argumento racional, sino solo un aullido pues quien con lobos anda) o Hitler era vegetariano, por lo tanto los vegetarianos son malos; pozo envenenado, con este *ad hominem* se intenta desacreditar al adversario antes de que exponga su argumento "No eres una mujer, así que no puedes opinar sobre el aborto" o "No tienes hijos, así que no puedes hablar de maternidad o paternidad".[23] *Tu quoque,* en la que se acusa a la persona de inconsistencia, es decir, de hacer lo contrario a lo que afirma en su argumento tipo —hijo, no fumes, te va a hacer daño; —tú qué me dices papá si tu fumas mucho (lógicamente es un argumento inválido, moralmente desacredita la solvencia moral de quien sostiene una afirmación que no respalda con sus actos, aunque en el caso del fumador, lo respalda su experiencia y el daño que se ha provocado a sí mismo).

9.2.7. Argumento **ad ignorantiam**

Afirma la verdad de un argumento sólo porque no hay prueba de la falsedad de este y viceversa. Debe ser verdad X, ya que se ignora o no se ha probado que sea mentira. Debe ser falso Y, ya que se ignora o no se ha probado que sea verdad. No se ha probado que mi cliente sea culpable, por lo tanto, debe ser inocente. En este caso, no opera la falacia de ignorancia, ya que la presunción de inocencia es un derecho, no se trata de que la falta de prueba de culpabilidad *pruebe* la inocencia, sino que no desvirtúa la *presunción* de la misma.

9.2.8. Argumento **ad lazarum**

Es la "contraria" a la falacia *ad crumenam.* En esta se infieren buenas cualidades de una persona por provenir de la pobreza; "mi cliente ha sido de extracto humilde toda su vida, dice la verdad".

---

[22] Bordes Solanas, *op. cit.* p. 206.

[23] *Ídem,* p. 209, ambos ejemplos.

9.2.9. Argumento ad logicam

O falacia *ad logicam.* Consiste en afirmar que una conclusión es falsa porque es consecuencia de un argumento inválido. El argumento puede ser inválido pero la conclusión puede ser verdadera circunstancial. B no es necesariamente falso, aunque el argumento en el que A implica B sea falso. Los perros tienen cuatro patas. Rocky tiene cuatro patas. Rocky es un perro. Aunque tenga cuatro patas no necesariamente es un perro, puede ser un gato. Rocky es un gato.

9.2.10. Argumento ad misericordiam

"¡Profesor, le ruego que no me repruebe, tengo beca, si me reprueba perderé la beca y tendré que abandonar la escuela! En primer lugar, yo no repruebo a nadie, se reprueban solos, si dependías de una beca para continuar tus estudios, debiste de haber estudiado con responsabilidad y entregar todas tus tareas y no pasarte las clases en la cafetería, no puedes pretender pasar una materia por compasión, las materias se pasan porque se aprueban los exámenes y las evaluaciones". La falacia de apelación a la piedad o misericordia quiere hacer pasar por válido un argumento con base en la compasión que se suscite en el oponente.

El condenado por asesinato no debe ir a la cárcel, ya que sufrió abuso en su infancia y eso lo llevó a asesinar (muchos asesinos seriales están en este caso y no es una atenuante). A veces la apelación a la piedad puede tener éxito si es relevante, por ejemplo, una mujer que ha padecido violencia doméstica por parte del marido y finalmente lo asesina, puede obtener una menor sentencia.[24] Por supuesto, si el estudiante, fue responsable, pero tuvo efectivamente problemas familiares (como en la pandemia de COVID en donde se presentaron muchos casos) es posible hacer una excepción.

9.2.11. Argumento ad nauseam

Se atribuye a Joseph Goebbels, secretario de propaganda la frase aquella de que una mentira dicha mil veces termina por convertirse en verdad. Bueno, no es que se convierta en verdad, es que surte efecto un sesgo cognitivo que

---

24 Puede verse el amparo directo en revisión 6181/2016 en el que se sienta un precedente muy importante pues obligará a todos los jueces a aplicar perspectiva de género. Es un caso de "inversión de la ventaja" es decir, en un primer momento a la mujer se le condena por homicidio agravado en grado de parentesco, pero la única forma que tenía de eliminar la ventaja de su marido abusivo era matándolo dormido. La SCJ no la absuelve por supuesto, pero determina que la sentencia es un poco menor.

hace las veces de falacia *ad populum*, muchos lo dicen, muchos lo repiten, lo repiten muchas veces ha de ser cierto/correcto.

9.2.12. Argumento **ad novitatem**

Cuando sale la última versión del teléfono móvil de moda, mucha gente se apresura a adquirirlo, algunos sólo por moda, otros por el estatus que esta proporciona o alguna situación similar. Algunos más, muchos, lo hacen en la creencia de que, al ser el último modelo, el más moderno debe ser mejor, trae las últimas actualizaciones y los últimos adelantos tecnológicos. Lo adquieren solo para comprobar que no ha cambiado en nada o que inclusive ha retrocedido en algunos aspectos como capacidad de almacenamiento y duración de batería, en fin, un timo. Se basaron en el argumento, falaz de que si es nuevo debe ser mejor. Es la falacia contraria a *ad antiquitatem*, si es viejo o antiguo o tradicional es mejor.

9.2.13. Argumento **ad populum**

La apelación al pueblo tipo *vox populi vox dei*, la voz del pueblo es la voz de dios, como si el argumento fuera válido o verdadero solo por clamor popular o porque está de moda. La opinión de la mayoría no es prueba suficiente de la validez o verdad de una afirmación. Lo mismo sucede en la democracia instrumental o procedimental, la democracia de números, pues una decisión no es correcta sólo porque sea sostenida por la mayoría, en todo caso dicha mayoría habría de ser una mayoría ilustrada. Stanley Milgram realizó un experimento de psicología social en el que un grupo de personas que conocían la naturaleza del experimento afirmaban que algo era lo que claramente no era, así, la persona objeto de experimentación que desconocía el mismo, a su turno afirmaba lo mismo que la mayoría, incluso sólo por no disentir.

En este sentido puede entenderse como una versión de falacia de autoridad que está relacionada con otro experimento de Milgram en el que se hacía creer a una persona que mediante una máquina administraba choques eléctricos a otra y se le ordenaba seguir haciéndolo. La mayoría, aunque poniendo reparos continuaba ejerciendo la "tortura" sólo porque se lo decía una autoridad; Hannah Arendt nos advierte de ello con su concepto sobre la banalidad del mal, con el que se refiere a la obediencia que prestaban los nazis como Eichmann a las órdenes de asesinar judíos.[25]

---

[25] *Vid.* Zimbardo, Philip, *El efecto Lucifer. El porqué de la maldad*, Barcelona, Paidós, 2007; y Arendt, Hannah, *Eichmann en Jerusalén. Un estudio sobre la banalidad del mal*, Barcelona,

9.2.14. Argumento ad verecundiam

En la baja Edad Media, después del redescubrimiento de las obras de Aristóteles se solían zanjar las discusiones diciendo *magister dixit* o sea, apelando a la autoridad del maestro o "El filósofo". Sin embargo, es ya sabido, por ejemplo, que muchas de las proposiciones del maestro acerca de la física son errores. En el salón de clases, los estudiantes muy regularmente confían en lo que les es enseñado por sus profesores es cierto; demasiadas veces confían demasiado, por ejemplo, desde el primer semestre de la carrera la mayoría tal vez de profesores repite la "vieja confiable" definición de derecho como conjunto de normas jurídicas coactivas, definición que repiten los estudiantes como un mantra y que es incorrecta de cabo a rabo. Es una apelación a la autoridad. Otro ejemplo en la publicidad "avalado por doctores" o "certificado ante notario"; son falaces pues la autoridad debe estar identificada y debe ser efectivamente perita en la materia.

9.2.15. Post hoc *ergo* propter hoc

Se comete cuando se establece una relación causal entre dos sucesos sólo porque uno sigue a otro. Una persona sale de casa con impermeable y botas de lluvia, ese día no llueve, alterna días saliendo con y sin preparación para la lluvia, cuando sale sin preparación, llueve, cuando sale prevenido no llueve y concluye que la causa de la lluvia ¡es que el no salga prevenido!

En el ámbito médico es muy común caer en esta falacia y también en la investigación sociológica cuando se aplica el método de concomitancia (hechos sociales que aparecen concomitantemente pueden ponerse distraídamente en una relación causal que no existe realmente). Se da un tratamiento para una enfermedad y ésta remite, se asume que la causa de la remisión o cura es el tratamiento, pero puede ser que sea la simple evolución etiológica de la enfermedad que termina su ciclo.

9.2.16. Conclusión irrelevante

También llamada *Ignoratio Elenchi* se comete cuando se "ignora", se pasa por alto, se descuida u olvida el tema del argumento, el tema de las premisas (se ignora el "elenco",[26] la lista de ideas que deben llevar a un lugar y lleva a otro)

Lumen, 1999.

26 Elenco, *elenchi*, significa originalmente en griego, argumento, refutación o prueba, pero a modo de listar dichos argumentos refutaciones o pruebas. Se usó por extensión para de-

y, siendo correcto el argumento, se llega a una conclusión irrelevante o que no se sigue de las premisas, o inclusive que siguiéndose de las premisas, no se sigue con toda la fuerza lógica del argumento, no se sacan todas las consecuencias y la conclusión es débil. El argumento prueba algo diferente a lo querido por probar cuando se pone la conclusión primero.

En el derecho, por ejemplo, las pruebas circunstanciales no son admitidas como concluyentes. Si detienen a una persona en la calle señalada de haber cometido un delito hace unos momentos (no hay flagrancia) y resulta que esa persona es una de buena reputación y probada honradez, estas circunstancias pueden obrar a su favor reforzando su presunción de inocencia (es más difícil que haya cometido el delito), pero no lo excluyen como sospechoso (no es imposible que lo haya cometido), intentar exculpar a una persona por evidencia circunstancial es ignorar el elenco de pruebas duras.

9.2.17. Petición de principio

También conocida por círculo vicioso, en donde las premisas de un argumento contienen la conclusión o la conclusión remite para su prueba a las premisas y éstas remiten para su prueba a la conclusión en una recursividad circular. En la película iraní *El círculo* se presenta esta falacia de la siguiente manera: la ley establece que ninguna mujer puede estar en la calle sin compañía de un varón familiar, si salen a la calle sin compañía de varón son encarceladas, cuando cumplen la condena las excarcelan, pero nadie va a recogerlas porque han deshonrado a la familia, vagan en la calle solas hasta que las vuelven a arrestar y así, una y otra vez. Los migrantes necesitan encontrar trabajo para tener permiso de residencia y necesitan el permiso de residencia para que les den trabajo.

Hume incurre de manera curiosa en esta falacia cuando, en su demostración de la falta de prueba empírica de la causalidad, utiliza el método inductivo para probar que la inducción no puede probar la capacidad del método inductivo de establecer la causalidad.[27]

---

signar listados o catálogos e inclusive índices y, en las obras teatrales, el listado de personajes y actores, justamente el elenco. Véase http://etimologias.dechile.net/?elenco consulta del 01 de junio de 2021.

27 Consúltese: https://encyclopaedia.herdereditorial.com/wiki/Razonamiento_circular acceso del 01 de junio de 2021.

9.2.18. Falacia del hombre de paja

En esta falacia el adversario elabora sutilmente una versión caricaturizada, un "espantapájaros" o testaferro del argumento de su rival para ridiculizarlo y que sea más fácil el ataque. El argumento bajo ataque se puede caricaturizar ya sea simplificándolo, distorsionándolo o extrapolando inferencias que no están implicadas en él. Por ejemplo, el gobierno sostiene que se darán subsidios a adultos mayores, madres solteras y jóvenes desempleados y la oposición sostiene que "nos quieren convertir en Venezuela" (aludiendo al comunismo). El gobierno modifica la ley federal del trabajo para integrar los contratos de flotación, la oposición sostiene que el gobierno va a permitir el despido arbitrario sin indemnización.

El principio de caridad interpretativa señala que hay que dar a los argumentos del oponente la mejor interpretación posible. Mediante el hombre de paja se da la peor interpretación. —Eso no fue muy inteligente de tu parte; —¿me estás diciendo tonto? (que en un momento dado una persona cometa un acto poco inteligente no significa que sea tonta).

9.2.19. Falacia ecológica

Si en México una persona come dos pollos al día y la otra nada, la estadística dirá que ambas comen un pollo al día. La falacia ecológica es un tipo de argumento falaz que se comete al malinterpretar estadísticas o al hacer apreciaciones estereotipadas. Es una falacia de ambigüedad por división, es decir, se atribuye a los individuos características que sólo son atribuibles al grupo.

Cuando se habla de que la economía de un país ha crecido porque el PIB ha crecido, y se concluye que debe haber un mayor grado de bienestar en la población o que la economía individual de las familias debe haber mejorado se comete esta falacia, sobre todo en países con gran desigualdad como el nuestro.

Otro caso frecuente es que, ante la epidemia de feminicidios que asola nuestro país y la región, algunas personas arguyen que "a los hombres nos matan más" (y se muestran las estadísticas) o que cómo las mujeres también matan, no hay violencia de género y que "no viola un hombre, viola un violador" (que en la gran mayoría de los casos es hombre). Lo que no muestran las estadísticas es que las causas y condiciones y las circunstancias en las que mueren los hombres a manos de otros hombres, en la mayoría de los casos son muy distintas a las causas, condiciones y circunstancias en las que están siendo asesinadas las mujeres en la mayoría de los casos.

9.2.20. Generalización apresurada

La inducción precipitada o falsa generalización es la más común y la más fácil de cometer de todas las falacias. Consiste en que a partir de una muestra insuficiente se generaliza alguna característica de los elementos de la muestra a todos los miembros del género o especie; o en que, a partir de unas cuantas experiencias se extrapola un enunciado universal totalizante, se pasa indebidamente del, unos cuantos y a veces, al siempre y en todos los casos. En el transcurso de mi vida amorosa, algunas mujeres me trataron con desdén ¡todas las mujeres son iguales! Hay muchos casos de pederastia en las filas del sacerdocio católico ¡la Iglesia católica es pederasta! La falsa generalización es formada y forma en un círculo vicioso, nuestros prejuicios.

Hay que tener mucho cuidado en acusar de falsa generalización un argumento. En la era del #metoo o del #blacklivesmatter, los grupos reaccionarios se escudaron con frases como #notallmen o #notallwhite en contra de quienes exigían respeto a sus derechos cometían falsa generalización. Efectivamente las generalizaciones son insidiosas, pero la defensa al decir *not all men* es falaz, es justamente un hombre de paja. Pero muy probablemente no haya generalización precipitada pues los hombres buenos blancos o los hombres buenos varones, no resultan tan buenos cuando, si bien no agreden mujeres o personas negras, no hacen nada por confrontar a quienes sí lo hacen y se excusan en frases hechas espantapájaros como sí, pero yo no.

Como examinamos, en este capítulo analizamos la importancia de los argumentos en un debate considerando la clasificación y uso de las falacias en medios de comunicación y política, así como la argumentación, los tipos y características. En el siguiente capítulo analicemos cómo redactar textos jurídicos.

BIBLIOGRAFÍA

ARENDT, Hannah, *Eichmann en Jerusalén. Un estudio sobre la banalidad del mal,* Barcelona, Lumen, 1999.

BORDES SOLANAS, Monserrat, *Las trampas de Circe: falacias lógicas y argumentación informal,* Cátedra, Madrid, 2011.

COPI, Irving, *Lógica simbólica,* trad. Andrés Sestier, Ed. Continental, México, 1982, p. 16, cit. por. Cáceres, Enrique, *Introducción práctica al cálculo lógico aplicado al derecho,* Porrúa, México, 2014.

— *Introducción a la lógica,* Buenos Aires, Editorial Universitaria de Buenos Aires, 1969.

DOWDEN, Bradley, "Falacias" en *Internet Encyclopedia of Philosophy*, accessible en: https://iep.utm.edu/fallacy/

FERRATER MORA, José, *Diccionario de filosofía*, Ariel, Barcelona, tomo ER-J.

HABERMAS, Jünger, *Historia y crítica de la opinión pública*, Barcelona, Editorial Gustavo Gili, 2009.

IBARRA, Alejandro, "falacias informales", *Diplomado de lógica y argumentación*, Instituto de Investigaciones filosóficas, Unam, México, 2018, apuntes de clase sin editar.

MARQUEZ MURO, Daniel, *Lógica*, 2ª ed. Porrúa, México, 1955.

ORREGO, Cristóbal, *Filosofía: conceptos fundamentales*, Instituto de Investigaciones Jurídicas, UNAM, México, 2020.

VARGAS LLOSA, Mario, "Duelo de gigantes", *El país*, España, 30 de noviembre de 2003, accesible en: https://elpais.com/diario/2003/11/30/opinion/1070146807_850215.html

VAZQUEZ, Rodolfo, *Teoría del derecho*, Oxford, México, 2008.

VEGA REÑON, Luis. *Las falacias: una introducción*, Documento de Trabajo, Universidad Nacional de Educación a Distancia, España.

ZIMBARDO, Philip, *El efecto Lucifer. El porqué de la maldad*, Barcelona, Paidós, 2007

Enciclopedia Herder, consultable en https://encyclopaedia.herdereditorial.com/wiki/Vaguedad

https://encyclopaedia.herdereditorial.com/wiki/Razonamiento_circular

http://etimologias.dechile.net/?elenco

https://www.retoricas.com/2015/03/ejemplos-de-falacia-ad-crumenam.html

https://www.falacias.org/falacias/falacia_del_hombre_enmascarado/

https://www.filosofia.org/enc/ros/eris.htm

Capítulo 10

REDACCIÓN DE TEXTOS JURÍDICOS

Manuel de J. Jiménez Moreno*

Objetivo particular: ejercitarse en la elaboración de textos jurídicos.

10.1. LA REDACCIÓN JURÍDICA

El lenguaje jurídico, como producto cultural, puede observarse como uno de los más antiguos. En la amplia cultura mesopotámica, que va desde los sumerios en el año 3000 a. C. hasta la invasión persa en el 539 a. C., ya se conocen documentos formularios, contratos y cuerpos legales, de los cuales el Código de Hammurabi es parte de una genealogía de piezas arqueológicas que pueden visibilizar todo un género de escritura arcaico. En este sentido, se puede reconocer que la redacción jurídica es un arte que se remonta a los albores de la civilización humana. Sea para darle forma y soporte a los mandatos de la palabra soberana o para celebrar un convenio entre particulares, la redacción jurídica es el instrumento fundamental para plasmar las reglas legales.

Por supuesto que la redacción jurídica cambia considerando el contexto cultural, político e histórico de las civilizaciones. La manera en cómo entendían el derecho y lo escribían los antiguos romanos (*ius scriptum*) es significativamente diferente al actual, aunque partamos de la idea de que nuestra tradición jurídica es parte de la familia neorromanista. De muchas maneras, la

---

* Doctor en Estudios Latinoamericanos (área literatura y crítica literaria) y Maestro en Derecho por la UNAM. Académico de Tiempo Completo definitivo en la Facultad de Derecho de la UNAM y subdirector académico en la *Revista de la Facultad de Derecho de México*. SNI, nivel 1. Es Presidente del Colectivo Derecho, Arte y Humanidades (DARHU) e integrante del Grupo de Investigación "Intertextos entre el Derecho y la Literatura" de la Universidad San Francisco de Quito. Forma parte del Consejo Consultivo de la revista *Ius Inkarri* de la Universidad Ricardo Palma del Perú. Es miembro de la Asociación Mundo Novohispano y de la Asociación Mexicana de Retórica. Ha publicado varios artículos y reseñas en revistas académicas nacionales e internacionales. Cuenta con libros en calidad de coordinador y autor, siendo el último de ellos *Derecho y literatura. Persiana americana* (Tirant lo Blanch-Poder Judicial del Estado de México, 2022). Sus líneas de investigación son: derecho y literatura en América Latina, retórica y hermenéutica jurídica, y exigibilidad de derechos culturales. Contacto <mjimenezm2@derecho.unam.mx>.

lengua determina el modo de percibir y comprender el derecho. El derecho inglés es diferente del derecho chino y estos lo son respecto del derecho que se escribe en español. Esto no sólo debido a las tradiciones literarias presentes en las culturas, sino por la dimensión morfosintáctica, léxica, semántica y pragmática que demanda cada lengua en concreto. Todo lo anterior puede proyectarse a partir de la tradición retórica occidental, en lo concerniente a la *elocutio* (*puritas, perspicuitas, ornatus*), *dispositio* y *compositio.*

Para el caso del español jurídico, se tiene registro que, desde la alta Edad Media, el derecho era escrito por funcionarios reales y notarios en un castellano antiguo. Una de las primeras modalidades de escritura jurídica en nuestra lengua, además de la dada por la acción legislativa, fue por la actividad notarial. Los notarios establecieron paulatinamente un lenguaje estandarizado y formulario para darle validez a los actos jurídicos.

A partir de las disposiciones de la Nueva Recopilación de 1567, Diego de Ribera dice que "cada uno de los escribanos del reino sean obligados a tener un libro que llaman, las leyes dichas, 'protocolo', de pliego de papel entero, encuadernado, en el cual escribían por extenso las escrituras que ante ellos pasaren".[1] Lo fundamental en dicha actividad es puntualizar registros de hechos. También hay que notar el paso de una cultura jurídica oral con «leyes dichas» a una cultura protocolaria. No es casual que, desde la teoría literaria y narratológica, se sustente la tesis de que fue la escritura notarial en el proceso de Conquista y después de colonización, la que posibilitó un punto de vista narrativo nuevo que ayudó a la construcción de la novela moderna latinoamericana.[2]

10.2. TECNOLECTO LEGAL

Lo que comenzó en la Edad Media y en el Siglo de Oro español como una profesionalización en la redacción jurídica por parte de notarios, oidores y letrados, propició un código de especialización que generó un lenguaje jurídico moderno. Este lenguaje jurídico de la modernidad devino en la práctica en un *tecnolecto,* es decir, un repertorio de recursos idiomáticos que, en teoría, buscan facilitar los procesos de comunicación entre sujetos que comparten

---

1 Martínez López-Cano, Ma. Del Pilar (coord.), *La política de escrituras de Nicolás de Yrolo Calar,* México, UNAM, 1996, p 243. La cita se toma del capítulo primero de la obra *Primera Parte de Escrituras y orden de partición y cuenta y de residencia y judicial civil y criminal, con una instrucción a los escribanos del reino al principio y a su arancel al fin, enmendado y añadido por Diego de Ribera, escribano de Granada,* publicado en esa ciudad andaluza alrededor de 1577.

2 *Cfr.* González Echevarría, Roberto, *Mito y archivo. Una teoría de la narrativa latinoamericana,* trad. Virginia Aguirre Muñoz, 2ª ed., México, FCE, 2011.

una profesión. En realidad, el tecnolecto muchas veces implica una forma de comunicación exclusiva que se vale de jergas técnicas, entendidas como el vocabulario específico de una ciencia o arte, no siempre al alcance del hablante común. Existen muchos tecnolectos entre profesiones y oficios, como el de la medicina, mecánica, informática, musica, entre otras.

Sin embargo, lo primordial para los estudiantes y estudiosos del derecho es el dominio del tecnolecto legal. Un profesional del derecho ya sea abogado postulante, juez, profesor, legislador, entre otros, se distingue porque puede leer, interpretar y (re)crear un tecnolecto legal particular. Para crear y recrear dicho tecnolecto, el sujeto debe *redactar jurídicamente* considerando el horizonte formal y material de esa actividad. Sabemos que redactar escritos es una habilidad que se adquiere durante la educación básica, mientras que redactar jurídicamente documentos es una habilidad que debe enseñarse en las facultades y escuelas de derecho. Independientemente de las asignaturas de derecho positivo y las dogmáticas en cuestión (civil, penal, constitucional, laboral, etcétera.), el estudiante debe recibir las herramientas indispensables para generar textos como contratos, convenios, demandas, recursos, reclamaciones, entre otros.

Recientemente, la RAE ha publicado obras que fortalecen la dimensión filológica del estudio del español jurídico, cuestión que puede ayudar para lograr una mejor redacción jurídica en Hispanoamérica y España. De la mano de su director, el jurista Santiago Muñoz Machado, se publicó en 2017 un *Diccionario panhispánico del español jurídico* en dos volúmenes y finalmente se habilitó dicha obra en el sitio virtual de la RAE para acceso gratuito. Asimismo, ese mismo año apareció el *Libro de estilo de la Justicia*, en cuya contraportada se advierte que buena parte:

> Está dedicada a advertir sobre los malos usos y equivocaciones corrientes en la organización de los párrafos, la utilización del género, el número, los latinismos, el régimen de las concordancias, o sobre cómo evitar los errores de construcción o anacolutos. Aparecen, unas tras otras, las reglas generales, pero siempre considerando sus aplicaciones y particularidades en el lenguaje jurídico.[3]

10.2.1. Elementos del estilo jurídico en el español

El español jurídico, como la particularización del lenguaje legal en nuestra lengua, contiene notas distintivas de estilo e incluso se comprenden dentro de

---

3 *Cfr.* Muñoz Machado, Santiago (dir.) *Libro de estilo de la Justicia*, Madrid, RAE-Espasa-Consejo General del Poder Judicial, 2017.

éste diversos géneros. Por ejemplo, en el *Libro de estilo de la Justicia* se elabora una clasificación interesante. Los géneros jurídicos pueden especificarse en función de su tipología textual (normativa, jurisdiccional y jurídico-administrativa), en función de su macroestructura, en función de su contenido y en función de su fuente. Además, se enuncian subgéneros considerando tipos de sentencias, autos y decretos.[4] En lo relativo a la disciplina que podemos comprender como *estilística jurídica*, es decir, el estudio filológico de las expresiones legales, el libro recoge en una lista los principales «rasgos de estilo» característicos de este lenguaje. Vale la pena trascribirla completamente:

- El lenguaje jurídico, especialmente el que se desarrolla en escritos como las sentencias, presenta con bastante frecuencia un estilo acumulativo, de párrafos largos llenos de enumeraciones, perífrasis, circunloquios, frases hechas, redundancias
- En ocasiones, el estilo es desbordado, confuso, monótono, farragoso y de difícil legibilidad.
- Abundan las expresiones explicativas, guiadas por un deseo obsesivo de matizar bien los significados.
- Proliferan los incisos que aluden a disposiciones legales. Su finalidad es lograr mayor precisión y fundamentar las justificaciones y los argumentos. Pero cuando la referencia legal aparece *in extenso* y además se incluye el texto citado literalmente, el punto se alarga de forma ilimitada y es causa de que los textos resulten abstrusos e incomprensibles.
- Son comunes los párrafos largos y complejos, formados por una maraña de oraciones coordinadas y subordinadas. Es motivo de que algunos escritos jurídicos sean difíciles de leer y de comprender.
- Su estilo culto puede resultar distante y frío a causa de la abundancia de tecnicismos y latinismos, así como por su compleja sintaxis.
- Optan por una prosa conservadora y arcaizante, que se manifiesta en su léxico, en sus expresiones estereotipadas y en formas verbales obsoletas, como el futuro de subjuntivo.
- Se recurre a giros retóricos y formularios de otros tiempos, que, por ser obsoletos y pomposos, dotan al lenguaje de un tono ritual, muy alejado de la forma de expresarse de los ciudadanos.

---

[4] *Cfr.* Muñoz Machado, Santiago (dir.), *op. cit.*, pp. 20-24.

- Se acude con mucha asiduidad a las construcciones absolutas de participio: *trascurrido el plazo, informados los comparecientes, visto el expediente*; de gerundio: *habiéndose personado el testigo, siendo oído el acusado.*
- Abundan los hipérbatos, a veces forzados y generalmente innecesarios, como las anteposiciones de adjetivos al nombre que, sin ser agramaticales, resultan extrañas en el uso común de la lengua: *el suprimido decreto, la expresada prohibición, el susodicho demandante, la referida norma.*
- Prolifera el uso de adjetivos encadenados: *cláusulas jurídicas generales, obstrucción legal arbitraria* y *burocrática entorpecedora.*
- Abundan las construcciones reiterativas con carácter enfático: *debo condenar y condeno; es nuestro deber notificar y notificamos…*
- Se registran muchas repeticiones sinonímicas: *se personen y comparezcan; serán nulos y carecerán de validez; daños y perjuicios; riñas o pendencias; abogado o letrado; actor y demandante; premios, recompensas, subvenciones, auxilios o préstamos; cargas y gravámenes; inspección y vigilancia; se cita, llama y emplaza; paradero o situación; debo condenar y condeno; así lo pronuncio, mando y firmo.* En principio, poseen la finalidad de realzar lo expresado, pero, alargando y alargando, el estilo se resiente.
- En la misma línea, abundan las expresiones redundantes. Se componen normalmente de dos términos que incluyen total o parcialmente la misma información: *idénticamente iguales, idiosincrasia propia, divisas extranjeras, prever con antelación.*[5]

Por su parte, Enrique Alcaraz Varó y Brian Hughes hablan de «tendencias léxico-estilísticas» en el español jurídico y abandonan la idea fisonómica de atender solo a los «rasgos». De este modo, consideran cinco tendencias clave:[6]

a) *El gusto por lo altisonante y lo arcaizante.* Es la frecuencia por un léxico altisonante, culterano, que busca grandilocuencia. Los autores consideran que esto ocasiona, en muchos casos, exageración o afectación. Lo altisonante, que no se trata tanto por los autores, puede ilustrarse con palabras cercanas al latín como «usufructo» (*usufructus*), «jurisconsulto» (*iuris consultus*), «venia» (*venia*). Para elementos arcaizantes: «señoría» o «pedimento» y fórmulas como «so pena de…».

---

5 *Ibídem,* pp. 10-11.

6 *Cfr.* Alcaraz Varó, Enrique y Hughes, Brian, *El español jurídico,* 2ª ed., Barcelona, Ariel, 2009, pp. 24-32.

b) *El apego a fórmulas estereotipadas.* Se trata del uso reiterado de expresiones formularias que, en ciertos casos, tienen un sentido solemne y necesario para la validez de actos jurídicos como sucede en protestas de cargos públicos o juramentos. En otros, resultan superfluas. Ejemplos: «protesto cumplir y hacer cumplir», «salvo disposición en contrario», «las demás contenidas en esta ley».

c) *La audacia en la creación de nuevos términos.* Uso de expresiones técnicas novedosas, neologismos y demás palabras no reconocidas por el diccionario, que pueden ser incluidas posteriormente. En ciertos casos son necesarias para dar cuenta de un nuevo concepto o fenómeno jurídico, en otras, resultan vicios lexicales. Ejemplos: «anticonvencionalidad», «iusrealismo», «alimentante».

d) *La redundancia expresiva léxica.* Empleo de expresiones tautológicas o reiterativas que buscan fijar el sentido de un modo más concreto pero que, en realidad, pueden tener significaciones aproximadas. Esto se ve en fórmulas como «se cita, notifica y emplaza».

e) *La inclinación hacia la nominalización.* Ocurre cuando convertimos una oración en un sintagma nominal. Algunos ejemplos son cuando se prefiere la frase «dictar una resolución» en vez de «resolver» u «ofrecer pruebas» en vez de «probar».

10.2.2. Los problemas de la redacción

«Redactar» proviene del latín *redactum.* Los antiguos romanos usaban el verbo *redigere* para ilustrar la acción de recoger maderos y formar una hoguera o tomar diversos materiales para usarlos en una construcción. En este sentido, significa poner en orden los materiales. Más tarde, como se puede inferir, se empleó para ordenar las palabras en el flujo de un escrito. Debido a los rasgos de estilo y las tendencias léxico-estilísticas que se citaron y expusieron con anterioridad, pueden suscitarse problemas al momento de redactar ordenadamente cualquier documento legal. A su vez, esto se puede volver más complejo atendiendo a los distintos géneros que componen el universo de los textos jurídicos.

Por ejemplo, no es lo mismo escribir una demanda que redactar una ley. La primera, además de exigir pericia del postulante, dada quizás a través de años de ejercicio profesional, puede tener como modelo algún formulario específico de la materia en cuestión. Estos formularios y prontuarios para abogados abundan en las editoriales especializadas en derecho. Para el caso de la segunda, se puede pensar en la labor del legislador y su equipo de asesores. Entre ellos, es necesario contar con los servicios de alguien que sea experto en técnica legislativa para llevar a buen término el proyecto de ley. De este modo, "la redacción normativa consiste en poner en orden por escrito una serie de normas jurídicas, a través del uso correcto de términos comprensibles, necesarios y suficientes".[7]

Se pueden agrupar los problemas más frecuentes en la redacción de textos jurídicos en tres categorías. 1) *Sintácticos.* Uso de oraciones largas, hipérbaton innecesario, pérdida del sujeto, elipsis, mal uso de la voz pasiva, omisión de partículas lingüísticas, entre otros. 2) *Estilísticos.* Abuso de expresiones formularias, perífrasis, invención de términos técnicos, redundancia expresiva, uso excesivo de mayúsculas, etc. 3) *Ortográficos.* Mala puntuación, ausencia de tildes, errores al conjugar verbos, abuso de gerundios y problemas con las normas de concordancia.

10.2.3. Ejercicios de redacción básica para abogados

A) A partir del siguiente artículo, elabore una propuesta con una sintaxis más amable y adecuada.

Artículo 2,311.—Si se rescinde la venta, el vendedor y el comprador deben restituirse las prestaciones que se hubieren hecho; pero el vendedor que hubiere entregado la cosa vendida, puede exigir del comprador, por el uso de ella, el pago de un alquiler o renta que fijarán peritos, y una indemnización, también fijada por peritos, por el deterioro que haya sufrido la cosa. (Código Civil para el Distrito Federal).

B) Identifique los vocablos altisonantes, arcaizantes y/o expresiones técnicas en el siguiente párrafo. Realice una propuesta que modifique y actualice estos elementos.

CESIÓN DE DERECHOS EN MATERIA AGRARIA. REQUISITOS PARA SU VALIDEZ (NUEVA LEY AGRARIA).

Una recta interpretación de su artículo 80 permite concluir válidamente que si bien éste faculta a los ejidatarios para enajenar sus derechos parcelarios a otros ejidatarios o avecindados del mismo núcleo de población, lo cierto es que tal potestad no es irrestricta ni arbitraria sino que deben cumplirse los siguientes requisitos que en el propio

[7] López Ruiz, Miguel, *Redacción de textos normativos,* 2ª ed., Porrúa, México, 2015, p. 39.

precepto se consignan: a) La conformidad por escrito de las partes ante dos testigos; b) Que se notifique lo pactado al Registro Agrario Nacional para que éste expida los nuevos certificados a efecto de que el Comisariado Ejidal haga la inscripción en el libro correspondiente. Además, cuando existe cónyuge o hijos del enajenante o cedente, éstos gozarán del derecho del tanto, por lo que debe notificárseles la intención del titular de vender o ceder, para que en un término de treinta días naturales contados a partir de la notificación, estén en condiciones de hacer valer sus derechos, so pena de caducidad; de tal suerte que si la cesión o enajenación se llevó a efecto con ausencia de alguno de los mencionados requisitos, los Tribunales Unitarios Agrarios deben resolver lo pertinente supliendo incluso la deficiencia de los planteamientos de derecho que autoriza la ley en cita. (Tesis Aislada XIX.1o.9 A, registro 197756)

C) Identifique la redundancia expresiva en el siguiente texto jurisprudencial y redacte una propuesta más apropiada.

DIVORCIO. LA NEGATIVA DEL DÉBITO CARNAL AUN CUANDO NO SE CONSIDERA COMO CAUSA DE AQUÉL, CONSTITUYE UNA CONDUCTA OFENSIVA QUE POR SU GRAVEDAD PUEDE ACTUALIZAR LA CAUSAL DE INJURIA GRAVE (LEGISLACIÓN DEL ESTADO DE OAXACA).

La "injuria grave", contemplada en el artículo 279, fracción XI, del Código Civil para el Estado de Oaxaca, como causal de disolución del vínculo matrimonial, se constituye no sólo por la expresión injuriosa, sino también por el acto o conducta, productor de vejación, menosprecio, ultraje u ofensa contra la mutua consideración, respeto y afecto que ambos cónyuges se deben proporcionar y que hagan imposible la vida conyugal, debido a la intención de humillar y despreciar con la que profirieron las palabras o se ejecutaron los hechos. En ese orden de ideas, la negativa del débito carnal, aun cuando no está considerada específicamente como causa de divorcio, constituye, una conducta ofensiva hacia el otro cónyuge, de tal manera injuriosa, que por su gravedad puede llegar a actualizar la causa de divorcio apuntada. (Tesis Aislada XIII.3o.4 C, registro 176554)

D) Corrija los errores ortográficos en el siguiente borrador de contrato.

2. Duración

El presente Contrato Individual, comenzará el [insertar fecha], y vencerá una vez que se cumplió satisfactoriamente con los servicios descritos en los Términos de Referencia mencionados arriba, pero no más tarde del [insertar fecha] a menos que sea rescindido previamente conforme a los términos del presente Contrato. Asimismo, este Contrato está sujeto a las Condiciones Generales de Contratos para Contratistas Individuales que se encuentra disponible en el Anexo 1 de este instrumento.

10.3. CITAS Y PARÁFRASIS

Dentro del ámbito discursivo en general, ya sea desde la oratoria parlamentaria, homilística, pedagógica, publicitaria, entre otras, es importante el uso de la argumentación y el soporte dado a las razones empleadas por el emisor. Una de las posibilidades es el uso de un argumento de autoridad, pues por medio de éste se hace referencia expresa o tácita a lo establecido por algún autor, doctrinario, estudioso y otro tipo de autoridades para respaldar los argumentos o dichos del orador. Si éste no lo hace de un modo correcto y adecuado dentro del enclave contextual, el argumento *ad verecundiam* puede convertirse en una falacia de autoridad y volverse contraproducente para los fines del discurso.

En muchas ocasiones para ilustrar el argumento de autoridad se emplean citas de un autor competente o reconocido en un tema específico. Estas citas pueden ser textual —ya sea destacada o integrada—, de parafraseo —se emplean ideas y descripciones de otro autor con palabras propias—, de apoyo —a manera de referencia sobre algún concepto de autoría ajena— o, en su caso, lo que se conoce como cita de cita, es decir, cuando se toma un fragmento de una obra citada previamente por otro autor. El contraste entre el empleo de la cita textual y de paráfrasis tienen consecuencias en el rigor expositivo. En su clásico *El libro y sus orillas,* Roberto Zavala advierte lo siguiente: "la cita debe ser textual, exacta, fiel, pues de otro modo se convertirá en paráfrasis involuntaria. Resulta enojoso confrontar una supuesta cita con el texto del que se tomó y comprobar que buena parte del escrito original se cambió sin advertirlo al lector, quien merece respeto".[8]

Por lo que se refiere a la paráfrasis voluntaria, además de lo ya dicho como tipo de cita, hay que tener en cuenta que se trata de una estrategia discursiva cultivada desde la antigüedad. «Paráfrasis» proviene del latín *paraphrasis,* que a su vez tiene un origen griego. Etimológicamente se entiende como aquello

---

[8] Zavala Ruiz, Roberto, *El libro y sus orillas. Tipografía, originales, redacción, corrección de estilo y de pruebas,* 3ª ed., México, UNAM, 2003, p. 116.

que está junto a la expresión. Quien parafrasea, elabora algo paralelo a la expresión original o, de alguna manera, recrea el discurso con su estilo propio. Muchas veces, sobre todo en el ámbito académico, se malentienden los sentidos de la paráfrasis, pues se vinculan con el plagio, la falta de originalidad y hasta con la burda copia. Sin embargo, la paráfrasis es muy usual y pertinente en muchos casos, tal cual nos lo hace ver Helena Beristáin:

> *Paráfrasis. Enunciado* que describe el *significado* de otro enunciado, es decir, es un desarrollo explicativo, producto de la comprensión e interpretación; una especie de traducción de la *lengua* a la misma lengua, pues el significado es equivalente pero se manifiesta mediante un *significante* distinto, mediante un sinónimo, ya que la paráfrasis no agrega nada al *contenido* del enunciado que es su objeto.[9]

La investigadora mexicana relaciona la actividad de parafraseo con la traducción. De esta manera la paráfrasis se asemeja materialmente a la labor del traductor, aunque el sistema lingüístico de referencia sea el mismo. Se trata de una traducción a la «misma lengua» que podría ser objeto de análisis de la traductología. Por otro lado, también la enlaza con el uso de sinónimos por parte del emisor. Esto es importante porque cuando un individuo está elaborando un informe de lo que se revisó en una ponencia o conversación, está usando la paráfrasis. También sucede con frecuencia en la actividad expositiva, docente, periodística u otros ámbitos cotidianos.

10.3.1. Citas textuales en discursos orales o escritos

Como se observó, existen varios tipos de citas. Entre ellas, la que implica más rigor y exactitud es la cita textual. La pulcritud de este tipo de citas, considerando puntuación y cuestiones ortotipográficas, dotan al escrito o discurso de rigor metodológico e investigativo. De este modo, "Las citas textuales incluidas en la obra tendrán, siempre, su respectiva referencia bibliográfica, a la cual remitirán mediante un número en su superíndice —pospuesto a los signos de puntuación—, que ha de concordar con el número de nota correspondiente".[10]

En las obras escritas, siguiendo estas recomendaciones, las citas textuales se plasmarán de la siguiente manera, salvo que el manual de estilo de la editorial o revista indiquen lo contrario: "En su composición se utilizará tipo regular

---

9 Beristáin, Helena, *Diccionario de retórica y poética,* 7ª ed., México, Porrúa, 1995, p. 381

10 López Valdés, Mauricio, *Guía de estilo editorial para obras académicas,* México, El Ermitaño/ CRIM-UNAM, 2009, p. 83.

mediano, e irán delimitadas por comillas dobles cuando el fragmento citado abarque, a lo más, cuatro líneas de la cuartilla, pero si excede tal extensión, se pondrá —sin comillas— en párrafo aparte".[11]

Por lo que respecta a los discursos orales, la situación cambia considerablemente pues no existe soporte de la palabra en la mayoría de los casos, aunque en otros el orador puede ayudarse de diapositivas donde colocar las citas empleadas. Para el primer supuesto, es importante que el orador mencione invariablemente el nombre del autor, aunque sea sólo su apellido. Por ejemplo: «De acuerdo con Kant, la ética del sujeto moral (…)» y, para hacer el corte del discurso propio y la cita, se pueden usar las fórmulas siguientes: «a continuación cito un fragmento de la obra (…)», «el autor lo expresa de la siguiente manera (…)» o «textualmente el autor lo dice así (…)».

10.3.1.1. Citas de acuerdo con "Lineamientos Editoriales para la Facultad de Derecho de la UNAM"

Las universidades, entidades académicas, casas editoriales y revistas especializadas muchas veces establecen directrices o manuales editoriales donde se contemplan los modos específicos de citar. En el caso de nuestra alma mater, los "Lineamientos Editoriales para la Facultad de Derecho de la UNAM", publicados en su primera edición el 5 de enero de 2014, elaborados por Claudio Vázquez Pacheco y aprobados por el Consejo General Editorial de la Facultad de Derecho –ahora Comité Editorial–, otorgan al investigador la manera adecuada de citar texto.

Las notas al pie se encuentran contempladas en el subtema "D) De las partes de la obra" que a su vez se encuentra en el rubro "1. La forma del material literario". Aquí se hace mención a las referencias que se van a insertar en el cuerpo del trabajo. Sobre esto se dice:

> Las notas a pie de página pueden contener información bibliográfica o bien comentarios un tanto al margen del tema principal que trata la obra. Para el primer caso, las referencias bibliográficas deben aparecer completas la primera vez que se mencionen y llevarán el siguiente orden: nombre del autor, empezando por apellidos; nombre del libro en cursivas; pie de imprenta (ciudad de publicación, editorial, año de edición); y la página o páginas consultadas.[12]

---

11 *Ídem.*

12 *Lineamientos Editoriales para la Facultad de Derecho, UNAM,* México, Facultad de Derecho de la UNAM, 2015, p. 10. Consultado en: <http://www.derecho.unam.mx/investigacion/Criterios-Editoriales.pdf> [29-mayo-2021].

Las indicaciones son pertinentes y claras. Resulta familiar que en el campo del derecho –sobre todo en nuestra Universidad– se emplee el estilo Oxford,[13] que es el que se sugiere en la anterior cita y que también utiliza, con mínimas diferencias, el Instituto de Investigaciones Jurídicas de la UNAM. En nuestros Lineamientos éste también se reafirma en el apartado de "Fuentes. Bibliografía". De este modo, se intuye que la elección de este sistema de referencia proviene de una tradición dentro de la academia jurídica, aunque a veces se empleen otros estilos como APA o MLA.

Por lo que respecta a la forma correcta de citar material jurisprudencial –ya sea tesis aislada, jurisprudencia u otros– resulta muchas veces confuso por los diversos modos que cada tribunal considera como oficiales. La manera de citar jurisprudencia establecida en los Lineamiento nos remite al sistema de Suprema Corte de Justicia de la Nación (SCJN):

> El modelo que se empleará al citar jurisprudencia será el que la Suprema Corte de Justicia de la Nación establece, cuyo orden es el siguiente: número de tesis en redondas y en altas y bajas, título de la publicación en cursivas y en altas y bajas, sección o complemento en cursivas y en altas y bajas, época en redondas y en altas y bajas, tomo en bajas y empleando las abreviaciones *t.* o *ts.* en redondas, fecha en el formato mes y año, y número de página en bajas empleando las abreviaciones *p.* o *pp.* en redondas.[14]

El estilo proviene del sitio electrónico oficial de la SCJN, replicado por el famoso IUS del Semanario Judicial de la Federación. Sin embargo, no todas las jurisprudencias provienen de la Corte, habría que considerar aquellas sentencias y criterios que se sustraen de organismos internacionales como cortes supremas extranjeras, Corte Interamericana de Derechos Humanos, Corte Penal Internacional, entre otras. Es importante tener en cuenta que muchas de estas autoridades no mantienen los mismos elementos que la SCJN, por ejemplo: número de tesis, época, tomo, etc. Por esta razón, es necesario añadir aquí otros criterios más generales para citar jurisprudencia.

10.3.1.2. American Psychological Association (APA)

El *Manual de publicaciones del APA* es un documento que contiene los lineamientos editoriales de la American Psychological Association. Entre otros aspectos,

---

13 Si se busca conocer el estilo Oxford, se puede revisar el *Oxford Standard for the Citation of Legal Authorities.* Consultado en: <https://www.derecho.unam.mx/integridad-academica/pdf/Oxford-OSCOLA_4th_2010.pdf> [12-mayo-2019].

14 *Ibídem,* p. 13.

es frecuente el empleo del sistema de citas establecido en sus páginas. Además, contiene directrices sobre referencias bibliográficas, títulos, contenido, tablas y figuras. Originalmente el Manual apareció en 1952 y cada año se publica en inglés, adjuntando criterios y modificaciones, según sea el caso, para cada edición. Suele usarse ampliamente en el campo académico y de la investigación científica, especialmente en las áreas de las ciencias sociales y las humanidades.

De acuerdo con el APA, existen dos clases de citas de referencia: directa o textual y parafraseo o resumen. El sentido general del sistema APA puede comprenderse de la siguiente manera: "Si la cita es directa, escribamos, además del apellido del autor y el año, la página de donde tomamos la cita. La información completa de las fuentes aparece al final en la lista de referencias".[15]

Si la cita directa contiene menos de cuarenta palabras, se transcribe entre comillas y se incluye al final, entre paréntesis, el apellido del autor, año de publicación y página. Según Barcia:

> Sobre el antecedente vivencial, hay que remontarse a la época mexicana de Henríquez Ureña. "En septiembre de 1921, se organizó en México un Congreso Internacional de Estudiantes, al que concurrieron delegaciones de distintas naciones americanas. P. H. U. fue envestido, por sus jóvenes compatriotas, como representante de su amada Quisqueya".

Si excede de cuarenta palabras, se eliminan las comillas y el texto se coloca en "a bando", es decir, con una sangría mayor a la del cuerpo textual y, según algunos manuales editoriales, con un tamaño de letra menor. A continuación, se ilustra con otro ejemplo:

Así se explica el contexto y antecedente de la publicación, según Barcia:

> La raíz de la conferencia "La utopía de América", en lo que hace al poder dinámico delconcepto utópico, como revelador de la inquietud del progreso y el ansia de perfección moral y espiritual, está en un par de parágrafos de su discurso "La cultura de las humanidades", pronunciado en la inauguración de las clases del año 1914, en la Escuela de Altos Estudios de la Universidad de México. Doce años más tarde habrá de proyectar aquel concepto sobre la realidad hispanoamericana. En cuanto a "Patria de la justicia", es, como dice el propio autor, corolario de la alocución de 1922.

Por su parte, la cita de parafraseo o resumen, se escribe sin comillas con el mismo esquema referencial anterior, pero omitiendo la página, de acuerdo a Nussbaum:

---

15 Moreno C., Francisco *et al.*, *Cómo escribir textos académicos según normas internacionales*, Barranquilla, Ediciones Uninorte, 2010, p. 145.

> Para alcanzar un cambio en la aplicación del derecho, ya sea desde el aula o en la judicatura, varios cultivadores del movimiento de Derecho y Literatura han propuesto la lectura de ciertas novelas como vehículo para motivar una sensibilidad humanística en los abogados, particularmente en el juez, quienes pueden desdoblarse a través de la literatura en un ejercicio empático que motive una mejor decisión.

10.3.1.3. Encuestas, estadísticas y tendencias

El empleo de elementos de apoyo técnico en el campo de la argumentación discursiva es fundamental para alcanzar los objetivos planteados, tanto en el campo de la argumentación lógico-formal como en el de la argumentación retórica. El discurso puede ilustrar las razones esgrimidas en encuestas, estadísticas, gráficas, ilustraciones, fotogramas y otro tipo de materiales gráficos o cuantitativos que el orador o escritor estime necesarios para apoyar cada uno de sus argumentos. Para el orador, el empleo de estos materiales puede darse por medio de la proyección de diapositivas en el auditorio. Desde el punto de vista editorial, estos materiales deben ser legibles y presentados por separado del documento principal en formato de alta calidad. Además, dentro del texto, el autor debe colocar la información de la fuente en el pie de imagen.

10.3.2. Técnicas de parafraseo

Anteriormente se revisó el concepto de paráfrasis (10.3). Se puede afirmar que la acción de la figura conocida como paráfrasis, se da con el verbo *parafrasear.* Los cuentos, conversaciones, disposiciones legales y otro tipo de formas discursivas son susceptibles de ser parafraseadas por un intérprete. Es una herramienta retórica de desarrollo explicativo que, como ya se apuntó, puede emparentarse con el oficio del traductor. De acuerdo con Helena Beristáin, se trata "de una variedad de la *sinonimia* que no involucra *palabras* o *frases* aisladas sino enunciados completos desde el punto de vista del significado. Consiste pues en presentar *proposiciones* equivalentes en el significado, pero no en el significante".[16]

La paráfrasis también es una manera libre de interpretar y ampliar un texto. De este modo, los fines de las técnicas de parafraseo pueden ser didácticos o literarios. Este último, se muestra con la recreación poética de un tópico o *locus* en el devenir de la historia de la literatura occidental. De este modo,

---

[16] Beristáin, Helena, *op. cit.*, p. 381.

existen textos clásicos o modelos cuyo estilo influye en escritores posteriores. En este rubro, se puede hablar de la *imitatio* y de la elaboración de glosas, si se piensa en métodos de escritura.

Una técnica simple de parafraseo puede darse con el uso de la sinonimia en sustantivos, adjetivos y verbos. Para ello, es indispensable el amplio vocabulario del orador o, en su caso, el uso de diccionarios de sinónimos al momento de escribir. Actualmente, los procesadores de textos, como Word, ofrecen al escritor la herramienta de «Sinónimos» que despliega automáticamente un listado que puede ser muy útil para parafrasear un texto. Una técnica más depurada, será aquella que no sólo sustituya las palabras por sinónimos, sino que modifique la sintaxis de la oración.

La cuestión puede complejizarse cuando se busca parafrasear en relación con el empleo de un estilo. Por ejemplo, pasar de un estilo llano a un estilo culto. Si en el texto original se lee «el niño jugó en la calle» y la paráfrasis dice «el párvulo se recreó en la vía pública», se observa un cambio expresivo significativo donde se ganan palabras, pero se pierde naturalidad. Esto también se observa con el tránsito de las proposiciones equivalentes entre dialectos, sociolectos o tecnolectos. Sírvase el siguiente ejemplo para observar varias paráfrasis en relación con estos elementos:

a) En la residencia se presentó un funcionario judicial indagando por el señor Guillermo. Temo que termine en la penitenciaría (sociolecto).

b) Llegó al cantón un don del Juzgado preguntando por el Memo. Tengo miedo de que se lo lleven al tambo (sociolecto).

c) Vino a casa un tipo del Juzgado preguntado por Guille. Me preocupa que acabe en cana (dialecto argentino porteño).

d) Acudió al domicilio señalado el actuario para notificar al C. Guillermo X quien, de no presentarse en el Juzgado X después de x días, el juez podrá girar orden de aprehensión en su contra (tecnolecto legal).

Es de esta manera que hemos examinado las implicaciones de la redacción de textos jurídicos contemplando la redacción jurídica, los elementos del estilo jurídico, así como los problemas de la redacción, las citas y la paráfrasis entre otros elementos.

BIBLIOGRAFÍA

ALCARAZ VARÓ, Enrique y Hughes, Brian, *El español jurídico,* 2ª ed., Barcelona, Ariel, 2009.

BERISTÁIN, Helena, *Diccionario de retórica y poética,* 7ª ed., México, Porrúa, 1995.

GONZÁLEZ ECHEVARRÍA, Roberto, *Mito y archivo. Una teoría de la narrativa latinoamericana,* trad. Virginia Aguirre Muñoz, 2ª ed., México, FCE, 2011.

LÓPEZ RUIZ, Miguel, *Redacción de textos normativos,* 2ª ed., Porrúa, México, 2015.

LÓPEZ VALDÉS, Mauricio, *Guía de estilo editorial para obras académicas,* México, El Ermitaño/ CRIM-UNAM, 2009.

MARTÍNEZ LÓPEZ-CANO, Ma. Del Pilar (coord.), La política de escrituras *de Nicolás de Yrolo Calar,* México, UNAM, 1996.

MUÑOZ MACHADO, Santiago (dir.) *Libro de estilo de la Justicia,* Madrid, RAE-Espasa-Consejo General del Poder Judicial, 2017.

ZAVALA RUIZ, Roberto, *El libro y sus orillas. Tipografía, originales, redacción, corrección de estilo y de pruebas,* 3ª ed., México, UNAM, 2003.

Lineamientos Editoriales para la Facultad de Derecho, UNAM, México, Facultad de Derecho de la UNAM, 2015, p. 10. Consultado en: <http://www.derecho.unam.mx/investigacion/Criterios-Editoriales.pdf>

https://www.derecho.unam.mx/integridad-academica/pdf/Oxford-OSCOLA_4th_2010.pdf>